U0464291

新常态 供给侧 结构性改革

一个经济学家的思考和建议

蔡 昉◎著

中国社会科学出版社

图书在版编目(CIP)数据

新常态·供给侧·结构性改革：一个经济学家的思考和建议/蔡昉著.
—北京：中国社会科学出版社，2016.11
ISBN 978 - 7 - 5161 - 9231 - 3

Ⅰ.①新… Ⅱ.①蔡… Ⅲ.①中国经济—研究 Ⅳ.①F12

中国版本图书馆 CIP 数据核字(2016)第 266530 号

出　版　人	赵剑英
责任编辑	王　茵
责任校对	李　莉
责任印制	王　超

出　　　版	中国社会科学出版社
社　　　址	北京鼓楼西大街甲 158 号
邮　　　编	100720
网　　　址	http://www.csspw.cn
发　行　部	010 - 84083685
门　市　部	010 - 84029450
经　　　销	新华书店及其他书店

印刷装订	北京君升印刷有限公司
版　　　次	2016 年 11 月第 1 版
印　　　次	2016 年 11 月第 1 次印刷

开　　　本	710×1000　1/16
印　　　张	22.5
插　　　页	2
字　　　数	224 千字
定　　　价	38.00 元

目　　录

第二篇　供给侧结构性改革

第三篇　践行五大发展理念

第四篇　经济问题杂论

第一篇　经济发展新常态

中国经济实现中高速增长的底气

中国在改革开放以来长达 33 年的时间里，实现了年均 9.9% 的国内生产总值（GDP）增长率，是世界经济史的一个奇迹。当人们习惯于这个高速增长之后，对 2012 年以来的增长减速就容易产生疑惑。即使那些曾经高度赞誉中国经济成绩的观察者，也不免对中国经济前景产生悲观看法；一些长期唱衰中国经济，一次次喊"狼来了"却始终落空的预言者，这回以为被自己误打误撞说中了；还有一些投资（机）者，以为中国经济增长的减速为其提供了机会，意欲做空中国经济。如果不是别有用心，这些对中国经济前景的误判，一定是产生于错误的观察方法及其背后的理论依据。一旦澄清在认识中国经济增长上的错误方法论，就可以拨开形形色色悲观论的迷雾，看到中国经济前景的一片光明。

一　快与慢的经济发展规律

宏观经济学本来是由周期理论和增长理论两部分构成的，但是，专注于周期问题研究的学者往往缺乏增长视角。主流经济学家习惯于把观察到的经济增长减速，作为需求不足导致的周期现象来进行分析，因此，他们往往寄希望于刺激需求的政策能够扭转经济下行趋势，而在这个增长速度下行的势头始终未能触底的情况下，便会表现出并且过分渲染悲观的情绪。然而，把这个方法论应用于观察中国经济增长速度的减慢，无疑犯了经验主义的错误，因为中国经济面临的不是周期现象，而是经济发展阶段变化的表现，从高速增长到中高速增长是经济发展规律的作用结果，是进入新常态的特征之一。

如果我们把世界各经济体按照人均 GDP 水平排列，就可以看到从低收入到中等收入再到高收入，经济增长速度递减是一个规律性的现象。按照世界银行的分组标准，无论是在 2000 年以前处于低收入水平阶段时，还是在 2000—2010 年期间处于中等偏下收入水平阶段时，以及目前所处的中等偏上收入水平阶段（人均 GDP 接近 8000 美元）时，中国经济的增长速度都显著高于同等发展阶段国家的平均水平。目前处在更高收入水平阶段上的中国，与之前处在较低收入水平的自身比较，增长速度有所降低无疑是符合经济发展规律的现象。从供给侧认识新常态，中国经济政策才有定力，无须从周期性、需求侧着眼追求短期的 V 字型反弹。

也有国外经济学家如巴罗教授，从经济增长视角观察中国经济减速。他们认为，中国长期的高速增长是一种赶超现象，是经济增长趋同的成功案例。这类学者从趋同递减假说出发，认为高速赶超不可能长期保持，因此中国的经济增长终将要减速。就此而言，这个判断倒是说得通的。说不通的是，美国经济学家萨默斯预测中国很快就回归到 3% 左右的"均值"上来。这是因为他终究没搞清楚中国保持高速增长究竟靠的是什么因素。改革开放意味着消除妨碍资源配置的体制性障碍，释放人口红利，从而实现赶超型高速增长。减速之后中国经济仍能保持中高速增长的底气在于赶超条件迄今依然存在，使中国继续保持较高的潜在增长率。并且，通过供给侧结构性改革，挖掘传统发展动能，培养新的发展动能，可以收获看得见摸得着的改革红利，进一步提高潜在增长率。

二　量与质的经济发展内涵

我们并非盲目乐观，而且毋庸讳言，中国经济也存在着自身的问题。然而，问题不在于增长的速度而在于增长的内涵，即存在着发展的"不平衡、不协调、不可持续"。符合经济发展阶段变化的减速，不仅没有恶化这些问题，反而有利于解决此类问题。事实上，恰恰是在增长速度下行的同时，中国经济以更快的步调走向更加平衡、协调和可持续的发展轨道。

首先，经济增长平衡性提高。从拉动需求的"三驾马车"看，消费需求对经济增长的贡献率从 2010 年的 43.1% 提高到 2015 年的 66.4%，这 5 年的提高速度是 2010 年之前 5 年的 5.2 倍。第三产业发展加速，第二、第三产业之间更加平衡，2015 年第三产业产值比重首次过半，在过去 5 年中的提高速度是此前 5 年的 2.7 倍。此外，中国正在形成新的区域经济增长点，一些中西部省份后起赶超，地区发展更加平衡。

其次，经济增长新动能加速形成。新常态下的经济增长必然是一个创造性破坏的过程，即在传统增长动能变弱的同时，新动能开始蓄势而发。例如，有的国内智库根据人力资本含量、科技密集度、产业方向和增长潜力等因素，识别出一些行业以代表新经济，并构造了一个"新经济指数"，发现该指数与传统的采购经理指数并不同步，即使在后者呈现下行趋势的情况下，新经济仍然保持逆势而上。又如哈佛大学学者用"经济复杂度指数"衡量经济体的出口多样性和复杂程度，中国该指标的全球排位，从 1995 年的第 48 位和 2005 年的第 39 位，显著提高到 2014 年的第 19 位。

最后，经济发展的分享性明显提高。在政府再分配政策和发展阶段变化的共同作用下，收入分配开始朝有利于劳动者和低收入群体的方向变化。居民收入提高速度快于 GDP 增速，农民收入提高速度快于城镇居民。以不变价格计算，城乡居民收入差距于 2009 年达到 2.67∶1 的峰值后，逐年缩小至 2014 年的 2.40∶1，与此同时，全国基尼系数从 2009 年 0.49 的峰值下降为 2014 年的 0.47。

三 改革、增长和稳定的统一

最近，穆迪分析人员泰勒表示，中国确立并寻求的改革、增长和金融稳定三个目标，不可能同时达到，终究要有所取舍，至少在一定时期内放弃其中一个。之所以把三个目标割裂开，赋予其彼此独立且对立的性质，也是由于泰勒因循了流行的观察视角和方法，因而未能抓住中国经济面临问题的本质。一旦我们从供给侧观察现象、分析问题和寻找出路，就会发现，改革、增长和稳定三者之间并不存在非此即彼或者此消彼长的关系。恰恰相反，正如三角形是力学上最稳定的结构一样，从供给侧入手，正确选择结构性改革方向和优先领域，分寸恰当并精准地推进这些改革，既能够直接达到保持经济中高速增长的目标，也有助于防范金融风险，实现经济和金融稳定。

供给侧结构性改革的性质，可以从其目标即提高潜在增长率来理解。有利于提高生产要素供给和全要素生产率增长率的改革，即属于此类改革，应该放在改革日程的优先位置。例如，在劳动力总规模不再增长的情况下，提高劳动参与率是今后一个时期扩大劳动力供给的重要选择。我们的分析表明，劳动参与率每提高1个百分点，可以为潜在增长率赢得0.88个百分点的改革红利；而全要素生产率增长率每提高1个百分点，则可以赢得0.99个百分点的改革红利。这方面的改革包括户籍制度改革、降低企业成本和交易费用的政策调整、从体制上拆除不利于竞争的进入和退出障碍等等。由于这类改革着眼于供给侧，无须过度倚重需求侧的刺激政策，因而也降低了金融风险，因此可以打破所谓的改革、增长和稳定"穆迪式不可能三角"。

（原载《光明日报》2016年3月16日）

引领新常态才有中高速

一 翻番要求的中高速

党的十八届五中全会没有为"十三五"时期经济增长速度给出具体的数量目标，而是提出"经济保持中高速增长"的要求。实际上，这个"中高速"的表述是一个把定性和定量融为一体的目标。换句话说，能够实现 2020 年国内生产总值（GDP）和城乡居民收入在 2010 年基础上分别翻一番的速度，就是中高速。2010 年中国 GDP 总规模为 40.89 万亿元，如果 2015 年实现了 7% 的增长目标，按照不变价格计算 GDP 将达 59.63 万亿，在"十三五"期间每年只需平均增长 6.53%，即可使 GDP 总量达到 81.81 万亿元。即使 2015 年的增长速度为 6.9%，GDP 也达 59.57 万亿，"十三五"时期也只需略微高一点的年均增长率——6.55%，即可实现翻番的要求。

在"十三五"时期实现这个不低于 6.5% 的增长速度，需要适应和引领新常态，在潜在增长率基础上获取必要的改革红利。根据我们的估算，"十三五"期间中国潜在增长率为6.2%。按照这个速度，按照2010年不变价格计算，2020年GDP总量为80.55万亿元，距翻番的要求略有差距，即存在1.54%或1.26万亿元的缺口。因此，实现经济中高速增长的任务，需要分解为两个部分：一是要首先力争实现6.2%这个潜在增长率，二是在此基础上再额外添加必要的（不低于0.3个）百分点。如果出现实际经济增长速度达不到潜在增长率（6.2%），或者达不到翻番目标要求的增长率（6.5%）的情形，必然分别是由不同的原因所导致，因此，争取潜在增长率与争取额外的百分点，需要以不尽相同的路径来实现。

二　新常态不是周期现象

如果出现实际增长速度低于潜在增长能力的情形，通常是由于需求方的冲击所造成，因此，采用反周期的宏观经济政策手段予以应对，既有理论依据也符合各国实践惯例。

在整个改革开放期间，中国经济增长有过数次低于潜在增长率的经历，形成较大的增长缺口。例如，1981年实际增长率为5.2%，而当时的潜在增长率为7.6%，前者与后者之差即增长缺口约为2.3个百分点；1990年实际增长率和潜在增长率分别为3.8%和6.9%，增长缺口约为3.0个百分点；2009年实际增长率和潜在增长率分别为 9.2% 和 10.4%，增长缺口为 1.4 个百分点。这几次增长缺口都因需求不足而产生，也都是通过刺激需求的政策手段最终予以治理，从而使经济增长回归到正常的潜能上。设想如果未来仍会出现需求冲击的情形，那么刺激性的宏观经济政策仍然是必要的，而且也可以预期是有效的。从这个意义上，并没有必要否定"三驾马车"的分析框架。

然而，迄今为止中国经济的减速和下行趋势，是供给方、结构性因素导致潜在增长率的下降。由于人口红利的消失，劳动力供给潜力、人力资本改善速度、资本回报水平和全要素生产率提高率，都按照降低潜在增长率的方向发生了变化。同时，迄今为止实际增长率仍然与潜在增长率相符，没有形成增长缺口。例如，近年来的实际增长率与潜在增长率分别为：2012 年 7.7% 和 7.9%，2013 年 7.7% 和 7.5%，2014 年 7.3% 和 7.1%，2015 年 6.9%（前三个季度实绩）和 6.9%。按照潜在增长率的定义（即生产要素得到充分雇用的增长速度），这样的速度不会造成周期性失业现象，因此总体而言是应该能够接受的。

值得指出的是，潜在增长率是以 2010 年劳动年龄人口从正增长转为负增长为转折点陡然降低的，为了保持适当的经济平稳性，适度采用刺激手段，以递减的方式借助传统增长动力，让实际增长率的下降平缓一些，也是必要和无可厚非的。

但是，仅仅靠刺激需求的办法，试图把实际增长率拉到显著高于潜在增长率的水平，既难以奏效也是危险的。也就是说，通过货币政策发出的超过实体经济所需要的流动性，不会真正进入实体经济以及需求由其所派生的基础设施领域，而外溢到投机需求领域，如房地产、股票市场和其他资产市场等与中国经济的比较优势无关的领域，最终难免滋生出资产泡沫，酿成系统性风险。

特别是，造成潜在增长率下降的因素还在继续加剧，依靠刺激性政策遏制这个趋势终究捉襟见肘。以人口结构变化导致的劳动力供给因素为例。首先，继 2010 年 15—59 岁劳动年龄人口开始呈现绝对减少之后，从 2017 年开始，因劳动参与率提高速度下降，15—59 岁经济活动人口也将呈逐年减少的趋势。

其次，如果恰当地修正官方统计的农业劳动力比重数据，基于已有研究进一步估算，中国的实际农业劳动力比重已经从 1984 年的 64.0% 下降到 2014 年的 19.1%，在农业中就业的劳动力群体年龄整体偏大，大多数已经不具备向非农产业转移的意愿和能力，因此，劳动力向非农产业和城市转移的速度必将放缓。

最后，无论是按照农村常住人口的口径，还是按照农业户籍人口的口径，构成外出农民工主体的 16—19 岁农村青年人数在 2014 年都到达峰值，此后则每年绝对减少。相应的，外出农民工的增长将减速甚至趋于停滞。例如，根据国家统计局的数据，在2005—2010年期间，外出农民工每年增长4%，而2014年下降到仅为1.3%，2015年上半年更下降到只有0.1%。

这里讨论的劳动力增长潜力问题，如果放在经济学或者经济增长理论的框架内看，对增长率的影响绝非仅仅来自于劳动力供给。我们知道，过去30多年中国经济高速增长是在劳动力无限供给条件下发生的，一旦这个二元经济发展特征消失，增长核算或生产函数中所有解释变量的作用都会发生变化，导致潜在增长率下降。而且，经济增长是一个增量或速率概念，因此，不能以劳动力总量丰富或劳动年龄人口比重高这些静态指标，否认中国经济发生的必然导致潜在增长率下降的阶段性变化。

三　以改革应对结构性挑战

中国经济发展进入新常态表现为一系列结构性变化。因此，顺应这些结构性问题，旨在消除阻碍生产要素供给和生产率提高的障碍的改革，总体上必然促进经济增长。或者说，改革与增长并不是非此即彼或者此消彼长的关系。例如，笔者与合作者的一项研究，在做出比较理想假设的情况下，估算出改革可以通过提高劳动参与率、改善劳动者的人力资本和加快全要素生产率提高速度，把未来一定时期的潜在增长率提高1—1.5个百分点。

对这个改革红利的估算要有准确的理解。首先，改革红利的估算本身，像所有经济计量模型一样，都是假设一个封闭的情景。而在这个情景之外，我们也要看到，推进改革也不可避免要允许创造性破坏。也就是说，放弃传统经济发展方式，或减少对传统增长动力的依赖，都会牺牲一定的经济增长速度，类似于挤出水分和排除病灶。其次，改革红利的估算是纯粹理论上的，与现实中改革带来的收益并没有时点上的对应性，有些改革更具有立竿见影的效果，有些改革的效果则需假以时日，不应指望一举拿下所有的潜在红利。最后，改革红利并不像刺激政策那样，有看得见摸得着的抓手，常常会以"润物细无声"的形式显现，需要更具洞察力和定力，胸怀信心和耐心。

不过，对改革红利进行估算，并非只是学术意义上的纸上谈兵，仍然具有较强的政策含义。一是帮助树立推进改革的决心和紧迫感。越是在经济增长下行压力大的情况下，越是需要抑制住采取刺激性政策的冲动，而是向深化改革要红利。二是认识到改革红利的存在可以帮助我们选择恰当的方式及时推动改革。改革能够带来红利，也需要支付成本，在很多情况下，改革成本的承担者并不一定能够获得全部改革收益。这个现象产生于推进改革本身所具有的公共品性质。因此，通过恰当的制度安排和机制设计，让改革成本能够在不同的参与者之间进行合理分担，让改革红利能够达到事先的期望值，并最终能够在各个群体之间合理地分享，是改革能够按照时间表推进的关键。

推进改革应该优先选择能够带来最明显红利的领域。具体来说，有利于提高劳动参与率和全要素生产率的改革，能够带来立竿见影的效果，应该率先得到推动。根据经济增长理论，一方面，劳动力的增长潜力，不仅影响这个生产要素本身的供给，还通过人力资本改善、资本回报率和资源重新配置效率影响潜在增长率水平。在劳动力难以再有新的增量的情况下，挖掘劳动力供给潜力的途径就是提高非农产业的劳动参与率。另一方面，在传统增长动力减弱的情况下，全要素生产率归根结底是驱动经济长期可持续增长的动力。

我们的模拟结果表明，把非农产业的劳动参与率每年提高1个百分点，可以使经济的潜在增长率提高0.88个百分点，而将全要素生产率的增长率提高1个百分点的话，则可以把潜在增长率提高0.99个百分点。因此，保守地说，今后五年中只需分别把劳动参与率每年提高0.2个百分点，把全要素生产率增长率提高0.2个百分点，就可以获得一个不低于0.3个百分点的改革红利。将其加在静态估算的潜在增长率（6.2%）之上，"十三五"时期就可以实现不低于6.5%的GDP中高速增长。

（原载《经济研究》2015年第12期）

认识和用足我国经济发展
长期向好的基本面

习近平总书记最近指出，中国经济发展长期向好的基本面没有变，经济韧性好、潜力足、回旋余地大的基本特征没有变，持续增长的良好支撑基础和条件没有变，经济结构调整优化的前进态势没有变。其中第一个"没有变"的论断，深刻揭示了我国经济发展进入新常态形势下，经济长期走势的宏观背景和基本格局，指明了对我国经济发展的信心所在和引领新常态的立足点。准确把握经济发展的基本面，就是要超越短期的、扰动性的和局部性的现象层面，着眼于主导性的趋势和宏观层面。改革开放是我国发展动力之源，因此，从世情和国情两个方面来理解"中国经济发展长期向好的基本面没有变"这一重要论断，可以增强进一步全面推进改革开放的决心，以及实现中高速增长和产业结构迈向中高端的信心。

从国际政治经济环境来看，和平与发展的时代主题没有变，存在诸多有利于我国经济发展的新因素。尽管金融危机破坏世界经济增长动力的负面影响仍在，但总体上全球经济在深度调整中曲折复苏。虽然有人以发达国家为对象归纳世界经济进入"新平庸"，但是发展中国家经济增长表现趋好，对世界经济总体增长的贡献度提高，有利于恢复世界经济增长动力，塑造新一轮全球化高潮。2014 年，世界经济平均增长率为2.5%，其中，世界银行定义的高收入国家的平均增长率为1.7%，中等偏上收入国家平均增长率为 4.5%，中等偏下收入国家平均增长率为 5.8%，而被定义为低收入组的国家则实现了 6.3% 的平均增长率。通过更加主动地有所作为，积极参与全球经济治理，代表发展中国家利益在国际经贸规则制定中赢得更多的制度性话语权，推动对外开放向纵深发展，可以充分利用国际政治经济环境，实现我国经济的中高速增长。

以生命科学、信息技术、新能源、新材料等科技领域及其与互联网、移动网的结合为重点领域，新一轮科技革命和产业变革蓄势待发，为我国实现创新发展创造了良好的机遇。一方面，我国的人均国内生产总值已经处于中等偏上收入国家行列的中等偏上水平，更加接近高收入国家的门槛，正处在投入驱动向创新驱动的增长动力转变过程中，加上特有的庞大国内市场规模和丰厚人力资本优势，为我国利用当前科技革命的孕育期，未雨绸缪并赢得先发优势，实现弯道超车创造了独特的机会。另一方面，由于在科技领域特别是创新能力方面，我国与发达国家之间仍存在着较大差距，因而我们继续保持着科技赶超的后发优势。科技史和经济史都表明，越是在新一轮科学技术突破的前夜，后起国家越是能够从现有科技成果存量中获得更多的产业机会和增长动力。因此，先发优势和后发优势集于一身，有助于我国取得更加经济、更有效率、速度更快的科技赶超，实现创新发展。

从我国自身的发展潜力看，仍然具有中高速水平的潜在增长率，同时有较大的潜在改革红利可供收获。一方面，我国已经进入更高的人均收入水平阶段，另一方面，未富先老的新国情凸显出来，人口红利加快消失，我国经济增长的传统动力日渐式微，挖掘增长新动力的紧迫性日益加大。经济增长动力的转换必然意味着增长速度的换挡，表现为潜在增长率及实际增长率有所下降。但是，基于坚实的物质基础和人力资本存量，即使潜在增长率和目前实现的实际增长率有所下降，仍然可以使我国的经济增长速度在世界各国中卓尔不群。更重要的是，通过改革开放进一步提高潜在增长率的机会也是广泛存在的。我国还存在着诸多体制性因素，不利于挖掘生产要素供给和生产率提高的潜力，因此，旨在消除这些体制性障碍的改革可以带来改革红利，并直接表现为潜在增长率的提高。

贯彻落实党的十八届三中全会部署的全面深化改革战略布局、十八届五中全会描绘的"十三五"时期发展和改革开放蓝图，都将带来实实在在的改革开放红利。从对外开放看，丰富对外开放内涵、提高对外开放水平、推进"一带一路"建设和积极参与全球经济治理等重大对外开放措施，有助于维持经济全球化格局，在合作共赢中维护我国自身发展利益。从国内供给侧改革看，户籍人口城镇化率加快提高，可以稳定农民工在城镇的就业，提高非农产业的劳动参与率，保持劳动力转移带来的资源重新配置效应，立竿见影地提高潜在增长率；全面实施一对夫妇可生育两个孩子的政策，有利于生育率向替代水平回归，在一代人之后改善人口年龄结构，增加劳动力供给和降低人口抚养比，提高未来的潜在增长率；深化行政管理、国有企业、财税和金融体制改革，有利于使市场更好地发挥资源配置的决定性作用和更好发挥政府作用，提高全要素生产率。从国内需求侧改革看，推动农民工市民化、农村贫困人口全部脱贫、收入分配制度改革，实现更具包容性的共享发展，将充分释放消费需求潜力，均衡经济增长的需求结构，推动宏观经济的稳定性和再平衡。

（原载《人民日报》2015 年 12 月 4 日）

从国际经验看新常态下
中国经济增长源泉

中国经济发展进入新常态的一个表现，就是传统经济增长源泉式微，不再能够维持长期以来近两位数的 GDP 增长速度。而且，如果不能及时挖掘出新常态下特有的增长源泉，潜在增长率将继续降低。根据我们的预测，假设仍然依靠传统的经济增长源泉，由于劳动力短缺、资本形成率降低、全要素生产率增长速度放慢等因素，"十三五"时期平均的潜在增长率可能下降到 6.2% 。经济增长速度下行固然是新常态的一种表现，我们应该学会适应这种下降的增长速度，但是，正确引导新常态将有助于及时挖掘新的增长源泉，保持合理稳定的增长速度。本文将揭示，至少可以从四个方面入手引领新常态，达到稳定经济增长的目标。

一　供给方与需求方的增长潜力

由于研究资源和政策资源都是稀缺资源，配置到哪个领域无疑应该遵循收益最大化原则。据说，诺贝尔经济学奖获得者托宾说过一句话：需要一堆"哈伯格三角"才能填满一个"奥肯缺口"。这里讲到的两个经济学概念，前者指因垄断、价格扭曲等体制因素造成的福利损失，后者指实际经济增长低于潜在增长能力的幅度。托宾这句话的意思是关注宏观经济问题，比关注体制问题更加有意义。

在关于中国潜在增长率的争论中，林毅夫教授认为经济增长减速的原因是需求不足，因此，通过加大投资刺激需求，可以预期的增长潜力可达8%。这与笔者从供给方预测的潜在增长率相比，判断相差大约1—2个百分点，按照中国目前超过63万亿的GDP总量计算，这种不同判断意味着每年有超过1万亿元GDP的差别。所以，如果中国经济目前的增长速度低于其潜在增长能力，研究如何填满这个"奥肯缺口"显然是十分重要的课题。

问题在于，与笔者所做的估算进行比较，迄今为止各年份的实际增长率仍然在潜在增长率之上。例如，笔者估计的中国经济潜在增长率，2012年为7.89%，2013年为7.48%，2014年为7.14%。如果2015年中国经济能够实现7%左右的GDP

增长，则实际增长率仍然在潜在增长能力（6.86%）之上。另一方面，由于体制障碍造成生产要素（特别是劳动力）供给不足和生产率低下的问题，可以也必须通过深化改革予以解决。根据笔者的测算，通过改革增加劳动力供给、扩大人力资本积累、提高生产率和均衡人口发展，可以产生的提高潜在增长率的效果，可达未来 GDP 总量的 1 到 2 个百分点，可见改革红利也颇为不赀。

无疑，供给方和需求方因素是可以互相转换的，因此，理论上说政策可以从两个方面发力，达到提高潜在增长率的目标。例如，更充分的劳动力供给和更快增长的生产率，都可以通过降低产品成本，从而在消费者预算不变的条件下提高其购买能力，实现"萨伊定律"所谓的"供给创造需求"。另一方面，消费者收入的增长可以使其承受原来消费不起的产品数量，投资扩大导致的基础设施条件改善，也可以转化为企业的供给能力。

不过，需求转化为供给是有约束条件的。首先，消费需求转化为供给能力的前提是封闭经济，即在不考虑进口产品竞争的情况下。如果国外竞争者仍然可以提供更为价廉物美的产品，则这个消费需求的扩大还不能转化为潜在增长率。其次，投资需求转化为供给能力的前提是不存在产能过剩。在包括基础设施在内的许多产业存在产能过剩，并且因此积累了金融风险的情况下，投资需求的扩大只能诱导出更严重的产能过剩，而不是潜在增长率的提高。

二 生产率引导产业结构调整

当我们从增长速度、增长动力和结构调整三个方面理解经济发展新常态时，增长速度放缓是一种已经显现出来的现实，增长动力从投入驱动向创新驱动或生产率驱动转换，是预期达到的新常态目标，而结构调整则是实现增长动力转换的唯一途径。诺贝尔经济学奖获得者库兹涅茨指出，产业结构调整的核心和产业升级的关键，是资源从生产率较低的部门向生产率更高的部门转移，从而使经济整体的资源配置效率得以提高。我们可以将此视作"库兹涅茨式"产业结构演进。

因此，为了实现增长动力转换，产业结构的调整必须遵循库兹涅茨演进方向，或者说必须以生产率提高为取向。对于中国经济而言，目前存在着三种潜在的危险，使得产业结构调整违背生产率提高方向，甚至成为逆库兹涅茨式的，即劳动力从生产率较高的部门逆流到生产率较低的部门。

首先，人口转变趋势导致农民工从城市向农村的回流。各种研究都表明，农民工的增量主要来自于每年初中和高中毕业的农村青少年，大体上可以由年龄在 16—19 岁之间的农村劳动年龄人口代表；而在现行户籍制度下，由于不能获得均等的城镇社会保障，农民工一般在 40 岁以后就开始返乡。所以，随着人口老龄化，特别是农村户籍的劳动年龄人口的老龄化，新增农民工数量很快将小于返乡人口数量，形成城乡劳动力逆向流动。根据对农村人口年龄结构的预测，16 岁（大约为初中毕业）到 19 岁（大约为高中毕业）的农村人口，2015 年为 3513 万人，到 2020 年将减少到 3055 万人，净减少 458 万人。事实上，外出农民工人数的年增长率，已经从 2005—2010 年的平均 4% 显著地下降到 2014 年的 1.3%。

其次，经济周期使农民工遭遇劳动力市场冲击。2004 年以来劳动力短缺逐渐成为常态，就业机会大幅度增加和工资持续上涨，引导农村青少年在初中毕业后（甚至许多人从初中辍学）匆忙加入非农就业，其中有相当一部分进入与刺激性宏观经济政策和产业政策有关的行业，这些行业现实地或者潜在地存在着产能过剩甚至泡沫风险，如果遭遇经济波动，这些农民工将遭遇周期性失业的冲击。由于这个群体人力资本积累不足，难以适应产业结构调整的技能要求，根据欧洲的经验，周期性失业可能转变为长期的结构性失业。加上农民工尚未获得失业保险等城市社会保障的覆盖，新一代农民工也无法利用农业作为其就业蓄水池，将会造成逆库兹涅茨式的产业变动和社会风险并发的现象。

最后，第二产业与第三产业的消长导致生产率增长速度下降。近年来的经济增长减速，主要发生在第二产业增速减慢，特别是与劳动力成本提高有关的制造业增长速度下降，以及与房地产降温有关的建筑业增长速度下降。与此同时，第三产业增长相对快，比重有所提高。由于第二产业的劳动生产率通常高于第三产业，例如，从相对劳动生产率（某产业的增加值比重与就业比重之比）来看，2013 年第二产业为 1.45，第三产业为 1.22。因此，劳动力的这种产业转移，则产生劳动生产率总体下降的效果。从根本上说，第二产业比重提高并不必然导致劳动生产率下降。例如，如果是随着制造业价值链的升级，从直接制造过程的产前和产后两端衍生出生产性制造业，则劳动生产率必然较高，而且是创新驱动的结果。相反，如果是制造业相对萎缩导致工人转向低端服务业，或者仅仅是"营改增"造成的统计口径的变化，则不会产生库兹涅茨演进效果。

保持产业结构调整按照库兹涅茨演进方向进行，通过调整结构提高劳动生产率，应该按照生产要素相对价格变化和比较优势变化方向，通过市场机制实现产业结构调整。劳动生产率的提高也好，全要素生产率的提高也好，归根结底是通过资源重新配置实现的，既包括产业之间和部门之间的此消彼长，也包括企业之间的优胜劣汰。人为保持夕阳产业或想当然地选择新型产业，或者维系僵尸企业，都是违背生产率原则的。因此，产业结构升级必然依靠创造性破坏机制，这意味着必须容忍能够淘汰落后产业和落后产能的增长速度下降。迫切需要的改革，要着眼于给企业制造竞争压力，促使政府创造更好的投资环境，推动生产要素从生产率低的产业、行业和地区流出去，实现更好的资源配置。一个相关的例子是，推动制造业从沿海地区向中西部转移，形成国内版雁阵模式，以防止制造业过早、过快地流到其他新兴经济体。

三 面向未来的人力资本积累

曾任世界经济学家协会主席的青木昌彦教授，从东亚经济发展的经验中，发现任何国家在经历了一个由政府主导的、以库兹涅茨式的结构调整为特征的经济发展阶段之后，都必然进入到一个人力资本驱动的经济发展阶段。其实，在产业结构调整的过程中，人力资本的作用已经至关重要、不可或缺。我们的计算表明，通过发展教育和培训提高整体人力资本水平，可以在未来为中国贡献大约0.1个百分点的潜在增长率。这个贡献幅度对于一个能够实现两位数增长的经济体来说，似乎微不足道，但是对于旨在努力维持一个中高速增长，避免过早陷入中速甚至中低速增长的中国经济发展新常态来说，却不是一个可以忽略的数字。

而且，这里所说还仅仅是人力资本的数量。大多数利用增长账户和生产函数进行的跨国比较研究，一般都只是用教育数量指标代理人力资本，得出的结果都很显著，证实了人力资本对经济增长的正面影响，但是影响的程度都不是很大。经济学家马纽利等人的最新研究表明，一旦考虑到教育的质量，人力资本就会成为一个更加完整且充分的变量，其产生的促进经济增长的作用则大幅度提高，甚至比生产率提高的贡献还大。可见，中国面临的紧迫任务是如何显著提高教育数量和教育质量，依靠人力资本积累保持长期可持续增长。

从数量上提升教育水平，关键是增加新一代劳动者的受教育年限。一般来说，在义务教育入学率达到很高水平的情况下，继续大幅度提高受教育年限必须依靠高中和高等教育的普及。提高教育质量的关键则在于以何种教育模式，以怎样的效率，教授学生什么知识和能力。一个重要的教育模式选择是：职业教育与普通教育之间的比例应该如何确定。我的同事在分析跨国数据时发现了一些与此相关的规律，从中我们可以得出一些政策含义。

首先，在一定的发展阶段上，随着经济发展水平的提高，职业教育相对于普通教育上升更快一些，形成人均收入与职业教育相对比重之间的正相关关系。按照这个统计"规律"，2012 年，中等偏上收入国家在高中阶段上，职业教育与普通高中教育在校生人数的比率（职普比）平均为 0.52∶1.00，而中国的该比率高达 0.80∶1.00。如果超越发展阶段形成过高的职普比，则意味着中国在普通高中和高等教育普及水平较低的时候，就过度发展了职业教育。普通高中和普通高等教育与职业教育相比，更加侧重通识教育、培养学习能力和就业的软技能，有利于培养在产业结构急剧变化中善于适应和调整的劳动者。因此，扩大职业教育的政策力度应该与发展阶段相适应，充分考虑到产业结构变化的不确定性。

其次，在发达国家，特别是在许多以具有发达的职业教育著称的国家，近年来职普比出现显著的下降趋势。例如，在1998—2012年期间，高中阶段职普比在德国从1.82∶1.00下降为0.93∶1.00，在韩国从0.67∶1.00下降到0.24∶1.00。这种趋势与经济全球化有关。经济学家埃克豪特等人发现，在全球分工的过程中，在发达国家与发展中国家的劳动者之间也形成了人力资本的分工。在以中国为代表的新兴经济体获得更多制造业就业机会，从而对熟练和半熟练工人需求增加的同时，发达国家更加侧重于科学、技术、设计和管理等创新型劳动者的培养。中国在逐渐转向创新驱动的经济发展新常态的过程中，对后一类人才的需求将大幅度增加，而这是不能靠职业教育培养出来的。

四 借助后发优势实现赶超

当前，人们对世界经济有一个判断和一个期待。这个判断是世界经济进入一个下行的长周期，或者如一些人用"新平庸"所概括的趋势之中；与此同时，人们普遍认为新的科学技术革命正在蓄势待发，期待其给平庸的世界经济增长带来新的增长契机。虽然本文无意为这个判断和这个期待给出确定性的一般答案，然而，笔者认为，无论上述判断是否成立，上述期待是否可以成真，中国经济长期增长的全球环境和科技条件绝不悲观，仍然处于可以大有作为的战略机遇期。

　　西方经济学观察到的长周期，是以资本存量调整为内涵，以利率波动为表现的长期经济增长波动现象，主要是依据发达资本主义国家的经济增长表现做出的判断。而在经济全球化的条件下，即便在一些发达国家观察到经济周期表现，也不再必然影响全球经济的整体趋势。例如，欧洲经济和日本经济疲弱，美国经济却显示出较强劲的复苏趋势；部分金砖国家增长势头放缓的同时，印度却开始加快增长步伐；国际投资者概括的诸如"新钻11国"（巴基斯坦、埃及、印度尼西亚、伊朗、韩国、菲律宾、墨西哥、孟加拉国、尼日利亚、土耳其、越南）和"薄荷4国"（墨西哥、印度尼西亚、尼日利亚、土耳其）等，都可能利用人口红利实现超越周期的增长表现。事实上，按照购买力平价计算，由巴西、印度、印度尼西亚、中国、墨西哥、俄罗斯和土耳其组成的"新七国集团"，GDP总量已经于2014年超越了由英国、德国、意大利、加拿大、美国、法国和日本组成的原有"七国集团"。所以，以发达国家的表现作出经济周期的判断，并不必然反映全球经济趋势和走向。

　　经济学家认为，迄今为止人类社会经历过三次科学革命，分别是18世纪下半叶开始的"工业革命"、19世纪下半叶开始的"大规模工业化"和第二次世界大战后开始的"信息技术革命"。每一次科学革命都带动全球经济的迅猛发展，然而，科技革命对于经济增长的巨大推动作用却不是一次性的，更不是稍纵即逝的，而是会持续数十年甚至更久。因此，被冠之以"科学技术革命"的这几次大事件，产生的是具有"通用技术"性质的新技术，其在各个领域将反复经历开发、应用、再开发、再应用的过程，在两次科技革命之间不断掀起创新浪潮。例如，根据斯坦福大学教授琼斯的计算，美国在1950—1993年期间的经济增长，80%的贡献来自于以前发明的科学创意的应用。不过，这种不构成科技革命的创新活动，也并不是唾手可得，而有赖于在研究和教育上的大规模投入。

一般来说，每一次科技革命发生之后，处于科技前沿的发达国家会率先应用新科技加快经济增长，随后，在较低经济发展阶段上的后起国家相继跟进，应用新科技加速对发达国家的赶超。所以，距离上一次科技革命的时间越是久远、越是临近新的科技革命前夜，发展中国家利用传统科技的机会窗口就越大，赶超的成功率反而越高。就总体科技发展水平来说，中国尚未处于世界科技创新的前沿，这也意味着我们仍然具有较明显的后发优势，能够利用现有科技成果实现比发达国家更快的创新驱动增长。无论下一次科技革命重点领域是什么，互联网技术的发展都必然是中国充分挖掘现有科学技术存量，实现弯道超车的巨大支撑性技术。

（原载《比较》2015年第3期）

以潜在增长率确定增长速度目标[①]

在中国的国民经济和社会发展年度计划和五年规划的制定中，GDP 的年度增长率或年均增长率是作为一项预期目标提出的。这种预期的确定依据是对于今后特定时期经济增长速度的预测。与其他预测经济增长的方法不尽相同，本文从人口红利消失的情形出发，以估算潜在增长率及其趋势来预测未来的中国经济增长速度。这种方法不仅有助于确定合理的增长速度预期，也使我们能够避免不恰当的政策刺激，观察相应的改革可能产生的提高潜在增长率的效果，即改革红利。

一 关于增长速度的"万亿元之争"

随着近年来特别是 2012 年以来中国经济增长速度的放缓，

---

① 本文与陆旸合作。

经济学家和政策研究者十分关心未来的增长率究竟能够保持多高，相应地形成多种预测方案，相关结论却是众说纷纭、莫衷一是。一般来说，进行预测的有以下几种方法。常见的是传统的外推法，即用以往的速度外推将来。这种预测方法虽然常常没有精确的模型，似乎也不再为人们所实际使用，但是，作为一种思考问题的方式，这种方法广为流行。问题在于，这种方法没有考虑发展阶段的变化，即越是发达的国家经济增长速度越慢。然而，随着先后在2004年经历了以劳动力短缺和工资上涨为表现的刘易斯拐点，以及2011年劳动年龄人口开始负增长的人口红利消失点，中国已经发生了经济发展阶段的实质性变化，这种传统观念不再能够准确判断未来的经济增长速度。

作为对于上述传统方法的修正，最近的文献显示以下几种引人注目的方法。首先是增长的"趋同法"，即遵循新古典增长理论的趋同假说，按照人均GDP把当前中国与其他发达国家和地区，如东亚经济体的特定时期进行类比，判断中国今后一段类似时期可能实现的增长速度。例如，中国在2008年人均GDP仅相当于美国的21%，林毅夫教授根据一些先行国家和地区的经验，即日本在1950年到达类似的发展水平，新加坡在1966年到达类似发展水平，中国台湾在1975年到达类似发展水平，以及韩国在1976年到达类似发展水平之后大约20年的增长速度，预期中国可以靠后发优势继续实现较高的赶超速度。

其次是增长的"中断论",认为高速增长终究要止于某个特定的经济发展水平上。根据大量国家数据,艾肯格林等人的研究发现,一般而言在按照 2005 年购买力平价计算的人均 GDP 达到 17000 美元时,高速经济增长转向减速,减速程度为从以往 7 年的平均增长速度 6.8%,降低到随后 7 年的平均增长速度 3.3%。不过,这个经验包括了太多不同的国家数据,以致找不到能够解释减速的具有一致性的原因。

最后是增长的"趋中律",根据一个自然统计规律(regression to the mean 或翻译为"回归到均值"),认为任何经济增长必然回归到世界平均值上。按照这个"规律",萨默斯等学者估计,中国在 2013—2023 年期间,年平均增长率仅为 5.01%,2023—2033 年期间更进一步降低到 3.28%。但是,这里采用的花哨"规律",充其量只是一个统计现象,不可能适用于所有国家,因此难以对得出的减速判断做出科学合理的经济解释。由于人口红利的消失,预计中国经济增长速度明显减慢是有依据的,但是,印度仍然处在人口红利收获期,用这样的"趋中律"预测印度经济减速,至少在道理上是说不通的。例如,高盛集团就预测大约在 2016—2018 年之间,印度经济增长速度会超过中国。

根据上述依据不同方法得出的相应预测,大体上可以归纳出未来十年甚至更长时间内,对中国经济可能的增长速度预测区间，即从相对悲观的 5%—6% 到相对乐观的 7%—8%。如果我们以不同预测方法之间的预测差异 2 个百分点计算，在 2014 年中国 GDP 总量达到 61.1 万亿元的情况下，其 2% 即为 1.22 万亿元，所以可以说，这个关于速度的争论价值是以万亿元而计的，足见这个争论绝非无足轻重。

二 未来的潜在增长率与增长速度目标

鉴于上述方法都未能充分考虑中国经济增长所经历的阶段性变化，我们采用的方法则是通过估算潜在增长率的方法来预测未来的增长速度。一个国家的实际经济增长在短期受需求因素影响，而在长期则受到供给因素的影响，后者即为潜在经济增长率。实际上，一个国家的潜在增长率正是由资本、劳动力和全要素生产率（TFP）等供给因素决定的。这些供给因素的潜在水平决定了一个国家经济增长的潜力，而实际经济增长率总是围绕着潜在增长率波动。

根据我们的测算，1995—2010 年期间的潜在增长率为 10.3%。由于著名的"奥肯定律"表明，实际增长速度低于潜在增长率的部分，对应着一定幅度的周期性失业，因此，在潜在增长率仍然较高的时期，"保八"是必要的，否则会遭遇严重的就业冲击。从"十二五"时期开始，由于 15—59 岁劳动年龄人口的绝对数量每年都在减少，人口红利逐渐消失，表现在劳动力短缺和成本上升削弱制造业竞争力，资本边际报酬递减和抚养比上升导致资本积累速度放慢，以及劳动力转移速度减慢缩小了全要素生产率提高的空间等方面。这些因素都导致潜在增长率持续下降，如果此时再强调"保八"，就很可能导致实体经济产能过剩，甚至是形成经济泡沫。此外，关于经济增速放缓的原因，部分学者仍然持有"需求不足论"的观点。特别是，坚持认为出口需求不足是影响中国经济增长下降的主因。然而，在很大程度上，净出口的减少只是表象，真正的原因是中国的要素禀赋发生了变化，从而导致了中国正在逐渐失去传统贸易品比较优势。

我们的计算显示，传统上具有比较优势且占中国出口主要地位的11种劳动密集型产品，显示性比较优势指数（RCAI，即中国劳动密集型产品出口比重与世界同一比重的比值）从2003年的4.4显著地下降到了2013年的3.4。很显然，这个指数的下降就意味着我们在这些产品上的优势和世界平均水平相比在下降。并不是说没有绝对需求了，只是比较优势下降了。这也就意味着，近年来中国净出口的变化主要受供给方因素（资本劳动比）的影响。随着中国的人口结构转变以及由此引发的人口红利消失加速，这个过程将会更加明显，结果必然表现为GDP的潜在增长率下降。

事实上，我国潜在增长率已经开始大幅度下降。测算表明，"十二五"时期的潜在增长率为年均7.6%，"十三五"时期则会进一步下降为 6.2%，即使在模型中加入人力资本，并考虑人口结构变化对劳动参与率和自然失业率的影响，"十二五"时期和"十三五"时期的潜在增长率也仅仅分别为 7.75% 和 6.7%，仍然显示出下降的趋势。具体到各个年份，我们在表 1 中列出了测算的潜在增长率作为参考。实际上，根据生育政策已经通过"单独二孩"的实施而有所松动的情况，我们曾经以总和生育率从 1.4 提高到 1.6 为基础，预测过更高的未来潜在增长率。但是，根据新政策实施后实际表现出的极低生育意愿，我们认为以 1.4 的总和生育率预测潜在增长率更为适当，表 1 即为这个结果。

当实际增长率高于潜在增长率时，说明产能利用率超出一个国家的潜在水平，此时，为了满足更高的产出要求，就业人数就必然超过了潜在就业量（或称为充分就业条件下的就业数量），而失业率则低于自然失业率（或充分就业下的失业率，仅包含结构性失业和摩擦性失业），此时，宏观经济产生通货膨胀压力。反之，如果实际增长率低于潜在增长率，则会产生周期性失业现象，形成高于自然失业率的失业率。实际 GDP 增长率与潜在增长率以及通货膨胀之间的关系，在经济学中被描述为菲利普斯曲线；实际 GDP 增长率与潜在增长率以及周期失业率之间的关系，在经济学中被描述为奥肯定律。实际上，菲利普斯曲线和奥肯定律所描述的正是受短期需求因素如何影响实际 GDP 增长率与受长期供给因素影响的潜在 GDP 增长率之间的因果关系，进而印证了潜在增长率决定论。

表1　　　　　　　　中国 GDP 的实际增长率与潜在增长率　　　　　　（％）

年份	潜在增长率（2013）	潜在增长率（2014）	实际增长率	年份	潜在增长率（2013）	潜在增长率（2014）	实际增长率
1995	11.59	11.84	10.92	2008	10.86	11.21	9.63
1996	11.13	10.83	10.01	2009	10.64	11.21	9.21
1997	10.22	9.80	9.30	2010	9.44	10.08	10.40
1998	9.25	8.71	7.83	2011	8.41	8.68	9.30
1999	9.38	8.87	7.62	2012	7.89	7.80	7.70
2000	8.55	8.37	8.43	2013	7.48	7.61	7.70
2001	9.25	8.80	8.30	2014	7.14	7.42	7.40
2002	9.06	8.93	9.08	2015	6.86	7.23	—
2003	10.24	10.10	10.03	2016	6.61	7.08	—
2004	11.62	11.36	10.09	2017	6.39	6.86	—
2005	11.34	11.14	11.31	2018	6.18	6.68	—
2006	12.31	12.03	12.68	2019	6.00	6.52	—
2007	11.76	11.82	14.16	2020	5.83	6.37	—

　　可见，与潜在增长率相适应的实际增长速度就是合适的，不再需要"保八"。2012 年和 2013 年我国增长率预期目标都是7.5％，并且都实现了7.7％的增长速度，与潜在增长率是相符的，因此也没有出现严重的就业问题。实际上，过去两年中央政府没有寻求高于预期目标的增长速度，减少了政府对直

接经济活动的过度干预，缓解了产能过剩的进一步加剧，避免了经济泡沫的形成，为改革创造了良好的宏观经济环境。因此，把经济增长速度预期目标的制定，建立在正确理解、判断和测算潜在增长率的基础上是十分重要的，应该坚持并逐步规范化和科学化。

根据经济增长速度的实际下滑趋势以及测算的潜在增长率，我们可以为 2015 年和"十三五"时期的经济增长速度预期目标提出相应的建议。鉴于 2015 年我国潜在增长率在两种预测中分别为 6.9% 和 7.2%，向上我们考虑到一定的改革红利对潜在增长率的正向效应，向下我们考虑到生育率可能略有提高对潜在增长率产生短期负向效应，相互抵消后我们认为把 2015 年 GDP 增长率目标定在 7% 是比较合适的。鉴于"十三五"时期两种模拟下的平均潜在增长率分别为 6.2% 和 6.7%，同时有必要考虑到更多改革红利的释放会提高潜在增长率，因此，我们建议在"十三五"时期，6.5%—7% 的 GDP 增长率预期目标是适当的。

三　依据潜在增长率确定增长目标的意义

关于中国经济的新常态，表现为经济从高速增长转向中高速增长，产业结构加速调整与升级，以及经济增长动力从投入驱动转向创新（生产率提高）驱动。而按照潜在增长率的水平确定经济增长预期目标，是主动适应经济增长新常态，以平常心态看待经济增长减速，并通过收获改革红利争取更好增长结果的恰当反应和具体行动。

首先，按照目前测算的潜在增长率确定增长速度目标，加上合理预期的改革红利，可以实现党的十八大确立的 2010—2020 年期间 GDP 总量翻一番的目标，即在 2010 年 40.15 万亿元的基础上，按照不变价格计算，2020 年达到 80.3 万亿元。如果按照表 1 所示的关于未来潜在增长率的 2013 年估计，2020 年我国 GDP 总量为 78.9 万亿元，略低于翻番目标的要求。不过，按照关于潜在增长率的 2014 年估计，2020 年我国 GDP 总量为 80.63 万亿元，恰好达到 GDP 翻番的目标。此外，根据我们的预测，通过提高劳动参与率、人力资本存量和全要素生产率，相应领域的改革可以显著提高潜在增长率。在假设"十三五"时期潜在增长率可以达到 7% 的情形下，2020 年我国 GDP 总量可达 82 万亿元，甚至略超过翻番的目标要求。

其次，可以避免过度使用刺激手段。在认识和实际测算潜在增长率的问题上，目前存在着一个必须澄清的误区。潜在增长率反映的是一个经济体由供给方因素所决定的中长期增长能力，与短期的需求变化没有直接的关系。劳动力供给、储蓄率和全要素生产率是影响潜在增长率高低的最主要因素，决定了经济增长合理的速度区间。而出口、投资和居民消费等需求因素，只决定一个经济体是否能够在合理的速度区间运行，但不能改变这个区间。换句话说，需求方因素可以干扰实际增长率，使其高于或者低于潜在增长率，产生实际增长率与潜在增长率之间的差别，即所谓的"增长率缺口"，但不能改变潜在增长率。

所以，在潜在增长率既定的情况下，如果出现需求不足可能导致经济增长在其以下水平运行的危险时，运用宏观经济政策手段管理需求是必要的，而用刺激出口、投资和消费需求的政策，试图把实际增长率拉高到潜在增长率之上，则是不可取并且十分危险的做法。日本在1990年失去人口红利之后，朝野上下的主流认识是需求不足导致增长乏力，所以多年实施带有刺激性的货币政策和财政政策，并且把这种政策倾向体现在产业政策和区域政策之中，造成泡沫经济、僵尸企业和僵尸银行，生产率提高速度缓慢，导致了"失去的二十年"。所谓的"安倍经济学"，由于没有摆脱这个政策误区，所以终究挽救不了日本经济。

最后，有利于经济发展方式向创新驱动转变，提高全要素生产率及其对经济增长的贡献率。从过去两位数到目前的7%—8%乃至以后的6%—7%的潜在增长率下降，在微观企业层面是通过内涵和外延两种机制发生的。对于那些尚能维持经营的企业来说，减速意味着它们不再足以保持以往的生产规模，直接感受是原来有竞争力的产品竞争力不再，或者找不到有利可图的投资机会；对于那些无力承受成本上升、比较优势下降从而丧失掉市场的企业来说，减速可能意味着退出经营。整体而言，这就是一个创造性破坏的过程。这种压力要求企业必须不断进行技术创新、管理创新和体制创新，通过全要素生产率的持续提高，保持竞争力和生存能力，从而提升中国经济整体生产率，获得新的比较优势和竞争力。如果把增长速度目标定得过高，超过潜在增长率，则必然要不断诉之于政府实施的刺激性宏观经济政策，结果减轻了企业转型和升级的压力，甚至会造就一批靠政策生存的"僵尸企业"。

（原载《中国经济报告》2015 年第 1 期）

稳增长的着力点是提高潜在增长率

长期以来，每逢出现经济增长减速，我们都将其看作是一个下行的周期，通过宏观经济政策取向的调整，最终都得到遏制并回归到正常水平。然而，当前的经济形势与历史上的经验不尽相同，自 2012 年国内生产总值（GDP）增长率降到 8% 以下并保持的下行趋势，是我国经济进入增速换挡期、潜在增长率下降的表现，是结构性因素而非周期性因素所致。把对经济形势的判断统一到经济发展新常态的认识上，政策应对才具有针对性，才能取得良好预期效果。

一　增长速度决定于潜在增长能力

在改革开放期间，我国经济增长经历过四次低于 8% 的速度低点。为了认识每一次增长率低点的产生因素，我们根据各个时期的生产要素供给水平和生产率提高速度，计算了年度

GDP潜在增长率，将其与实际增长率相比，看是否存在增长缺口。分几个主要阶段计算的结果是，潜在增长率在1979—1995年期间为9.7%，1995—2009年期间为10.3%，2011—2015年期间预测为7.6%，2016—2020年期间为6.2%。总体来说，我国长期取得的接近10%的高速经济增长，是由改革开放带来的较高潜在增长能力所支撑的。分年份做进一步的观察，我们可以得出一些重要判断。

首先，前三次经济增长率的低点，都表现为实际增长率低于潜在增长率，形成较大的增长缺口。第一次是20世纪80年代初，最低点是1981年，实际增长率为5.2%，潜在增长率为7.6%，前者与后者之差即增长缺口为2.3个百分点；第二次是20世纪80年代末90年代初，最低点是1990年，实际增长率和潜在增长率分别为3.8%和6.9%，增长缺口为3.0个百分点；第三次是2008—2009年，受世界金融危机影响，最低点是2009年，实际增长率和潜在增长率分别为9.2%和10.4%，增长缺口为1.4个百分点。

实际增长率低于潜在增长能力因而形成增长缺口，意味着生产要素和生产率潜力没有得到充分利用，因此会产生失业现象，这种情况下通常表现为周期性失业率的提高。事实上，在上述三个周期的低点年份，相应都出现了就业压力加大和失业率上升的现象。因此，这三次增长速度的下行，都属于典型的宏观经济周期现象。

其次，从 2012 年开始并持续至今的第四次，即最近一次 GDP 增长率低于 8% 的情形，实际增长率并没有低于潜在增长率，因而也没有形成增长缺口。与此相应，劳动力市场状况正常，失业率保持稳定。很显然，这次经济增长速度下行，是伴随我国经济潜在增长率下降出现的结构性变化，是我国经济发展进入新常态的表现，而不是周期性现象。

2010 年以前我国接近两位数的潜在增长率和实际增长率，得益于劳动年龄人口持续增长和人口抚养比不断降低。主要表现为劳动力供给数量充足，劳动力素质因新成长劳动力的不断增加而得到改善，持续降低的人口抚养比有利于提高储蓄率从而提高资本积累率，劳动力无限供给延缓了资本报酬递减现象的发生，以及劳动力从低生产率部门（农业）向高生产率部门（非农产业）转移带来资源配置效率的提高。这些因素都直接与人口因素相关，因此可以说，以往的高潜在增长能力以及高速经济增长来自于人口红利。

二　慎用应对周期的政策手段

第六次人口普查数据显示，2010 年我国 15—59 岁劳动年龄人口总量达到峰值，此后一路减少。随后，该年龄段有就业意愿的经济活动人口，也将于 2017 年达到峰值后绝对减少。人口结构的这种变化，从劳动力数量和质量、资本回报率、生产率提高速度等诸方面产生降低潜在增长率的负面效应。也就是说，长期推动我国经济高速增长的人口红利正在加速消失。对应人口红利消失的是潜在增长能力的下降，实际经济增长速度相应进入换挡期。虽然当前的经济增长下行与前三次在数字上有相似的表现，即分别都降到了 8% 以下，由于发生的原因有着根本的不同，因此不能采用同样的手段应对。

在经济增长速度走低的形势下，宏观经济调控部门、投资分析师乃至经济学家，很容易在一件事上形成共识，即诉诸实施刺激性宏观经济政策。一些研究者认为当前的减速原因是需求不足，主张以扩大投资为抓手实施刺激政策，虽然在逻辑上是自洽的，但显然忽略了我国经济出现的结构性和阶段性变化。另一方面，许多研究者尽管在分析中强调了当前减速的结构性因素，最终却也得出需要刺激的政策结论。

之所以存在不同的判断以及理论分析与政策结论产生矛盾的现象，在于许多研究者在理论上未能区分经济增长的供给方因素与需求方因素，在实证上未能区分我国增长减速的结构性因素与周期性因素。面对不同于以往的新情况，我们需要从认识经济发展新常态出发，澄清一些相关的理论和政策问题。

如前所述，生产要素供给和生产率提高的潜力决定着一个经济体的供给能力，表现为潜在增长率。在供给能力既定的条件下，需求方面的周期性变化，决定着实际经济增长是低于潜在增长率、高于潜在增长率，还是恰好与潜在增长率相适应。

其中，第一种情形是前三次经济增长低点的原因，通常应对策略是实施刺激性的宏观经济政策。第二种情形通常表现为通货膨胀，以往也多次发生，也有相应的政策手段所对应，通常是实施从紧的宏观经济政策。

我们以前从未经历过，因而常常在认识上产生困惑的是面对经济增长减速，同时实际增长率与潜在增长率相适应的情形。在这种情形下，无论是将其误判为实际增长率低于潜在增长率，还是习惯性地沿用传统思路，都会不约而同地诉诸旨在刺激需求的扩张性宏观经济政策。一个惯常的逻辑是，既然外需的扩大要取决于世界经济的复苏，居民消费需求的效果也非短期内可以改变，因此最见效也最容易找到抓手的是刺激投资需求。然而，国内外经验教训都表明，这种政策应对具有极大的风险，会对经济持续健康增长造成伤害。

潜在增长能力下降的含义是，企业不再能够按照以前的成本和盈利水平，生产出相同的产品数量，或者反过来说，企业保持原来的生产规模需要付出更高的成本，或者获得较低的盈利或者没有盈利。因此，一个宽松的货币环境并不会提高企业的投资意愿，而优惠性的财税环境也不能提高企业的供给能力。基础设施的投资需求是由竞争性实体经济派生出来的，在后者缺乏投资意愿的条件下，基础设施建设需求也不是真实的，过度超前投资则会造成产能过剩。结果，扩张性的财政政策和宽松的货币政策所释放出来的流动性，往往渗漏到非实体经济领域。这样，不难理解甚至可以预见的是，经济增长结构性下行与产能过剩现象并存，与房地产、股票市场和海外资产等领域的泡沫同时发生。

三　不应忽视"成长中的烦恼"

观察各国经济增长格局，我们可以发现，越是人均收入高的发达国家，经济增长速度越低；后起的赶超型国家固然可以在一定时期实现较快增长，但终究要回归速度常态。我国因发展阶段变化而出现的减速，是符合发展规律的现象。潜在增长率降低导致实际经济增长减速，通常以三种形式表现出来：第一，在原有的成本和收益水平上，企业产出或多或少都会减少；第二，在一部分企业尚有竞争力继续生产的同时，另一部分企业因不再具有生存能力而退出经营；第三，企业有进有退，但新成长企业形成的产出一时不足以填补退出企业减少的产出。这种新动态相应造成"成长中的烦恼"，对此要有充分的认识和心理准备，既能以平常心看待，也需要予以高度重视和恰当应对。

总体来说，上述经济增长减速的方式凸显了"创造性破坏"机制的作用，也是生产率整体得以提高的必由之路。然而，恰恰在此时，不仅那些面临生存危机的企业不甘心退出，因而强烈要求政府予以保护或实施刺激性政策，为其注射最后一剂强心针，那些尚有竞争力但遭遇困难的企业也嗷嗷待哺，希望获得政策支持以渡过难关。由于难以区分上述两种情形，或者不忍心区别对待，宏观经济政策往往一视同仁地给予帮助。这样做的结果与调整产业结构和转变发展方式的初衷就南辕北辙了，经济增长动力也无法从投入驱动转向生产率驱动。中央经济工作会议对我国经济发展新常态的概括，就是要求政策应对能够站在历史的高度，承受传统发展方式的坛坛罐罐被打碎。

我们讲创造性破坏，指的是不要保护那些依靠传统发展方式生存的生产能力，淘汰那些丧失比较优势和竞争力的企业。但是，做到这一点必须以社会政策托底为前提。也就是说，产业结构调整固然依靠优胜劣汰机制，过时岗位也必然被破坏，但是，劳动力市场上的主体——劳动者必须获得安全网的保护。认识到劳动要素与其他生产要素的不同，正确的政策应对是加强劳动合同法等劳动法规的实施和监察，加快完善最低工资、工资集体协商等制度建设，以及完成社会保险制度等社会安全网对各类劳动者群体的充分覆盖。

真正的难点在于如何把有利于企业成长和经济增长的正常宏观经济环境，与刺激性宏观经济政策区分开来。虽然潜在增长率在持续下降，但是经济增长并不是注定不断减速的，需要培育新的经济增长点。作为新常态下的重要增长元素，新成长企业特别是其中的中小企业和微型企业，在获得金融支持方面往往面临着天然的屏障，体制性因素也阻碍其自由进入和公平竞争。如果不能突破摆在增长动力转换面前的这堵高墙，新的增长点就无法形成，增长速度下滑到潜在增长率以下的可能性也是存在的。

四　靠深化改革提高潜在增长率

认识到增长减速的原因是供给方的结构性因素而不是需求方的周期性因素，就排除了着眼于使实际增长率超越潜在增长率的刺激性政策选项。然而，潜在增长率并非一成不变的，而是可以通过改善生产要素供给和提高生产率予以提升。我国经济体制中存在着诸多制约市场主体活力和要素优化配置的障碍，通过改革消除这些体制障碍，实现增长动力转换，就可以期待更好的增长表现。有些改革效果需要期待未来的回报，也有一些领域的改革可以产生立竿见影的效果。

瞄准改革红利明显的领域，增强改革的穿透力，可以从诸多方面挖掘潜力，提高近期和未来的潜在增长率。根据测算，如果一系列重要领域的改革得以及时推进，从而达到增加近期和长期劳动力供给、提高人力资本和改善全要素生产率等效果，综合的改革红利将是可观的，预测在2016—2020年期间平均每年可以将潜在增长率提高1.5个百分点。我们以增加劳动力供给和提高全要素生产率为例，讨论几个重要领域的改革。

首先，户籍制度改革可以在短期内迅速增加劳动力供给。根据把农民工统计为城镇常住人口的口径，我国城镇化率已经接近55%，然而，具有城镇（非农业）户口的人口比例（即户籍人口城镇化率）只有38%。在两个城镇化率之间17个百分点的缺口即2.3亿人中，作为城镇劳动力主要供给来源的农民工占主体。农民工没有城镇户口，就意味着不能均等地获得社会保障和义务教育等基本公共服务，在劳动力市场上仍然受到歧视待遇，因而劳动力供给是不稳定的，往往在40岁以后就陆续返乡，形成劳动力的逆流动。在2008—2014年期间，40岁以上农民工所占比重已经从30.0%提高到43.5%，同期16—20岁农民工所占比重从10.7%下降到3.5%。可见，如果户籍制度改革仍不能取得明显突破，外出农民工增长势头可能出现逆转，劳动力短缺现象更趋严峻。

户籍制度改革推进缓慢的原因在于，在作为推动者的中央政府与作为实施者的地方政府之间，存在着改革激励的不相容。换句话说，虽然户籍制度改革可以提高潜在增长率，带来显著的改革红利，由于地方政府在几乎承担全部改革成本的同时，却不是改革红利的唯一收获者，因此地方政府对待这项重要改革，迄今为止还是持观望的态度。打破户籍制度改革这种徘徊态势的关键有两点：第一，中央明确提出户籍人口城镇化率的指标要求，加快消除常住人口城镇化与户籍人口城镇化之间的缺口；第二，中央政府为农民工市民化的部分成本埋单，如随迁子女的义务教育、基本养老保险和保障性住房补贴等。

其次，提高全要素生产率及其对经济增长的贡献比重，关键在于创造充分竞争的市场环境。全要素生产率是指经济增长源泉中，资本、劳动力、土地等各种有形生产要素之外的效率因素，或者说因更有效配置资源实现的额外增长，通常表现为技术进步、体制改革和组织管理改善等无形要素的作用。提高全要素生产率的重要途径之一是资源重新配置。随着农业劳动力转移速度放慢，主要依靠劳动力从农业转向非农部门的效率源泉已经式微，亟待通过改革开启新的机会窗口。

在一个行业内部的企业之间，允许生产率提高速度快、更具创新能力和市场竞争力的企业胜出，把生产率低下、创新能力弱从而没有市场竞争力的企业淘汰出局，生产要素才能得到最优化利用，整体经济的生产率水平获得相应提高，就能提高潜在增长率。目前存在着的各种体制障碍，如一些行业和企业因拥有垄断地位，即使没有竞争力也不必退出，新成长企业特别是中小企业面临融资难、融资贵等高门槛，从而难以进入，都妨碍着这个重要生产率源泉的挖掘。只有进一步深化国有企业改革和投融资体制改革、打破限制企业进入和退出的制度门槛，让市场在资源配置中发挥决定性作用，才能发动起经济增长的生产率引擎。

（原载《光明日报》2015 年 5 月 13 日）

以新常态超越"新平庸"

美国经济学家萨默斯等人预测，在今后 10 年至 20 年里，中国经济增长速度将显著放缓，年均增长率将下降到 2013—2023 年的 5%，并将进一步下降到 2023—2033 年的 3% 略强。其预测依据是所谓的"趋中律"，即任何国家的高速经济增长都只是一种异常现象，终究要回归平均值，这个平均值大体上就是世界经济的平均增长率。类似的统计分析也显示，在人均收入达到中国目前的水平时，大多数经济体都遭遇了增长速度明显减慢的命运，平均从 6%—7% 下降到略高于 3% 的水平。根据这个统计"规律"作出的预测，与国际上关于全球经济进入"新平庸"的判断不谋而合，相互呼应。但是，这类预测既没有对中国的减速作出令人信服的解释，也明显地低估了中国未来的经济增长速度。

根据笔者的估算，由生产要素供给和生产率提高潜力决定的中国经济潜在增长率，的确正在并将继续经历下降的过程。

国内生产总值的年度潜在增长率，从 1995—2010 年的 10.3%
下降到"十二五"时期的 7.6%，并将继续下降到"十三五"
时期的 6.2%。但是以此预测的中国未来增长速度，不仅明显
高于萨默斯等人的预测以及世界平均水平，而且我们的研究还
表明，改革红利可以为中国赢得接近 2 个百分点的额外经济增
长。总体而言，在今后一段时期内，我国完全可以实现 7% 左
右这样一个显著高于世界平均水平的增长速度。

我们知道，世界经济平均增长率近年来仅略高于 3%，这
个数字是由各国高于平均值、平均值上下和低于平均值的不同
速度构成的，我国能够处在世界平均水平的哪个位置，或者说
能否超越"新平庸"所框定的增长速度，绝不应该由什么统计
"规律"先验地框定，而在于我们采取怎样的政策应对。全面
认识经济发展的新常态，准确理解我国增长速度减慢的原因，
并主动适应和引领这个新常态，就能实现我国经济增长对"新
平庸"的超越。

理解新常态，就是要认识到经济增长从高速转向中高速，
不是周期性的外部冲击所致，而是由结构性因素造成的一种长
期趋势，是我国经济进入新阶段的必然结果。我国传统上具有
比较优势，并在出口中占主导地位的劳动密集型产品的"比较
优势指数"（即我国该类产品出口比重与世界贸易该比重的比
值），从 2003 年的 4.4 下降到了 2013 年的 3.4，下降幅度为
22.7%。这就是说，我国劳动密集型产品出口的下降快于世界

同类产品贸易量，经济增长减速主要不是外部需求冲击造成的。随着我国人口红利的逐渐消失，劳动力成本不断攀升，投资回报率显著下降，全要素生产率提高速度也有所减慢，综合结果必然是潜在增长能力的降低。

主动适应新常态，就是要加快增长的动力从投入驱动向创新驱动转变。在 2010 年以前，我国人口转变的总体趋势是朝着有利于经济增长的方向变化，表现为劳动年龄人口持续增长、人口抚养比不断下降的人口机会窗口，为充足的劳动力和人力资本供给、高储蓄率和积累率以及高资本回报率创造了必要的条件，劳动力转移带来的资源重新配置效率，保证了全要素生产率的提高速度，使得我国得以依靠投入驱动，实现了前所未有的高速增长。在人口红利消失的情况下，上述增长源泉或者消失或者式微，潜在增长率下降终究是不可避免的。与此同时，加快产业结构升级、技术创新和制度创新，可以通过全要素生产率的更快提高，赢得新的增长源泉，使我国实现长期可持续的中高速发展。

引领新常态，就是要通过全面深化改革，实现发展方式转变、产业结构升级和增长动力转型，提高潜在增长率。我国仍然处在可以大有作为的战略机遇期，至少有以下理由使我们有信心，在未来维持一个合理的中高速经济增长，显著超越国外经济学家预言的"新平庸"。首先，互联网技术的发展及其与经济活动融合的趋势，使得经济全球化势不可当。我国作为开放程度很高的人口大国，是全球化的重要获益者。坚持对外开放的基本国策，进一步提升开放水平，可以继续为我国带来开放红利，支撑持续较快的经济增长速度。其次，从人均收入和科技水平看，我国与发达经济体之间仍有较大差距，这意味着在赶超的过程中我国将继续享有后发优势，实现比发达经济体更快的增长速度。最后，我国经济体制中存在着诸多制约市场主体活力和要素优化配置的障碍，全面深化改革将逐步消除这些体制障碍，经济增长可以从双重改革红利中获得增长潜力，即一方面，通过挖掘生产要素特别是劳动力的供给潜力，延长有利于经济增长的人口机会窗口；另一方面，通过改革加快全要素生产率的提高速度，获得新的增长源泉。

我国经济增长在新常态下超越"新平庸"，需要坚持稳中求进的总基调，通过全面深化改革，积极进取地赢得改革红利。经济体制改革涉及诸多领域，但总的方向是让市场机制在资源配置中发挥决定性作用，实现经济增长动力向创新驱动的转变。这一转变不可避免的是一个优胜劣汰的过程，需要淘汰落后的产能和不具有生存能力的企业。与此同时，共同富裕这个中国特色社会主义的根本原则和以人为本的科学发展观，决定了劳动者是不能被"淘汰"的。因此，建立和完善社会保障体系，实现基本公共服务均等化，不仅本身就是改革的题中应有之义，也是更好发挥政府作用，实现社会公平正义的要求，同时还能为其他领域改革的顺利推进保驾护航。

保持平常心，把握分寸感，增强穿透力

近期的一系列市场信号和宏观经济指标，造成了较为悲观的经济增长率预期，如采购经理指数降至荣枯线以下、生产者价格走低、世界银行和大投资银行下调了 2015 年我国及世界经济增长率等。这些新情况仍然在经济发展新常态的预料之中。我国经济下行趋势总体上是供给方面因素，即潜在增长率下降所造成，这意味着要从供给方入手解决结构性问题。同时也不排除某一时期存在一定的周期性因素，要求宏观经济政策做出反应，给予必要的刺激。政策选择面临的最大挑战就是如何把握两者之间的平衡。由于这两个因素混在一起，经济学家强调的重点又不尽一致，所以政策平衡点像刀刃一样薄，作出判断和把握分寸的难度非常大，任何政策选择都存在过犹不及的风险。需保持平常心，善于接受更低的经济增长率目标，实施宏观经济政策时要确实把握好分寸感，同时按照改革红利选取改革突破口，增强改革的穿透力。

一　保持平常心:增长减速主因仍在供给方

自 2011 年以来劳动年龄人口持续负增长,人口红利不再是减弱而是迅速消失,表现为劳动力短缺提高制造业成本,投资回报率大幅度下降,劳动力转移减速也降低了全要素生产率提高速度。这些变化直接降低了潜在增长率。从表 2 中可以看到,迄今为止,我们估计的 GDP 潜在增长率与实际增长率比较吻合,实际增长率并没有降到潜在增长能力之下;传统动力驱动的潜在增长率将继续下降,"十三五"时期平均为 6.2%;通过改革,加上新的增长驱动力,使总和生育率提高到 1.6,劳动参与率增加 1 个百分点,全要素生产率的增长率提高 0.5个百分点,并扩大职工培训的话,可以获得超过 1 个百分点GDP 潜在增长率的改革红利(即表 2 第三列)。

就业压力并没有随着经济增长减速而加大,这是实际增长率仍然在潜在增长能力之上的最有力证明。我们可以从以下劳动力市场指标来观察。第一,不仅整体求人倍率仍然大于 1,而且过去几个季度具有大学以上学历劳动者的求人倍率也在 1以上,说明大学毕业生就业的结构性矛盾也有所舒缓。第二,目前城镇登记失业率为 4.1%,调查失业率为 5.1%,都不算高。我们的估算显示,我国城镇自然失业率大约为 4.1%,意味着周期性失业率很低(5.1% − 4.1% = 1%)。如果考虑到目前的调查样本对农民工的代表性偏低,而农民工失业率很低的情况,我国周期性失业问题可以忽略不计。第三,农民工等非熟练劳动者的工资继续较快上涨,也说明劳动力市场需求强劲。

表2　　　　　　　　实际增长率与估计的潜在增长率　　　　　　　　(%)

年份	潜在增长率	实际增长率	加上改革效果
2012	7.89	7.70	8.77
2013	7.48	7.70	8.63
2014	7.14	7.40	8.48
2015	6.86	—	8.32
2016	6.61	—	8.09
2017	6.39	—	7.89
2018	6.18	—	7.73
2019	6.00	—	7.58
2020	5.83	—	7.45

目前出现的工业生产者出厂价格的下降趋势,主要是由于高投资增长率降下来产生的需求减少的实际与预期因素,以及一些产业的产能过剩造成的。由于经济增长速度处在潜在增长能力之上,就业需求仍然旺盛,普通劳动者工资持续上涨,所有这些现象都与日本以及欧洲通货紧缩的情况截然不同,因此,我们固然应该对通货紧缩有所警惕,但至少近期内不宜在这个方向采取过度的政策措施。

二　把握分寸感：需求方的可为与不可为

判断我国增长速度是受外需缩减的冲击性影响，还是主要受制造业成本提高的结构性影响，应该观察"显示性比较优势指数"，即我国某类产品出口比重与世界贸易该比重的比值。根据计算，我国传统上具有比较优势，并在出口中占主导地位的 11 种劳动密集型产品的这个指数，从 2003 年的 4.4 下降到了 2013 年的 3.4，下降幅度为 22.7%。这就是说，我国劳动密集型产品出口的下降快于世界同类产品贸易量的萎缩，经济增长减速主要不是外部需求冲击造成的，而是比较优势下降的结果。

在需求方面并非不能有所作为，但把握好分寸感十分重要。我们说不要采取刺激投资需求的办法，是指不要在常规投资盘子之外，以刺激额外投资为目标，否则会造成巨大的风险。定向调控的"方向"要界定清楚，要与正常的基础设施建设项目分开考虑。在增长减速的主因是供给方因素的情况下，实施刺激性政策只会加剧风险，却无助于"稳增长"的初衷。首先，过于宽松的货币政策和财政政策，在制造业比较优势下降的情况下，不会诱导出竞争性实体经济的投资需求，而由于基础设施投资需求是派生的需求，在竞争性行业投资不能发动起来的情况下，基础设施也没有真实需求，也可能出现产能过剩。过多的流动性往往会向虚拟经济领域渗漏及至蜂拥而至，造成泡沫泛滥。日本20世纪80年代末的经历可以为我们提供十分具有针对性的教训。其次，已经积累起的过剩产能、银行坏账和政府债务风险，本来就是产生于传统发展方式，会因经济减速后出台刺激性政策而加剧，所以希望通过刺激经济增长解决这些问题无异于缘木求鱼。近期需求政策的着眼点和着力点应当是扩大消费需求。

制约我国消费需求扩大的因素分别是城乡居民收入水平低、过大的收入差距进一步降低了普通居民的消费能力，以及社会保障覆盖面小和保障水平低造成消费的后顾之忧。采取一系列旨在扩大中等收入群体和提高低收入群体的绝对收入水平的一次性措施，可以在扩大消费需求方面短期见效。第一，为机关事业单位职工调薪。2004年经历刘易斯拐点之后，该群体工资上涨速度慢于城镇单位就业人员平均工资。在近两年灰色收入得到遏制后，调薪将具有立竿见影的刺激消费效果。第二，大幅度提高城乡低保、新农保和城居保的覆盖面。实施一次严格的全面调查，确实实现应保尽保。第三，实施新时期城乡统筹扶贫攻坚计划，到2020年大幅度减少按新标准定义的绝对贫困现象。第四，降低失业保险等现收现付制的社会保险缴费率，大幅度提高覆盖率。把农民工纳入失业保险覆盖范围，降低其就业风险，可以显著提高其市民化水平，刺激消费需求。

三 增强穿透力：以制度红利为取向推动改革

改革是适应和引领新常态,实现增长动力转换的根本出路。有些改革效果将在未来长期持久地显现,也有一些领域的改革可以产生立竿见影的效果,提高潜在增长率。增强改革的穿透力,就是要找准改革红利明显的领域,坚定不移地推动。现存的一系列体制机制因素,仍然阻碍着生产要素特别是劳动力的充分供给和生产率的合理提高,因此,旨在消除这些体制性障碍的改革,可以从诸多方面挖掘潜力,提高近期和未来的潜在增长率。根据测算,如果一系列重要领域的改革,包括以农民工市民化为核心的户籍制度改革、未来长期显现效果的教育体制改革和生育政策调整,以及具有长期可持续效果的竞争环境的构造等等,能够得到及时和实质性的推进,综合的改革红利可以表现为近2个百分点的潜在增长率提高。

四 结论

实现稳增长、调结构和防风险的政策思路应该是三位一体的,通过推进改革实现。经济增长速度下降,同时也是结构升级所要调整淘汰掉的部分（即所谓"创造性破坏"）,如果靠刺激政策加以保护,不仅调结构的目的要落空,还会积累金融和债务风险，稳增长的目的也难以实现。改革就是通过清除制度障碍，一方面延长人口红利（劳动力供给），另一方面寻找新的增长动力（全要素生产率），获得改革红利，最终实现增长动力到全要素生产率的转换。

综上所述，我们必须保持平常心，首先接受较低的经济增长速度，具体来说，经济增长率的目标和底线不是一次性确定的，而应该是动态的，即根据近期的潜在增长率来确定，如2015年预期增长目标定为7%左右，而底线还可以略微低一些。这是"稳中求进"中"稳"的含义，也是防风险的关键。实施与刺激需求相关的政策时，要把握好分寸，防止风险积累。从更积极的方面看，"稳中求进"中"进"的含义则是：增强改革的穿透力，获取改革红利，可以争取较好的增长结果。

应重视单位劳动力成本过快上升的问题[①]

　　判断一个国家、产业和企业是否具有比较优势和竞争力，不仅要观察劳动力成本，还要结合劳动生产率水平。单位劳动力成本是劳动力成本和劳动生产率之比，与工资水平成正比，与劳动生产率成反比。制造业的单位劳动力成本水平是衡量制造业国际竞争力的重要依据，也可以用来判断工资等劳动力成本上涨是否建立在劳动生产率提高的基础之上。近年来，我国制造业的单位劳动力成本呈快速上升趋势，对劳动密集型行业产生较为明显的冲击，也造成经济增长动力的减弱，应通过改革积极应对。

---

　　① 与都阳合作。

一   制造业单位劳动力成本上升趋势

劳动力成本包括工资、福利及其他使用劳动所付出成本。单位劳动力成本则主要衡量用工成本和劳动生产率之间的关系。我们根据国家统计局农民工监测调查所提供的制造业农民工就业及工资信息、城市制造业单位就业和工资信息，推算了制造业的就业和人均劳动力成本；根据国民经济核算分行业数据，推算了我国制造业人均劳动生产率；并以此计算我国制造业的单位劳动力成本，具体结果如表3所示。

根据表3显示的趋势，可以大致从以下几个阶段观察进入新世纪以来制造业单位劳动力成本的变化。2004年以前，一方面由于20世纪90年代国有经济减员增效的改革措施，开始发挥提高劳动生产率的作用，另一方面由于当时我国尚未跨越"刘易斯拐点"，劳动力的无限供给抑制了工资上涨，单位劳动力成本呈明显的下降趋势。2005年至世界金融危机爆发之前，由于劳动力短缺推动了工资上涨，劳动力成本开始上升。金融危机爆发后的最初几年中，单位劳动力成本的变化相对平稳。2011年以后，随着劳动年龄人口的绝对减少，劳动力成本则呈加速上涨趋势。

表3　　　　我国制造业的单位劳动力成本（2001—2013 年）

	平均劳动力成本（万元）	劳动生产率（万元）	单位劳动力成本
2001	0.91	4.70	0.194
2002	0.97	4.91	0.198
2003	1.06	5.83	0.182
2004	1.16	7.80	0.149
2005	1.26	7.92	0.159
2006	1.42	8.83	0.161
2007	1.60	10.15	0.158
2008	1.92	11.04	0.173
2009	2.07	12.00	0.173
2010	2.45	14.09	0.174
2011	2.96	15.37	0.193
2012	3.35	16.09	0.208
2013	3.80	15.99	0.238

资料来源：笔者根据相关统计资料计算。

　　仅仅从数量关系上看，单位劳动力成本上升是由于劳动力成本的增长速度快于劳动生产率的提高速度。然而，劳动生产率之所以与劳动力成本脱节，与当前劳动力供求关系主导的特征有关。劳动年龄人口的绝对减少，劳动力供给趋紧，造成工资上涨没有得到劳动生产率提高的支撑的局面。

　　因此，工资上涨是否会对经济增长带来负面影响，需要根据单位劳动力成本的变化来做出判断。如果劳动力成本有节奏地上升，企业可以根据劳动力成本变化逐步对劳动等生产要素进行重新配置，调整市场结构和技术结构，通过提高劳动生产率消化劳动力成本上升的影响。如果劳动力成本上升速度过快，不能给企业调整留出时间和空间，就可能对很多企业形成负面的冲击，导致比较优势过快削弱，经济增长过快减速。

二 单位劳动力成本的国际比较

正确判断当前单位劳动力成本变化情况，需要结合我国所处的发展阶段进行国际比较，特别是关注相关国家的单位劳动力成本变化。基于我们的计算和国际组织的数据，表4 列示了日本、德国、韩国、美国等几个重要制造业大国在最近十余年中单位劳动力成本变化趋势，并与我国进行比较，可以作出两个判断。

其一，从单位劳动力成本的绝对水平看，我国仍然具有较为明显的优势。2013 年，我国制造业的单位劳动力成本是德国的 29.7%、韩国的 36.7% 和美国的 38.7%。可以预期，只要能够正确处理劳动力成本和劳动生产率的变化关系，在一定时间内中国制造业仍将保持一定的国际竞争力，并为中国经济向高收入阶段的迈进提供重要的动力。

其二，就单位劳动力成本的增长速度及轨迹而言，中国与其他国家明显不同。在过去十余年里，中国因工资上涨较快，单位劳动力成本基本呈单边上扬的趋势，而其他几个国家表现为劳动力成本和劳动生产率交替提高、单位劳动力成本时增时降的趋势，总体上保持相对稳定。近几年，我国单位劳动力成本出现加速上涨的势头，2010 年至 2013 年增长了 37%。这种势头如果不能妥善应对，将会对企业特别是劳动密集型企业的生产造成严重的负面冲击。

表 4　　　　　　　一些制造业大国的单位劳动力成本变化情况

	中国	德国	日本	韩国	美国
2001	0.194	0.771	0.706	0.566	0.704
2002	0.198	0.783	0.690	0.572	0.662
2003	0.182	0.773	0.643	0.564	0.657
2004	0.149	0.749	0.600	0.578	0.607
2005	0.159	0.727	0.574	0.599	0.598
2006	0.161	0.698	0.552	0.590	0.599
2007	0.158	0.686	0.519	0.584	0.586
2008	0.173	0.739	0.516	0.586	0.626
2009	0.173	0.855	0.552	0.606	0.635
2010	0.174	0.782	0.470	0.616	0.579
2011	0.193	0.744	0.489	0.628	0.612
2012	0.208	0.780	—	0.648	0.618
2013	0.238	0.801	—	0.649	0.615

资料来源：经济合作与发展组织（OECD），stats. oecd. org。

三　应对单位劳动力成本上升的主要举措

我国制造业单位劳动力成本在最近几年的迅速上涨，主要是人口结构变化推动工资水平上扬的结果。应对单位劳动力成本的上升，应该在坚持市场机制在工资形成中起决定作用的前提下，深化相关领域的改革，从分子和分母两侧施策，既延缓工资上涨的速度，又不断提升劳动生产率。

首先，缓解劳动力成本上升压力。在劳动力总量减少的情况下，通过推进户籍制度改革，提高劳动参与率，是短期内增加劳动力供给的最有效手段，这方面仍有挖掘潜力。目前，劳动参与率提高 1 个百分点，可以增加有效劳动供给 900 余万人，足以抵消劳动年龄人口减少的负面影响，延缓工资上涨的势头。目前农民工由于未能在城镇落户，40 岁以后的劳动参与率大幅度降低，扩大了劳动力短缺现象。通过加快提高户籍人口城镇化率，形成倒排时间表和倒逼机制，推进农民工市民化进程，可以显著提高他们在城镇和非农产业的劳动参与率，并通过使他们享受的基本公共服务更加均等化，达到缓解劳动力短缺、抑制工资过快上涨的效果。

为企业减负也有助于缓解劳动力成本的上升。从企业生产经营的角度，工资只是劳动力成本众多项目中的一项，只不过劳动密集型企业受工资水平上升的影响更大。社会保障缴费是劳动力成本中越来越重要的组成部分，中小企业深感负担之重。应通过完善社会保险体制和提高精算水平，降低企业的社会保险缴费负担，在维持对劳动者的保护水平不变的情况下，降低企业用工成本。此外，通过深化能源供应、企业行政管理、税费等各个领域的改革，切实减轻企业劳动力成本以外的负担，也有利于减缓单位劳动力成本上升影响，为企业实现转型和结构调整赢得时间。

其次，通过深化改革提高劳动生产率。从长期看，劳动生产率不断提升是保持单位劳动力成本优势、维持中国制造业竞争力的终极源泉。产业结构升级优化，积极地使用资本和技术替代劳动、以技能工人替代非技能工人，都有助于提高劳动生产率，同时，提高全要素生产率更是提高劳动生产率的持续源泉。研究表明，我国制造业企业技能和非技能工人的替代弹性仅为0.26，远远低于发达国家和一些发展中国家1.5—2.0的水平。这意味着面对劳动力成本的上升，企业尚未能够做出有效的反应和调整，也是导致单位劳动力成本单边上扬的原因。因此，应进一步推进要素市场发育和深化微观机制改革，使企业对要素市场的价格信号做出更积极有效的反应，消除行业准入障碍，促进资本、劳动等生产要素更便利地在地区间、行业间和企业间流动。

提高劳动生产率靠三个因素。首先是人力资本存量。2011—2020年期间新成长劳动力每年将以1%的速度递减，同期人力资本总量（劳动力总量乘以人均受教育年限）也以相同的速度下降，成为全要素生产率减速的一个因素。其次是提高资本劳动比。然而，过快提高资本劳动比导致资本报酬递减，既不可持续也无助于降低企业成本。日本"失去的十年"中，劳动生产率提高中有94%的贡献来自于资本劳动比，21%来自于人力资本，因而全要素生产率为负贡献（－15%）。最后是靠全要素生产率。需推进要素市场发育和深化微观机制改革，使企业对要素市场的价格信号做出更积极、有效的反应，消除行业准入障碍，促进资本、劳动等生产要素更便利地在地区间、行业间和企业间流动，达到提高资源重新配置效率和技术创新的目的。

我国劳动力供求趋势和就业现状

随着近年来我国劳动年龄人口绝对减少，以及劳动力需求旺盛，在经济增长趋于下行的情况下，我国仍然保持了就业的稳定增长，经济增长减速没有对劳动力市场产生大的冲击，这是中央保持宏观经济政策定力的信心所在。迄今为止，就业问题主要表现为结构性而不是总量性问题。但是，劳动力市场仍然存在中长期风险，需要用改革的办法预先防范。

一 普通劳动力短缺仍是主流表现

自 2011 年以来，15—59 岁劳动年龄人口每年皆为负增长，加剧了非农产业特别是制造业企业的用工荒和招工难现象。相应的，普通劳动者工资持续上涨，已经多年快于 GDP 的增长率。这也就意味着工资上涨呈现了快于劳动生产率提高速度的趋势，缩短了企业进行适应性调整的时间。经济增长减速过快与这种部分企业"过早死"现象有很大关系。

成本提高直接削弱了劳动密集型制造业的比较优势。根据计算，我国传统上具有比较优势，并在出口中占主导地位的 11 种劳动密集型产品的"显示性比较优势指数"（即我国某类产品出口比重与世界贸易同一比重的比值），从 2003 年的 4.4 下降到了 2013 年的 3.4，下降幅度为 22.7%。这就是说，我国劳动密集型产品出口的下降快于世界同类产品贸易量的萎缩，出口减弱主要不是外部需求冲击造成的，而是比较优势下降的结果。

随着人口继续老龄化，特别是农村户籍人口年龄升高，新增农民工数量很快将小于返乡人口数量，形成城乡劳动力逆向流动，这将降低劳动生产率从而进一步降低经济增长率。根据对农村人口年龄结构的预测，16 岁（大约为初中毕业）到 19 岁（大约为高中毕业）的农村人口（正是外出的年龄），2015 年为 3513 万人，到 2020 年将减少到 3055 万人，净减少 458 万。事实上，外出农民工人数的年度增长率，已经从 2005—2010 年的平均 4% 显著地下降到 2014 年的 1.3%。

劳动力成本上升不仅减弱产品出口，还导致外商直接投资的流失，许多跨国制造业企业外迁，甚至国内投资者和企业也会因成本过高到周边国家寻找投资出路，这都会进一步加重经济增长下行压力。我们的预测表明，按照传统增长因素计算的潜在增长率，2015 年将为 6.9%，"十三五"时期将下降到年平均6.2%。

二　短期内劳动力市场没有风险

潜在增长率是指在一定的生产要素供给能力以及生产率提高速度下，在没有周期性失业和通货膨胀条件下所能实现的GDP增长率，因此，由于目前我国实际增长率仍然在潜在增长率之上，所以就业仍然是稳定的。我们可以从以下劳动力市场指标来观察。

第一，公共劳动力市场信息显示，不仅整体"求人倍率"（岗位数与求职人数之比）仍然大于1，而且过去几个季度具有大学以上学历劳动者的求人倍率也提高到1以上，说明大学毕业生就业的结构性矛盾已有所缓解。

第二，目前城镇登记失业率为4.1%，调查失业率为5.1%，都不算高。我们的估算显示，我国城镇因结构性因素和摩擦性因素造成的自然失业率，大约为4.1%，这意味着周期性失业率实际上很低（即5.1% - 4.1% =1%）。如果考虑到目前的调查样本对农民工的覆盖偏低以及农民工失业率很低的情况，鉴于城镇就业人员中农民工已经占到35%，我国周期性失业问题可以忽略不计。

第三，近年来每年城镇就业新增人数超过1000万以上，这一数字固然反映了就业创造的活跃和劳动力市场的稳定，但是，由于15—59岁城乡劳动年龄人口每年以数百万的幅度绝对减少，所以这个数字不是城镇就业的净增量，而且存在着将进城农民工重复计算的问题，所以并不能反映劳动力市场全貌。因此，建议逐步放弃使用这个数字指标。

三 过度就业有可能导致中长期风险

如果我们按照城镇就业人员中35%是农民工（其调查失业率低于1%），65%是户籍就业人口（其调查失业率略高于5%）的权重计算，城镇劳动力市场整体调查失业率实际上还低于4.1%的自然失业率。然而，由于自然失业率主要是因人力资本不匹配的结构性因素造成的，保持一定的自然失业率是必要的，可以为新成长劳动力提供受教育的激励。过快提高职业教育相对于普通教育的比重，或者通过宏观经济政策和产业政策过度刺激经济，虽然扩大了短期的就业，长期来看却有过犹不及的效果。

过度就业会引导农村青少年在初中毕业后（甚至许多人从初中辍学）匆忙加入非农就业，其中有相当一部分被吸纳到产能过剩甚至具有泡沫风险的行业。一旦将来出现较大的经济波动，这些农民工将遭遇周期性失业的冲击。由于这个群体人力资本积累不足，难以适应产业结构调整的技能要求，根据欧洲的经验，周期性失业可能转变为长期的结构性失业。加上农民工尚未成为户籍市民，缺乏失业保险等城市社会保障的覆盖，新一代农民工也无法利用农业作为其就业蓄水池，不仅会发生逆向的产业结构变动，还可能造成社会不安定局面。

四　稳增长和稳就业的改革思路

在我国经济发展逐步进入新常态，增长面临下行压力的情况下，劳动力供求关系恰好发生逆转，只要实际增长率不低于潜在增长率，短期内劳动力市场不会遭受冲击。但是，这样一个局面是短暂的。老龄化的加快将进一步压低潜在增长率，如果不能利用目前存在的稍纵即逝的机会窗口，通过培养人力资本和调整产业结构获得新的增长源泉，就依然存在陷入中等收入陷阱的危险。唯一的出路不是实施短期刺激政策，而是加快产业结构调整，赢取改革红利。

首先，加快推进以农民工市民化为核心的户籍制度改革，以更加均等的基本公共服务供给吸引农村劳动力进一步转移，增加劳动力供给，提高全要素生产率。这不仅可以立竿见影地提高我国经济的潜在增长率（计算结果显示改革红利可达1—2个百分点），而且可以在避免工资过快上升、企业成本负担过重的同时，继续扩大就业、增加劳动者收入和提高社会保障水平。

其次，遏制农村九年制义务教育阶段的辍学现象，普及学前教育和高中教育，保持当前高等教育的发展势头。在我国目前的发展阶段，进一步提高受教育年限的关键，在于延长义务教育的时间，而不是发展职业教育。2012 年，中等偏上收入国家在高中阶段上，职业教育与普通高中教育在校生人数的比率平均为 0.52∶1，而我国该比率高达 0.80∶1。普通教育与职业教育相比，更加侧重通识教育、培养学习能力和就业的软技能，有利于培养具有适应能力的劳动者，以应对产业结构的急剧变化。

最后，着眼于给企业制造竞争压力，促使地方政府创造更好的投资环境，推动生产要素从生产率低的产业、行业和地区流出去，实现更好的资源配置。为了最大限度地保持我国劳动密集型制造业的比较优势，延长人口红利，应该推动制造业从沿海地区向中西部转移，形成国内版雁阵模式，防止制造业过早、过快地流失到其他新兴经济体。

研判就业形势，防范失业风险

虽然作为新常态的一个特点，我国经济已不再能够维持两位数增长，但是由于目前增长速度并未低于由要素供给和生产率所决定的潜在增长能力，各种要素得到了充分利用，因此，就业压力并没有比以往增大。当前我国的调查失业率在5.1%左右，登记失业率在4.1%左右，许多地方甚至还在遭遇招工难的困境。从人口年龄结构变化趋势看，劳动力供给不足的问题将越来越严峻。预测显示，农村16岁（大约初中毕业）到19岁（大约高中毕业）人口总量（新成长的农民工）已于2014年达到峰值，此后逐年减少。诚然，这种劳动力供求关系变化并不意味着可以低估就业的重要性，但是，积极就业政策的重点和实施方式，需要根据总量矛盾缓解、结构性矛盾突出的新特点做出调整。在劳动力无限供给的条件下，政策只要着眼于促进增长并且保持合理的就业弹性，就能创造出必要的岗位吸纳新成长和剩余劳动力。而在劳动力供给出现短缺的情况下，这个促进就业的政策模式则不再有效。

随着 2011 年以来 15—59 岁劳动年龄人口逐年减少，人口红利趋于消失，有利于高速增长的因素或消失或式微，潜在增长率必然降低。这时，只要保持实际增长速度不低于潜在增长率，就业就不会出现大的问题。当然，现实中大学毕业生就业难和与此相关的青年就业问题，以及企业转产后职工转岗难和与此相关的就业困难群体的问题仍然存在。只有正确区分两种失业类型才能合理施策。面对新成长劳动力的技能与劳动力市场需求不匹配导致的潜在结构性失业风险，以及经济增长减速淘汰掉部分落后产能，导致劳动者失去原有就业岗位的周期性失业风险，正确的应对是分别通过教育和培训解决结构性失业问题，通过社会保障托底并帮助周期性失业者尽快实现再就业。相反，采取传统政策思路刺激经济增长速度，反而会积累更大的失业风险。

旨在刺激经济增长的宏观经济政策，意在使企业融资更容易、成本更低，达到扩大投资的效果。首先，如果企业有投资意愿，恰好借此增加投资从而扩大经济活动。但是，过度刺激会使企业扩大投资仅仅是为了获得融资中包含的补贴，结果很可能是加大产能过剩。其次，按照政策导向进行的基础设施投资，往往更关注融资成本而不关心投资回报率和回收期，也很容易成为过度供给的领域。最后，刺激政策还会造成流动性外溢，在各种投机性投资活动（如房地产）中滋生经济泡沫。

这种刺激政策达到一定强度后，受教育不高、技能不足的劳动者便被大量吸纳到具有潜在产能过剩和泡沫的行业中，随后两个先后继起并且互相强化的事件便会发生，后果贻害无穷。一是青少年往往完成义务教育（甚至从初中辍学）后便匆忙进入劳动力市场；二是经济泡沫一旦破灭，这些劳动者首先会遭遇周期性失业，之后由于其人力资本不足、适应技能要求的能力不足，进而陷入长期的结构性。避免这种局面最重要的是不实施刺激政策，保持必要水平的自然失业率，以提供新成长劳动力接受教育和培训的激励，增强其应对产业结构调整的能力；同时借助社会保障的托底作用，允许劳动力市场小幅波动，防范大规模失业风险的积累。

（原载《中国国情国力》2015 年第 5 期）

解读中国经济发展新常态

——专访著名经济学家蔡昉研究员[①]

前不久，习近平总书记在中央经济工作会议上强调指出：认识新常态，适应新常态，引领新常态，是当前和今后一个时期我国经济发展的大逻辑。蔡昉先生在解读新常态时说：中国经济正在向形态更高级、分工更复杂、结构更合理的阶段演化，正从高速增长转向中高速增长，正从规模速度型粗放增长转向质量效率型集约增长，正从传统增长点转向新的增长点，完成这些转变，就实现了中国经济发展的现代化目标，奠定了中国经济可持续发展的战略基础。就江西而言，适应新常态、抓住新机遇、展现新作为，确保如期实现全面建成小康社会的宏伟目标，更加需要我们保持工作定力，更加需要我们奋勇拼搏。

---

① 采访者陈东有，南昌大学教授、博士生导师。

一　"新常态"的主要特点

陈东有：蔡老师，您好！不久前，习近平总书记在中央经济工作会议上强调指出：认识新常态，适应新常态，引领新常态，是当前和今后一个时期我国经济发展的大逻辑。蔡老师，您是这方面的专家，"新常态"的主要特点是什么？

蔡昉：中国经济的确迎来一个新常态，但是这个新常态不是一个悲观的常态，而是一个仍然可以大有作为的战略机遇期。因此，中央经济工作会议提出我们要深刻认识新常态、主动适应新常态。

新常态，涉及经济增长的供给方因素、需求方因素、体制因素等，总的来说可以从三个方面进行概括：速度、结构和增长动力。从速度来说，我们现在比较明确的是要从高速转向中高速。2012 年，我们从过去两位数的增长速度降到了 7.7%，2013 年还是 7.7%，2014 年是 7.4%。从结构来说，我们未来的增长速度会减慢，同时结构调整、升级、转型、优化的速度要比以往更快。也就是说，今后的经济增长源泉主要来自于产业结构的调整升级。从经济增长的动力来说，过去中国经济增长主要依靠投入驱动：投入资本、劳动力、资源甚至环境。这种投入驱动方式在以往是有效的，但是今后这种增长模式就难以为继了。因此，从经济增长动力上是从投入驱动转向创新驱动，或者也可以说是转向生产率提高驱动的经济增长。目前，速度的新常态已经充分表现出来了，但是产业结构调整和动力转换这种新常态不是自然而然就可以实现的，我们必须要把它挖掘出来，启动起来。

二　深刻认识和主动适应"新常态"

陈东有：按照中央经济工作会议提出的要求，真正要做到深刻认识新常态、主动适应新常态是不容易的，甚至是很不容易的。您认为我们要努力做到深刻认识新常态、主动适应新常态，特别是在避开风险争取机遇方面应该注意什么？

蔡昉：在深刻认识新常态、主动适应新常态上我们要有理性的认识。说有风险，要注意几个陷阱，这是我们中央领导同志已经开始关注的陷阱。

第一个就是所谓的中等收入陷阱。世界银行把国家按照收入水平分成几类，一般来说，人均 GDP 在 1000 美元之下的叫低收入国家，人均 GDP 在 1000 到 3000 美元的叫中等偏下收入国家，3000 到 12000 美元的国家叫中等偏上收入国家，高于 12000 美元的叫高收入国家。如果一个国家几十年甚至上百年处在中等收入阶段，等于是陷在一个地方不能自拔，因此叫中等收入陷阱。在 20 世纪 30 年代，阿根廷人均收入水平高于美国，拉丁美洲的整体收入水平高于欧洲。但是在那之后，美国、欧洲变成了世界上最富裕的国家和地区，而拉丁美洲国家到今天还没有一个稳定地成为 12000 美元之上的高收入国家。

为什么会掉入中等收入陷阱？首先是高速经济增长减慢下来，但在这个减速的时候你要知道为什么减速，才能知道用什么办法保持未来经济可持续增长，如果不知道，那就要掉进陷阱。因此，我觉得正确判断是至关重要的。习近平总书记在中央经济工作会议上提出新常态，就是作出了正确的判断。如果你不能做到这一步，第二步就会错误地判断形势，如果判断错了形势，就会犯错误，把减速变成了停滞，那就糟了。停滞意味着，你们家的蛋糕就是那么大了，不会做大了。过去都说我国在经济发展过程中收入差距大，老百姓有不满意的地方，但是老百姓没造反，为什么？因为我们的蛋糕天天在做大，可能有些人拿了更大的蛋糕，被一些贪官、垄断企业、不法私企拿了更大的蛋糕，但是老百姓也拿到了，只不过拿得可能小一些。但是当你蛋糕不做大的时候，他拿到更大的蛋糕，就绝对会减少你的蛋糕，于是收入分配会进一步恶化，导致社会不安定。在这种分配格局下，那些有谈判地位的人，能够影响政策的人就会尽一切努力保住自己既得利益，他反对一切改革，所以你的体制就变成了僵化的、固化的。这样，整个社会从经济到社会到政治全都是不利于发展的，这就是典型的拉美陷阱、东南亚陷阱。

新常态里包括我们产业结构的升级，然后调整收入分配解决下一步蛋糕收入分配的问题，而不断地深化改革是解决体制固化的问题，要打破既得利益。所以，我觉得我们跨越中等收入陷阱是完全可以做到的。大家可能注意到习近平总书记讲了一句话，改革要"既勇于冲破思想观念的障碍，又勇于突破利益固化的藩篱"。我个人认为，中央把中国面临的挑战看得很准。还有一个，我们只有通过改革才能打破既得利益固化的藩篱。

改革还有一个陷阱，叫托克维尔陷阱。很早以前的一个法国历史学家写了一本书叫《旧制度与大革命》。旧制度是指法国的封建社会，大革命指法国大革命。这本书里有一句名言，一个政府最危险的时候是它开始改革的时候。托克维尔说，在大革命之前，法国的封建君主制在欧洲是最开明的，是最亲民的，也比较富有弹性。但是，法国却形成了最激烈、最彻底、最暴力的革命，君主甚至革命者大都以砍头告终。而其他国家反而没有走这样激烈的道路，这个很奇怪。我个人解读，无论我们讲反腐还是讲改革，还是讲社会主义制度自身的完善，不改革没有出路，这是第一条，你不改革就是"大革命"，因此，我们必须改革。第二条是说，你决定改革、推进改革，但是改革并不能保证自身一定是正确的，你必须把握好改革的方向。具体来说，我们改革的前提是社会主义制度自身的完善，同时，我们改革的方向是社会主义市场经济，三中全会把这个讲清楚了，这一点是非常重要的。第三点，就是说改革必须有正确的方法论，就是有好的方法论才能更有效的改革。我们提出托克维尔陷阱这个词，是为了说明我们改革要坚持正确方向，要有顶层设计，要有正确的方法论。

我们知道，在政治局的集体学习上、在湖北的考察中，习近平同志都谈到了改革的方法论问题，这个是过去的党中央领导没有特别强调的一个新问题。我想，应当重点从四个方面理解改革的方法论。

第一是改革要有顶层设计，但是顶层设计与过去小平同志讲的摸着石头过河是不矛盾的，是两者之间的良好结合。要有顶层设计，但是与此同时，我们也要探索地方经验，尊重群众的创造精神等，这是一个结合。

第二个结合是改革的整体推进与重点突破并举。体制是一个整体，相互之间是有逻辑关系的。但是，某些领域优先推进，有利于获得改革的收益，叫改革红利。所以，总书记也有说过一句话，要抓住重点，围绕并解决好人民群众反映强烈的问题，回应人民群众的呼声和期待，突出重点领域和关键环节，突出经济体制改革的牵引作用。同时，在2014年的政府工作报告中，李克强总理也讲到，我们选哪些领域开始改，要从群众最期盼的领域，制约经济社会发展最突出的问题改起，破除制约市场主体活力和要素优化配置的障碍。这是我们改革整体推进与重点突破的并举。

第三个是讲体制改革与经济增长的关系。有人认为，要改革就得牺牲点增长，放慢速度才能改革。2014年年初时我参加达沃斯论坛，期间收到大量的材料，参加各类会议，跟人讨论。许多外国人都认为中国得牺牲增长速度才能推进改革。国际货币基金组织也给中国算出来，你的改革未来会有很大收益，但是在短期内得牺牲1—2个百分点的增长速度才能推进改革。这一点，我认为不一定对。有些改革是可以立竿见影带来收益、提高中国经济增长速度的。

第四个正确方法论就是重大改革要于法有据。这个其实很简单，社会主义市场经济本质上是一个法治经济，离了法怎么推进改革？有人说，改革就是要违法。这句话可能当年对，因为我们在改革之初1978年的时候，中国特色社会主义法律体系还没有形成，也有一些法是在计划经济时期形成的，我们当然是要突破那些法律的限制，以突破为主。现在中国特色社会主义法律体系已经形成了，现在我们要建设法治社会。在这个时候，以违法为动力去推进改革就不合逻辑了。与此同时，建立法治经济，依法治国，当然要讲法。

还有一个陷阱叫修昔底德陷阱。修昔底德是古希腊的一个高级将领，也是一个历史学家，他年轻的时候打仗，老了以后就写历史，写战争史，写过很多历史书，其中一本很重要的叫《伯罗奔尼撒战争史》，讲的是雅典和斯巴达人的战争。斯巴达是一个老牌的、发达的城邦，但是雅典开始崛起了，经济发展军事强盛，它的崛起必然要挑战老牌的强国。这个时候，斯巴达面对崛起的雅典有一丝恐惧，还有一丝嫉妒。不理解、不信任等等各种因素，最终导致两者之间的战争。伯罗奔尼撒战争是一场极其残酷、惨烈、两败俱伤的战争。后来的学者据此归纳出几乎所有的新兴大国在崛起的时候都导致战争，这就是修昔底德陷阱。习近平总书记现在也用了这个概念，说我们要避免修昔底德陷阱，因此我们在探索新型的中美大国关系。

我想把这个"陷阱"的说法改成修昔底德效应，陷阱我们可以避免，而且要努力避免，但是效应我们改变不了，因为我们的崛起没有任何恶意，但是现有的大国一定是不高兴的，它一定要用各种办法制约你，经济手段是很重要的一条。中央经济工作会议特别强调了新常态没有改变我们可以大有作为的这个战略机遇期的判断，但是我们大有作为一定会遇到新的制约，这个新的制约的国际方面就来自于修昔底德效应。我们未来在新常态下的国际环境并不是那么好的，因此我们注意到在北京开 APEC，到澳大利亚开 G20 会议，总书记、总理不断地在国外访问，提出了"一带一路"战略，并且寻求建设发展各种自由贸易区。西方的外交家们在历史上很少见到像中国这样的情形，即在这么短的时间内，迅速的创造了那么多的概念，创造了那么多的制度、机构，形成了那么多的项目，而且得到了认同。我们提出了金砖国家银行、丝路基金、新兴经济体的投资银行、"一带一路"战略等等，都是从这些方面去打破或减轻修昔底德效应，为我们创造更好的国际发展环境，真正地把我们的战略机遇期延长。因此修昔底德效应是我们理解新常态的一个很重要的方面。

三　中国要从人口红利转向改革红利

陈东有：讲到改革，必须要正确理解改革红利的问题。正如您在研究中多次提到的，在 2010 年前，我们的经济高速增长主要依靠人口红利，也就是由人口的增长带来的劳动力增长超出了劳动力的需求，劳动力是廉价的。您提出到 2004 年出现了"刘易斯拐点"，到 2010 年之后，中国劳动力的廉价时代已经结束，人口红利消失，现在，在新常态中我们必须从改革中获得经济增长的主要动力，获得改革红利，如何理解？

蔡昉：中国改革是要获得红利，中国要从人口红利转向改革红利。改革红利从哪来？前面我说了，过去我国经济增长要靠资本投入、劳动力投入，要靠投入驱动。未来的经济增长靠这些投入都不可行，因为劳动力是短缺的，资本投入回报率也没那么高了，因此未来我们有两种办法，第一，我们现在的劳动力供给还有潜力，而户籍制度还没有完成改革，因此我们还要努力延长人口红利；第二，更重要的是探索未来能够拉动中国经济增长的因素，也就是效率的提高，就是提高生产率。有一个改革，可以一石三鸟、立竿见影地带来改革红利，就是户籍制度改革，我们目前53%的人口生活在城市，而有城市户口的人或者说非农业户口的人只有36%，53%到36%之间17%的差距是什么？主要是农民工。他们没有城市户口，没有享受到均等的公共服务，没有养老保险，没有打算在城市养老，孩子没有平等权利进入义务教育，没有同等机会进入大学，他们失业后没有失业保险，没有最低生活保障，因此这部分人的劳动力供给是不稳定的，大部分人40岁以后就考虑回乡了。因此我们的劳动力不是没有潜力的，第一只"鸟"就是通过户籍制度改革可以增加劳动力供给。第二只"鸟"是让农民工受到公共政策的吸引，而不是简单地让企业拿工资吸引，企业已经没有这个能力了，因此农民工还可以继续从生产率低的农业转向生产率更高并且不断扩大的非农产业，资源配置就会更加合理，可以带来生产率的提高。第三只"鸟"是农民工是庞大的消费群体，中国农民工的人数现在达到2.7亿，进城的农民工是1.7亿，他们收入水平提高了，就业更充分、更稳定，社会保障使他们没有后顾之忧了以后，就可以像城市居民一样来消费，以此大幅度提高消费对经济发展的拉动作用。这就是一石三鸟，可以给经济带来增长潜力，或者说带来改革的红利。这就是我们所说的改革并不是和增长此消彼长、非此即彼的关系。

生产率的提高，有一个很重要的转变。从微观环节上看，提高生产率是企业的事情，即一个微观的单位如何提高效率、增强竞争力，可以采用新技术，使用更好的人才，更好地经营管理，发现新市场，形成新组合，企业可以各显神通，政府不应该管。从宏观上看，生产率提高是什么，不是让你帮着企业选择什么样的技术，什么样的市场，而是资源配置越来越有效率，走向更加合理。未来是一个有效率的企业不断扩大、没有效率的企业不断消亡的过程，我们把它叫做创造性破坏。那么在创造性破坏的时候，政府并非没有抓手。现在我们的政府已经认识到，政府不要去挑选赢家，这个非常重要。我们不能去挑选赢家，但我们可以创造一个公平竞争的环境。国有企业也好，民营企业也好，大家在同等条件下竞争，谁有能力，谁就发展，谁没有能力，谁就退出。政府有抓手，就是干这件事，维护竞争的公平、平等和充分性。进一步说，没有生产率的企业可以被创造性破坏，但是企业的工人是不能破坏的，工人要由社会安全网络保护起来，要给他机会转向新的就业岗位。因此，政府创造一个更加完善的社会保障体系也是推进市场竞争的抓手。未来的经济增长潜力是要靠改革，改革政府，不是要把政府改没了，而是要改革出一个更符合自身职能的、新的有所作为的政府。

与此同时，企业也要有一个经营发展模式的转变，总的来说，未来微观经济单位应当从横向找投资机会更多转向在纵向上找效率改善的机会；从过去对外找市场为主到今后对内寻找新的创新点为主，也就是新技术、新市场、新管理、新组合、新观念。特别是在现在大的互联网经济条件下，有很多新的组合可以做。过去见到盈利机会就蜂拥而至，未来这些机会不多了，只能靠在一些重要领域取得先机，才可以异军突起。今后可能更多的需要在内涵上不断地自我否定，才能够避免在外延上物理的消失，这是我们新常态从供给到需求、从宏观到微观的一些基本表现。

我们认识问题的时候，要有个理论框架，把重要的指导思想牢牢记住，然后举一反三。讲改革的时候我们就说有托克维尔陷阱，讲国际环境时就有修昔底德陷阱，讲经济发展能不能持续的时候考虑中等收入陷阱，这样的情况下我们在任何时候讨论任何问题都能有一个思维框架支撑，帮助我们理解新常态，只有所有人都理解了新常态，我们新常态才是一个大有作为的战略机遇期。

陈东有：谢谢蔡老师！

（原载《当代江西》2015 年第 2 期）

对"人口红利"的几点认识^①

　　随着"人口红利"的消失，支撑高速经济增长的传统源泉相应枯竭，特别表现在经济增长动力不再能够单纯依靠劳动力和资本的投入，而必须消除各种制度障碍，转向创新驱动和生产率驱动。同时也要看到，在一定时期内或者在一定程度上，我们仍有通过改革挖掘传统"人口红利"的潜力。

　　记者：近三年来，我国劳动年龄人口连续下降，且降幅有明显扩大趋势，国内外对这个变化都很关注，我国人口的真实情况如何？

　　蔡昉：按照 2010 年第六次人口普查数据，2010 年 15—59 岁劳动年龄人口的总量到达峰值，为 9.4 亿人。自那之后就出现了负增长，而且总体来说，这个年龄组人口减少的速度是越来越快的，预计到 2020 年将降至 9.1 亿人，也就是说，这期间

---

① 本文系《经济日报》记者马志刚所做的采访。

要净减少3000万人。相应的，劳动年龄人口占总人口的比例，也从70.1%下降到66.0%。如果粗略地看，这个劳动年龄人口绝对减少的趋势，可以被解释为劳动力供给的减少。

不过，更准确地说，"经济活动人口"概念更能够反映劳动力供给状况。在劳动年龄人口中，并不是所有人都有就业意愿，比如有人仍然在学，有人离职照顾孩子，或者提前退休等。那些有就业意愿的人（包括正在就业的和处于失业状态的人口）占劳动年龄人口的比重，叫做劳动参与率。由于近年来劳动参与率略有提高，所以经济活动人口并没有在2010年与劳动年龄人口一起到达峰值。根据预测，经济活动人口目前增长速度放慢，大概在2017年达到峰值。所以更严谨地说，2017年之后劳动力供给就真正是负增长了。

记者：这个劳动力数量减少的总体趋势，在劳动力市场上是怎样具体表现出来的？换句话说，我们应该从哪些具体的就业人群来观察这个变化？

蔡昉：首先是看新成长劳动力总量的变化。在统计上，我们可以把各级各类教育阶段的辍学人数、毕业后未升学人数相加，得到每年进入劳动力市场寻找就业岗位的人数。例如，从初中辍学的以及初中毕业没有进入高中阶段学习的人群，一般来说都成为新成长劳动力。这个新成长劳动力群体，已经在2013年到达峰值，此后以每年大约2%的速度负增长。

新成长劳动力负增长带来的不仅是劳动力数量的短缺，还减慢了总体劳动力的人力资本的改善速度。我国作为一个人口转变和经济社会发展进程都显现超常规跨越的国家,人力资本存量的改善主要依靠新成长劳动力的不断进入。在改革开放时期分别经历了普及九年制义务教育和高等学校扩大招生这样的超常规教育发展的情况下,新成长劳动力以其更高的受教育年限显著改善了劳动力整体的人力资本。然而,随着新成长劳动力数量变成负增长,人力资本改善速度必然要放慢。如果教育没有一个大的发展,每年新增人力资本总量(以新成长劳动力人数乘以平均受教育年限)将迅速减少,2018 年以后也将进入负增长轨道。

其次是观察转移到城市就业的农民工群体的变化。我们常常也把农民工称为农业转移人口,其实这个人群总体来说不是从农业生产中转移到城镇非农产业中的,而主要是在农村完成义务教育之后陆续离开农村,进入城镇就业的新成长劳动力,因为目前真正务农的劳动力年龄比较大,转移的意愿和能力都不太强。根据 2010 年第六次人口普查数据,在全部务农劳动力中,16—19 岁所占比重仅为 3.1%,20—24 岁也仅为 8.9%。具有农业户口的 16 岁到 19 岁的农村人口,大约为初中毕业到高中毕业后外出务工的年龄,因而可以被看做新成长农民工。这个群体已经于 2013 年达到峰值,2014 年则开始绝对减少。与此相对应,外出农民工的年度增长率,已经从 2005—2010 年的平均 4% 显著地下降到 2014 年的 1.3%。

记者：人是生产要素中最活跃的要素。人口数量和结构的变化，会对新常态下的中国经济产生什么挑战？

蔡昉：首先就是造成劳动力短缺，工资成本上升过快，削弱我国制造业的比较优势以及国际竞争力。例如，2003—2014年期间，农民工实际工资每年平均增长率为10.7%。此外，从行业平均工资看，制造业、建筑业以及农业中雇用工人的实际工资，年平均提高速度都为两位数。根据世界大型企业联合会数据，我国总体劳动生产率的年平均增长率，在2007—2012年期间为9.5%，2013年减速为7.3%，而2014年进一步下降到7%。这意味着工资上涨已经超过了劳动生产率提高速度，这就必然削弱我国制造业产品的比较优势和竞争力。根据我们对占我国出口产品主导地位的11种劳动密集型产品的计算，2003—2013年十年中，比较优势降低了22.7%。

其次，由于新成长劳动力的受教育程度平均要大大高于劳动力存量，因此，这个人群的减少使得人力资本改善的速度减慢。未来，我国产业结构调整速度将加快，对劳动者素质的要求十分迫切和强烈。人力资本不能相应提高，会影响产业结构升级优化的进程。

再次，劳动年龄人口的增长和占比的提高，是储蓄率和投资回报率持续保持高位的重要保障条件。根据我们估算，在整个改革开放时期，资本积累对经济增长的贡献率高达60%以上。随着人口结构发生变化，这个条件将会变得不那么有利，导致储蓄率降低和投资回报率下降，这意味着这个增长源泉被削弱，必然会显著地抑制经济增长的后劲。

最后，在劳动力丰富特别是农村存在大量剩余劳动力的情况下，劳动力从生产率低的农业转向生产率高的非农产业，就可以改善资源配置效率。经济增长的一个重要源泉叫做全要素生产率，是指资本、劳动、土地等生产要素作用之外，能够促进经济增长的效率因素，包括技术进步、体制优化、管理水平提高所导致的效率改善。改革开放以来，全要素生产率提高中最重要的部分，就是这种资源重新配置效率。随着劳动力转移速度放缓，这种效率来源也就大大萎缩了。

记者：上述变化的结果，是不是必然表现为经济增长速度的下滑？我国当前经济增长下行压力较大与这些变化的具体联系是怎样的？

蔡昉：经济增长是由生产要素投入和生产率提高造就的，因此，当人口年龄结构发生逆转性的变化，前面列举的劳动力短缺、人力资本减速、储蓄率和资本回报率下降，以及全要素生产率提高速度减慢等因素就必然导致经济增长速度下降。近年来，国内外许多经济学家都对经济减速的原因进行探讨，也依据不同的方法预测未来的增长率，结论不尽相同、观点莫衷一是。例如，林毅夫教授依据"趋同"假说，根据一些亚洲经济体的经验，认为我国今后仍然可以有8%的增长潜力；而美国经济学家萨默斯教授则依据"回归到均值"经验，预测我国经济增长率将降到5%甚至更低。但是，这些预测没有具体考虑和分析生产要素供给和生产率提高潜力。如果从上述因素出发，借助"潜在增长率"这个概念，有利于更客观地作出增长率预测，同时有助于我们找出应对策略，以保持经济增长的中高速。

潜在增长率是在特定的物质资本、人力资本和劳动力供给以及生产率提高速度约束下，所能实现的正常经济增长速度。所谓"正常"，是指不发生严重通货膨胀和周期性失业。从上述影响经济增长速度的因素变化看，潜在增长率下降是必然的现象，伴随潜在增长率下降出现的实际增长率从高速到中高速的转变，不是暂时的周期性现象，而是新的发展阶段的特征。

我们具体测算的结果是，正是由于上述增长源泉的减弱，我国GDP潜在增长率从2010年以前的接近10%，下降到"十二五"期间的7.6%，在没有其他因素影响的情况下，还将进一步下降到"十三五"时期的6.2%。应该说，迄今为止实际增长率的下降趋势，与我们预测的潜在增长率变化基本吻合。但是，随着经济体制改革的全面深化，一些改革红利将显现出来，很有可能会提高潜在增长率，从而延缓增长速度下行的惯性。

记者：有一种观点认为，劳动年龄人口在总人口中占比是判断一国"人口红利"的依据。我国的"人口红利"真的消失了吗？

蔡昉：劳动年龄人口占比作为"人口红利"的一个具体化指标，有一定的道理。但是，更准确地说，应该是劳动年龄人口占比的变化趋势才是"人口红利"的判断依据。有的研究者不赞成说"人口红利"已经消失，论据是今后很长时间里我国还会保持足够庞大的劳动年龄人口，劳动年龄人口占总人口的比例也会维持高位。但是，需要指出的是，"人口红利"是一个经济增长概念，虽然我们以人口年龄结构变化为基准，但仅仅从人口特征的角度进行静态的观察，是无法得出正确判断的。

你想一想，当我们讲经济增长时，其实谈的是一个增量，是存量不断扩大的一个速率，因此，要把人口变化与经济增长挂起钩来，也必须看人口结构变化的方向和速度。换句话说，不是看有多大规模和多大比例的劳动年龄人口，而是看这个人群是扩大还是缩小，占比是提高还是降低。当劳动年龄人口总规模发生了从扩大到减少，该人口占比从上升到降低的变化时，劳动力供给从扩大变成缩小，人力资本从迅速改善转变为缓慢改善，储蓄率和资本回报率从高位走向低位，生产率提高速度明显下降，以致显著地压低了潜在增长率，作出"人口红利"难以为继的判断，不仅在理论上是自洽的，显然也是符合实际的。

应该说，有人坚持说"人口红利"尚未消失，受到一定的情绪因素影响，即不愿意得出我国经济从此告别高速增长时代的结论。其实这里面存在一点对"人口红利"的误解。对于处在特定经济发展阶段的国家来说，常常会享受到人口年龄保持年轻、抚养比下降带来的有利于增长速度的"人口红利"。但是，"人口红利"却不是长期可持续的经济增长源泉。事实上，在接近高收入国家行列的过程中，"人口红利"终将丧失，但经济增长动力仍然可以有所依托，而能否转向这个新的增长动力上来，就决定了一个国家能否避免中等收入陷阱的命运。

记者：结合改革和人口战略，谈一下对中长期应对策略，或者说用什么来延长和最终替代"人口红利"？

蔡昉：随着"人口红利"的消失，支撑高速经济增长的传统源泉相应枯竭，特别表现在经济增长动力不再能够单纯依靠劳动力和资本的投入，而必须消除各种制度障碍，转向创新驱动和生产率驱动。另一方面，在一定时期内或者在一定程度上，我们仍有通过改革挖掘传统"人口红利"的潜力。

首先，短期看，虽然劳动力总量不再能够增长，但是，通过以农民工市民化为核心的户籍制度改革，可以提高劳动参与率，从而显著增加劳动力供给。例如，目前在城镇务工的农民工中，有大约8000多万人的年龄在20—39岁之间，而只有7000余万人年龄在40—59岁之间，这意味着随着年龄的增大，很大一部分农民工就返乡了。之所以这部分人没有达到退休年龄就返乡，原因是他们没有获得城镇户籍身份，因而也不能均等地享受包括基本养老保险、失业保险和子女教育等基本公共服务。

如果通过户籍制度改革，农民工实现了市民化和基本公共服务的均等化，城镇劳动力供给则可以显著增加。与此同时，延长劳动力转移过程，还可以使经济增长继续获得资源重新配置效率，为实施生产率驱动战略提供源头之水。

其次，长期看，通过调整和完善生育政策，提高我国人口生育率，一方面可以推迟人口老龄化高峰的到来，另一方面也可以在十几年之后适度增加劳动力供给和降低人口抚养比。例如，有的研究者估算，总和生育率（一个妇女终身生育的孩子数）每提高0.1，比如从目前的1.4提高到1.5，当60岁及以上人口占总人口比重在2075年前后达到最高点时，老龄化率可以从43.3%降低为41.8%。看上去幅度不大，其实却把老龄化进程延缓了15年。而且，如果生育率可以进一步向替代水平（即子女数可以替代父母人数，可以长期保持人口不增不减，一般为2.1）靠近，这个效果则更为明显。

此外，未来我国经济增长终究要转到靠科技创新、人力资本和全要素生产率驱动的轨道上。而这个转轨也必须依靠改革的深化，包括创造一个更加良性的市场竞争环境，继续扩大教育规模和推进教育体制改革，完善社会保障制度，以实质性地推动大众创业、万众创新。我们的估算表明，如果关键领域的改革得以有效推进，通过增加劳动力供给、改善人力资本、提高总和生育率、提高全要素生产率，可以显著地提高潜在增长率，到2020年我国跨入12000美元人均GDP的高收入国家行列前后，保持中高速增长。

记者： 从扩大内需方面看有什么新的机遇，如农民工市民化、养老产业、医疗产业等？

蔡昉： 保持中高速增长既是以改善民生为目的，也需要更加可持续的需求拉动因素，而你提到的这些社会和产业领域的发展，恰好可以把两者有机结合。首先，这些领域的发展都是为了使经济改革和发展的成果更好和更均等地分享。农民工未来是我国劳动力供给的最重要来源，其受教育程度不仅关系到他们在劳动力市场上的竞争地位，从而使就业的稳定和工资增长与劳动生产率同步，更重要的是关乎发展质量和产业结构迈入中高端。同时，随着就业稳定和收入增长，一旦这个庞大的劳动者群体转化为同样庞大的消费者群体，我国经济增长需求结构将更加平衡，需求拉动力则更加可持续。

其次，与人口年龄结构和预期寿命提高相关的老龄化社会的到来，本身也带来诸多产业发展和内需扩大的新机遇。例如，老龄产业、养老产业和医疗产业既是民生产业，又是工业化高潮之后服务经济加快发展的新经济增长点。目前和今后的老年人，大多是改革开放时期高速经济增长的分享者，有一定的收入积累、社会保险覆盖较充分、预期寿命长，因而具有较强的消费能力，他们不是社会的负担，而是扩大消费内需，甚至维系宏观经济均衡和稳定的一支重要力量。

（原载《经济日报》2015 年 6 月 28 日）

第二篇　供给侧结构性改革

从供给侧认识适应新常态
以结构性改革引领新常态

　　自 2014 年习近平同志提出我国经济发展进入新常态、高屋建瓴地概括了新常态所具有的速度变化、结构优化和动力转化特征以来，这一深刻判断已经成为认识经济形势、找准主要挑战和着力施策的定盘星。随着认识的深化和实践的发展，新常态已经不再仅仅是一个热门词汇，而是在理论上不断完善和丰富，逐渐成为经济理论的一个崭新认识论，奠定了中国特色社会主义政治经济学的一个重要里程碑，对全面建成小康社会决胜阶段我国经济工作的总方向，将持续发挥重要的指导作用。

　　在理论上更加准确理解和认识新常态，在实践中更加自觉适应和引领新常态，需要把我们面临的问题和挑战放在世界经济大格局、当前我国经济发展的阶段性变化，以及正在努力实现的宏伟愿景中予以把握，形成更具有一致性的分析框架，清晰界定相关的概念，厘清存在的模糊认识，才能明确工作思路，做好经济改革和发展这篇大文章。具体来说，需要对我国经济发展进入的新常态与世界经济呈现的新平庸之间、经济减速的阶段性供给侧因素与周期性需求侧因素之间，以及供给侧结构性改革与需求侧总量性刺激政策之间做出明确区别。

一　把我国经济发展新常态与世界经济新平庸相区别

自 2007 年美国次贷危机触发世界金融危机以来，全球经济整体上复苏乏力，2014 年世界经济平均增长率只有 2.5%，仍然远远低于金融危机前 2006 年 4.1% 的水平。在发达国家中，英美复苏相对强劲，美国于 2015 年 12 月实施了 9 年多以来首次加息，但是经济增长基础并不牢固；欧元区和日本结构性问题仍然突出，生产率和经济增长表现均不尽如人意；新兴经济体国家中，在巴西和俄罗斯受大宗商品价格下跌影响，经济严重下滑，呈现滞涨特征的同时，印度开始享受人口红利，增长率逐渐企高。可见，虽然受到金融危机的后续影响，也或多或少被世界经济长周期所左右，全球经济整体表现出一种"新平庸"，但是每个国家面临的具体制约因素并不相同。

不过，在世界经济表现出这种"远近高低各不同"风景的同时，仍可从长期经济增长角度看到一些规律性的东西，即随着人均收入水平提高，那些助推经济较快增长的"低垂的果子"逐渐减少，在更高的发展阶段上只能取得相对低的增长速度。以 2014 年为例，被世界银行定义为低收入组国家（人均国内生产总值即 GDP 低于 1000 美元）平均增长率达到 6.3%，中等偏下收入国家（人均 GDP 在 1000—4000 美元之间）平均增长 5.8%，中等偏上收入国家（人均 GDP 在 4000—12000 美元之间）平均增长 4.5%，而高收入国家（人均 GDP 高于 12000 美元）的平均增长率仅为 1.7%。

按照世界银行的分组标准和数据，改革开放以来，我国走过了从低收入到中等偏下收入再到中等偏上收入的赶超过程。继 2001 年跨越低收入到中等偏下收入的分界线，人均 GDP 超过了 1000 美元之后，2010 年又跨越中等偏下收入到中等偏上收入的分界线，人均 GDP 超过 4000 美元，2014 年达到 7590 美元。这个人均收入提高的历程也是经济发展阶段变化的过程，与前述规律性有关，其中 2010 年是一个重要的转折点。

恰好在我国经济总量超过日本，成为世界第二大经济体，人均 GDP 跨越中等偏上收入门槛之际，第六次人口普查显示，我国 15—59 岁劳动年龄人口总量于 2010 年达到峰值，此后进入负增长。改革开放以来的高速经济增长与 2010 年之前劳动年龄人口迅速增加、人口抚养比显著下降直接相关，即劳动力无限供给这一特征可以提高储蓄率、延缓资本报酬递减、保持劳动力和人力资本充分供给，同时通过劳动力转移获得资源重

新配置效率。计量分析表明，在 1982—2009 年期间平均 10%
的 GDP 增长率中，资本积累的贡献率为 7.1 个百分点，劳动力
数量的贡献为 0.8 个百分点，劳动者教育水平（即人力资本）
的贡献为 0.4 个百分点，人口抚养比下降的贡献为 0.7 个百分
点，全要素生产率的贡献为 1.0 个百分点。而在全要素生产率
的提高中，接近一半的贡献来自于农业劳动力转移带来的资源
重新配置效率。因此，以人口红利消失为突出特征的发展阶段
变化，意味着推动高速增长的传统动力源减弱，导致潜在增长
率下降。

二　把阶段性供给侧因素与周期性
需求侧因素相区别

测算表明，如果不考虑经济体制改革能够带来的增速因
素，我国潜在增长率将从 1978—2010 年的 10% 左右，下降到
"十二五"时期平均 7.6%，并将继续下降到"十三五"时期
的 6.2%。由于按照定义，潜在增长率是指特定时期、给定生
产要素供给和全要素生产率增长率，在没有周期性失业，也没
有明显通货膨胀条件下能够实现的经济增长速度，因此，潜在
增长率下降是供给侧因素导致的。同时，引起潜在增长率下降
和实际增长减速的供给侧因素，并不等同于供给不足，因此，
从供给侧施力也并不是简单地增加供给。

有研究者认为，导致我国经济增速下行的因素，来自于与世界金融危机相关的外需不足，属于周期性因素。因此，他们坚信通过从需求侧发力，可以期待经济增长形成一个 V 字形的复苏轨迹。但是，正如前述表明，表现为人口红利消失的供给侧因素，使得经济增长并不能回归到原来的基点上。例如，通过观察我国 11 种代表性劳动密集型产品的"显示性比较优势指数"，可以得出我国劳动密集型产品的比较优势自 2000 年以来呈逐年下降趋势，到 2013 年总共下降了 36%。

供给侧因素通过生产要素相对稀缺性和全要素生产率增长率的变化，导致潜在增长率下降，是趋势性因素，是不能逆转的。同时，还存在着诸多体制性扭曲，从供给侧提高经济活动的制度性交易费用和生产成本，而这是可以通过改革矫正的。综合这些可变和不可变的因素的作用，我国经济增长不会硬着陆，而是将经历一个随发展阶段变化下行，随后通过改革赢得新的增长动力以遏制下行趋势，甚至还能利用改革红利使潜在增长率得以回升的 L 形轨迹。

下面，我们从供给侧来看影响增长速度的几个因素。首先，劳动力短缺导致工资持续快速上涨。例如，农民工实际工资在 2004—2014 年期间平均增长率为 11%，已经快于劳动生产率提高速度。同时，新成长劳动力即各级各类学校毕业生数量显著减少，人力资本改善速度减慢，也产生了抑制生产率提高的效果。据估算，我国制造业单位劳动成本（工资与劳动生产率之比）自 2004 年开始即呈提高趋势，至 2012 年已经上升了 40%。虽然国外媒体关于我国单位劳动成本已超一些发达国家的说法并不属实，但是，我国劳动密集型制造业的比较优势和国际竞争力的确在弱化。

其次，资本报酬递减现象呈现，投资回报率下降。劳动力无限供给的特征可延缓资本报酬递减现象，在很长的时间里支撑了投资驱动型的高速经济增长。而随着劳动力短缺现象普遍化，资本回报率显著下降，成为经济增长减速的主要因素。据学者研究，我国资本回报率自 20 世纪 90 年代初就开始下降，2008 年之后明显加速，加总资本回报率常常会低于许多企业所支付的贷款利率。

再次，劳动力转移速度减慢，减缓了全要素生产率的增长。全要素生产率的一个重要来源是农业劳动力转移带来的资源重新配置效率。如前所述，接近一半的全要素生产率来自于劳动力从农业到非农产业重新配置的贡献。这个贡献率是在 2010 年以前外出农民工人数年增长 4% 的情况下达到的。到 2014 年，无论从常住人口还是从户籍人口的口径看，农村 16—19 岁的人口都达到峰值，随后进入负增长阶段。由于这个年龄组的人口主要的是农村外出打工群体，这种人口变化趋势必然降低农业劳动力转移速度。

最后，诸多体制性障碍提高了企业交易费用，降低资源配置效率。越是在新常态下，市场配置资源的决定性作用越是重要。然而，市场的作用不是抽象的，而要通过各种具体的功能和机制得以发挥。我国经济运行中存在的政府管制过度、审批过程繁琐、税费负担以及社保缴费率过重、融资渠道不畅通、地方保护和市场分割、要素价格扭曲、对企业的歧视性待遇等问题，都严重妨碍着市场的良好运作，提高了企业面对的制度性交易费用，客观上产生着抑制微观领域创新的效果。

三　把供给侧结构性改革与需求侧总量性刺激相区别

在新常态下，传统增长源泉以一种急速的方式弱化，而新增长动力并不会自然而然产生，需要一定的时间培养。例如，直接影响劳动力数量和质量、劳动力转移速度和资本回报率的人口红利迅速消失，但是，可支撑持续经济增长的全要素生产率，并不能在短期内得到提高，甚至还会因为资源重新配置空间变窄、人力资本改善速度放慢，以及前期刺激政策未及消化等因素，呈现降低的趋势。

为了避免过急过陡的增速下滑，宏观经济政策保持适度宽松是需要的。但是，超过这个"适度"范围的强刺激，使实际增长率长期处在潜在增长率之上，则会造成欲速而不达的结果。首先，在比较优势下降的情况下，政策刺激企业投资的效果也相应减弱。如果依靠补贴等办法吸引企业贷款，往往形成过剩产能，甚至造就僵尸企业。其次，基础设施建设需求是由实体经济派生的，这类投资一旦脱离实体经济需求、超出补短板的限度，也会造成产能过剩，积累政府债务风险。最后，刺激政策释放出的货币量往往被投机性需要所吸纳，外溢到房地产、股市、海外资产等易产生泡沫的领域，积累起金融风险。归根结底，刺激政策并不能培育出新的增长动力源，保持增长可持续性的着力点必须放在供给侧，着眼于通过改革降低企业成本，提高全要素生产率。

首先，瞄准导致我国发展不平衡、不协调、不可持续的体制性障碍，推进供给侧结构性改革。这需要双管齐下：一是对已经形成的过剩产能、高杠杆率和僵尸企业进行存量调整；二是加快形成新的体制机制，杜绝和防范在增量上造成循环往复。创新发展的要义是"创造性破坏"，这个过程把资源从低效使用转到更高效使用，因此，创造和破坏都可达到提高全要素生产率的效果，允许破坏才能将创造性破坏转化为创造性创新。有研究表明，通过使无效率企业退出甚至死亡，让更有创新性的企业进入和成长，对全要素生产率提高的贡献率可高达1/3 到 1/2。

其次，从降低交易费用和提高全要素生产率入手，从可以立竿见影产生改革红利的领域率先推进改革。结构性改革与保持中高速增长不是非此即彼或此消彼长的关系，而是可以提高潜在增长率，获得真金白银的改革红利以促进增长。行政审批、财税金融体制、户籍制度、国有企业、竞争政策等领域的改革，都能获得显著的改革红利。

最后，完善社会政策托底民生的功能，把改革红利融入共享发展之中。供给侧结构性改革固然需借助创造性破坏机制，然而，过剩产能和僵尸企业必须破坏，物质生产要素的无效配置格局需要破坏，甚至与之相关的岗位也可以破坏，唯独劳动这个以人为载体的生产要素不能破坏。因此，越是在结构性改革深入推进的时刻，完善公共就业服务和社会保障的任务越是紧迫。加大对劳动者的社会保护覆盖率和力度，更是实现改革发展成果共享的题中应有之义。

（原载《人民日报》2016 年 3 月 1 日）

增长潜能＋改革红利

——如何认识中国经济增长速度

对于当前和中长期的增长速度，始终是时下关于中国经济的最大关注点。国家统计局最新公布的数据显示，2015 年上半年中国国内生产总值（GDP）同比实现了 7% 的增长率，既如年初确定的增长目标所预期，又令人颇感来之不易。说这个速度符合预期，是因为它与多数研究机构所估算的潜在增长率相符，表明经济增长实现了生产要素的充分利用，从而为改善民生提供了必要的物质基础。与此同时，在"三期叠加"挑战下取得这样的发展速度，并且实现了产业结构和需求结构更加合理，经济增长中的可持续因素增强，说明这个速度不是简单地靠宏观经济政策刺激出来的，而是改革和发展方式转变初步成效的体现。既由于这个速度的取得，更由于这个速度的健康内涵，使我们有充分的理由对中国经济的近中期增长态势充满信心和保持乐观。

不过，在中国经济稳中求进、"十二五"规划完美收官之际，也有少数国内外观察者和经济学家对于中国经济存在着一定的疑惑和悲观预期。其一，以电力等能源、交通运输和财政等增长率的更快减速，乃至 GDP 的平减指数因技术原因被低估等为由，质疑 2014 年和 2015 年上半年的增长率数字。其二，对中长期能够达到的增长率做出悲观的预期。例如，有国际大牌经济学家预测中国经济增长将回归到世界"均值"，即 2013—2023 年期间仅为 5.0%，而 2023—2033 年则进一步下降到 3.3%。其三，有的干脆建议中国政府放弃 GDP 目标，以避免经济波动及其导致的悲观预期干扰社会的信心。

中国经济发展进入"新常态"的表现之一，就是 GDP 增长不再保持 2012 年以前接近 10% 的高速度，我们应该认识和适应这个新情况，唯其如此，才能保持足够的战略定力，积极引导新常态，通过结构调整和发展方式转变，把经济增长动力从投入驱动转向创新驱动。然而，如果误解宏观经济数据，误判当前的经济增长形势，不仅不利于保持和提振信心，还会误导宏观经济政策，贻误乘势而上的改革战机。

一　澄清经济数据的误读

为了推动经济发展方式转变，把增长动力转到创新和生产率提高上来，应该逐渐改变以往地方政府"唯 GDP"的倾向。

但是，作为一个预期性指标，GDP 增长率仍然具有趋势预测和预期引导的重要功能。而且，虽然经济发展不仅仅是总量的增长，还应该包括结构优化、绿色环保和可持续性等更为丰富的内容，并且得到了广泛的共识，但迄今为止 GDP 增长率仍然是最具概括性的指标。因此，确定一个与新常态特点、实际可能性和努力方向相符合的增长目标，仍然是必要的和有益的。

对于那些质疑中国 GDP 增长率的研究，指出其各自存在的技术缺陷是有意义的。例如，国家统计局从统计实践回应了认为 GDP 平减指数被低估，从而高估实际增长率的说法。退一步从大逻辑上说，即便平减指数有低估偏向，其只能产生历年存在的系统性影响，却不能因此而单单质疑某一具体年份的增长率数字。此外，许多研究表明，GDP 增长率对能源和交通运输增长的弹性很高，而且当 GDP 增长率超过一定水平时，这个弹性进一步提高。甚至财政增长也具有类似这样的临界点。也就是说，当 GDP 增长率达到较高水平后，能源和基础设施的投入增长更快（也意味着投入驱动的问题更加突出了），财政收入也在更高的台阶上加速增长。反过来看，当经济增长从高速向中高速下降之时，这些投入和财政收入的减速也更快。所以，上述对中国经济增长率的怀疑论，技术角度的质疑是可以解释的，而在逻辑上则缺乏一致性。

至于那些对中国经济长期增长潜力的怀疑论者，由于其所依据"回归到均值"这样所谓的"统计规律"，把众多国家在长期发展时期的丰富的增长实践，湮没在一组面板数据之中，特别是忽略了发展中国家具有的赶超特点，未能回答以往的赶超经济体如日本和亚洲四小龙，以及中国经济在过去30多年何以实现高速经济增长，因此，也就没有能够提供令人信服的减速依据。以这种研究方法论，为中国经济未来20年预测出的增长百分点，就如同按照世界上成千上万的男女老少的尺码做出一个被称为"均值"的鞋子，并宣称这是任何一个活生生个人应穿的尺码一样，显然是不足为据的。

其实，怀疑论者津津乐道的技术细节不仅说不通，而且并不重要。真正重要的是经济发展的大逻辑。所以，讨论中国经济增长的表现和长期趋势，我们还必须回到包括周期理论和增长理论在内的统一的宏观经济学逻辑上来。

二　中国经济的潜在增长率

说到宏观经济学的逻辑，著名的《经济学人》杂志对中国在2015年上半年实现的7%增长率持怀疑态度的逻辑是：政府年初确定了7%的增长率目标，半年过去后恰好就达到了7%，这个巧合太完美了以致令人难以置信。其实，评论者忽略了一个事实，即中国政府确定经济增长目标的方法论正在发生悄然而合理的变化。2013年全国人民代表大会审议通过的《政府工作报告》中第一次指出："必须使经济增长与潜在增长率相协调，与生产要素的供给能力和资源环境的承受能力相适应。"如果说中国增长率目标的确定，在2012年之前具有一定外推式、经验决定特点的话，从那以后则主要依据生产要素供给、生产率提高和资源环境承受能力所决定的潜在增长率。决策咨询部门和经济学家对于中国潜在增长率的测算，虽然存在一定的分歧，如有个别研究者估算出较高或较低的潜在增长率，但大多数得出了近期7%左右，并呈现逐渐降低趋势的预测结果。

以笔者的估算为例。总体判断是，从"十二五"时期开始，由于15—59岁劳动年龄人口的绝对数量每年都在减少，人口红利逐渐消失，导致潜在增长率趋于下降。导致潜在增长率下降的因素（人口红利）包括以下几方面。首先，由于已经发生的劳动年龄人口负增长，以及预期2017年后出现的经济活动人口负增长，劳动力短缺现象持续存在，工资成本提高较快，制造业比较优势降低。其次，由于人口抚养比的下降，以及劳动力不再具有无限供给的特征，以往的高储蓄率和高资本回报率难以为继。再次，新成长劳动力增速的放缓，使得人力资本改善的速度也减慢了。最后，农村劳动力转移的速度逐渐减慢，构成过去全要素生产率提高主要源泉的劳动力重新配置效率的改善也将逐渐减速。

依据上述生产要素供给和全要素生产率趋势，我们测算的结果表明，中国经济潜在增长率，从改革开放伊始到2010年期间的10%左右，下降为"十二五"时期的平均7.6%，进而下降到"十三五"时期的平均6.2%。作为一种经济增长潜能的估计,以一定时期的平均趋势进行表达较为恰当,如上述阶梯式的变化。但是,为了说明实际增长率与潜在增长率之间的关系,我们也不妨看一看相关年度的数字。

例如,近年来的实际增长率与潜在增长率分别为:2012 年 7.7% 和 7.9%,2013 年 7.7% 和 7.5%,2014 年 7.4% 和 7.1%,2015 年 7.0%(上半年实绩和全年预期)和6.9%。两者总体来说是相契合的,在更大的逻辑上验证了实际经济增长绩效的可靠性。不过,我们也需要对何以自 2013 年以来实际增长率均以微小的幅度略高于潜在增长率做出解释。这里估算潜在增长率,是按照静态分析方法论进行的,假设没有发生可以改变生产要素供给和全要素生产率的新变化。然而,旨在提高生产要素供给和生产率的改革效应,终将会或迟或早逐渐显现出来。因此,在其他可能的干扰因素之外,假设潜在增长率由此而有适度提高是完全合理的。

与潜在增长率相符的实际增长率,不仅可以被证明是可行、可靠的,也是可以接受的增长率下线。按照潜在增长率的定义、菲利普斯曲线和奥肯定律,与增长潜能相符的增长速度,可以达到生产要素的充分利用,因而既不会形成通货膨胀,也不会产生周期性失业。近年来城镇登记失业率保持在4.1%左右、城镇调查失业率保持在5.1%左右,不仅显示近年来的增长速度是真实可靠的,也表明这样的速度是可以接受的。因此，对于经济学家来说，怀疑目前中国 GDP 增长率的可靠性，必然在分析中产生诸多难以自圆其说的逻辑难题。

三   保持适当且必要的增长率

2015 年预期的 GDP 增长 7% 目标，符合中国经济的潜在增长率。把中国经济增长速度保持在既不低于也不超过潜在增长率的水平上，是十分适当和完全必要的。换句话说，作出 7% 的增长数字是被高估的这样一个判断，隐含的意思则是认为实际增长率低于潜在增长率。这种结论是一种老套的思维逻辑，不仅作出的是错误的判断，还可能产生政策误导。

一般来说，实际增长未能达到潜在增长能力，是由于需求不足所造成的。改革开放以来，中国经济增长有过四次低于 8% 的经历。前三次经济增长率的低点，都表现为实际增长率低于潜在增长率，形成较大的增长缺口。第一次是在 20 世纪 80 年代初，最低点是 1981 年，实际增长率为 5.2%，而当时的潜在增长率为 7.6%，前者与后者之差即增长缺口为 2.3 个百分点；第二次是 20 世纪 80 年代末 90 年代初，最低点是 1990 年，实际增长率和潜在增长率分别为 3.8% 和 6.9%，增长缺口为 3.0 个百分点；第三次是 2008—2009 年的受世界金融危机影响时期，最低点是 2009 年，实际增长率和潜在增长率分别为 9.2% 和 10.4%，增长缺口为 1.4 个百分点。

　　实际增长率低于潜在增长能力因而形成增长缺口，意味着生产要素和生产率潜力没有得到充分利用，因此会产生失业现象，这种情况下通常表现为周期性失业率的提高。事实上，在上述三个周期的低点年份，相应都出现了就业压力加大和失业率上升的现象。因此，这三次增长速度的下行，都属于典型的宏观经济周期现象。

　　从2012年开始并持续至今的第四次，即最近一次GDP增长率低于8％的情形，实际增长率并没有低于潜在增长率，因而也没有形成增长缺口。与此相应，劳动力市场状况正常，失业率保持稳定。自2008—2009年世界性金融危机以来，尽管全球经济复苏乏力，但世界经济和发达经济体的增长速度在回升，因此把这个趋势与中国经济增长速度的下降趋势结合，得出后者是由于外需不足所导致的结论是不符合逻辑的。很显然，这次经济增长速度下行，是伴随潜在增长率下降出现的结构性变化，是中国经济发展进入新常态的表现，而不是周期性现象。正因为如此，目前的7％仍然是一个可以达到改善民生要求的增长率。

　　相反，如果误把目前的增长减速归为未达到潜在增长率的周期现象，则容易导致在政策抉择中失去应有的定力，从而造成刺激性政策的过度使用。需求冲击所导致的周期性因素始终是存在的，适时实施宏观经济反周期政策也是必要的。但是，使实际增长超过潜在增长能力的政策措施，则属于过度刺激，会妨碍调整经济结构和转变经济发展方式的大局。一旦造成进一步的产能过剩，甚至在非实体经济领域刺激出资产泡沫的话，还会酿成系统性风险。因此，正确认识并保持目前的增长速度，也符合调整产业结构、防范系统性风险的要求。

四　潜在增长率与改革红利

实际增长率固然不应超过潜在增长率，但是，潜在增长率自身却是可以得到提高的。我们估算和预测的潜在增长率，其实只是假设没有新的增长源泉可能达到的增长能力。从比较动态的分析角度看，这样的预测并非是一成不变的。实际上，由于中国所处的特殊改革阶段和发展阶段，经济运行现实中仍然存在着一系列体制和机制障碍，既妨碍对生产要素供给潜力的充分挖掘和利用，也阻碍全要素生产率的进一步提高。因此，通过全面深化关键领域的改革，消除这些体制性的障碍，一方面挖掘传统增长源泉的潜力，另一方面开发新的增长源泉，可望显著提高潜在增长率，赢得真金白银的改革红利。

改革与增长不是此消彼长、非此即彼的关系，而是相互促进的。改革红利是真实存在的，表现为潜在增长率的提高。随着中国经济发展进入新常态，一方面，仍然有挖掘生产要素供给等传统增长源泉的潜力，另一方面，增长动力终究要实现向创新或全要素生产率驱动的转换。以下我们举例说明，在若干领域进一步推动改革，如何立竿见影并显著地提高潜在增长率。首先，户籍制度改革既有利于提高非农产业的劳动参与率，增加劳动力供给及其稳定性，也可以通过劳动力转移保持资源重新配置效率的提高。其次，通过教育体制改革和劳动力市场发育，改善人力资本积累及其激励机制，满足产业升级优化对技能和创造力的需求。再次，深化投融资体制和金融体制改革，更有效率地配置资金，可以延缓投资回报率的下降。最后，简政放权等一系列促进发挥市场作用的改革，将创造一个能者进、庸者退的竞争环境，从而大幅度提高全要素生产率。

在对劳动参与率、劳动者素质、全要素生产率做出一定幅度改善的合理假设下，我们对改革红利进行了定量模拟。估算的结果是：在上述关键领域深化经济体制改革，可以使中国经济的潜在增长率，在静态预测的基础上提高 1.0—1.5 个百分点。值得指出的是，改革红利的测算是高度理论化和理想化的，只能作为一种方向性的预期来看待，而不必拘泥于具体的数字。

以"十三五"时期作为中国经济发展的近中期代表，经济增长的实际表现，将由按静态方法估算的潜在增长率以及能够获得多大的改革红利决定。也就是说，只要不是采用过度刺激的手段，在一定程度上超过 6.2% 的静态潜在增长率的经济增长速度既是可行的，也是可能达到的。最重要也是合理的预期是，这样的增长速度将保证到 2020 年全面建成小康社会的速度要求，即在 2010 年基础上 GDP 总量翻一番。

2010 年中国 GDP 总量为 40.89 万亿元，在 2014 年之前的实际增长基础上，如果 2015 年增长 7%，按照 2010 年不变价计算，GDP 总量将达到 59.68 万亿元。这样，在"十三五"时期只要实现 6.5% 的年均增长（略高于我们测算的潜在增长率），2020 年 GDP 总量即可达到 81.77 万亿元，实现在 2010 年基础上翻一番的目标。由于 6.5% 的增长速度与 6.2% 的静态潜在增长率仅存在微小的差距，所以，对这个翻番的任务既应该具有充分的信心，也需要付出艰苦的努力。

（原载《人民日报》2015 年 8 月 5 日）

以推进经济结构调整引领新常态

我国经济发展进入新常态，既带来了新的挑战，也提供了难得机遇。应对挑战，抓住机遇，不仅要求我们深刻认识和主动适应新常态，还要按照新常态的内在逻辑积极引领新常态，即通过全面深化改革推动经济结构战略性调整，实现经济增长动力从投入驱动向创新（生产率）驱动的转换，保持经济中高速可持续增长、产业结构迈入中高端和经济效率明显提高，到2020年如期全面建成小康社会，实现党的十八大确定的第一个一百年任务目标。

一 结构调整是新常态的题中应有之义

我国经济发展进入新常态的第一个表现是经济增长从高速转向中高速。改革开放以来，我国国内生产总值（GDP）年平均增长率为9.8%，"十一五"期间更达到11.2%。进入"十二五"后，增长速度从 2012 年开始减速，2014 年实现了 7.4% 的 GDP 增长率。增长速度的减缓，是由于一系列经济增长的条件变化所导致，其中起支配作用的因素则是人口红利的消失。根据第六次人口普查，我国 15—59 岁劳动年龄人口在 2010 年达到峰值，此后逐年减少。由此产生的结果是：劳动力短缺现象逐年加剧，企业用工成本愈益提高；劳动力无限供给阶段结束，导致投资回报率下降；劳动力从农村向城镇转移速度减缓，抑制了资源重新配置效率的提高速度。所有这些因素变化，意味着支撑经济高速增长的传统源泉或消失或式微，导致我国经济潜在增长率下降。

潜在增长率是在特定的资本、土地和劳动力供给乃至资源环境的约束下所能实现的正常 GDP 增长速度。所谓"正常"增长速度，是指没有严重的通货膨胀和周期性失业发生。可见，伴随着潜在增长率下降出现的实际增长率从高速到中高速的转变，不是暂时的周期性现象，而是新的发展阶段特征。因此，认识和适应新常态是至关重要的。此外，习近平同志所凝练概括的经济发展新常态，并不仅指经济增长速度变化这一种表现，还有更加深刻的含义。由于目前出现的增长速度减缓，标志着传统的经济增长驱动力的减弱，因此，加快增长动力从投入驱动型向创新驱动型的转变，才能真正引领新常态，保持长期的中高速增长。

如果没有对新常态的主动引领，经济增长速度很可能会一路减缓，达不到保持中高速增长的要求。根据测算，如果仅依靠传统增长动力，我国潜在增长率将从"十二五"期间的平均7.6%，进一步下降到"十三五"期间的6.2%，以后还将进一步降低。美国经济学家萨默斯把这个趋势叫做"回归均值"，甚至预测中国经济在2013—2023年期间仅能以5.0%的速度增长，在2023—2033年期间则会下降到3.3%。如果真的如此，我国很快就不再是中高速增长，难以如期达到全面建成小康社会的第一个一百年目标。

打破西方学者的"回归均值"论，保持经济中高速增长，不仅有特殊的必要性，也有充分的可能性。我国经济发展进入新常态的一个重要背景是人口红利的消失，由于"未富先老"的特点，经济增长减速也来得较早。为了不使这一特殊因素影响我国如期完成全面建成小康社会的任务，需采取应对措施以保持必要的增长速度。按照党的十八大制定的目标，2020年我国GDP总量需要在2010年的基础上翻一番，这要求在"十三五"期间经济增长保持在6.5%—7.0%的速度，意味着必须突破传统增长因素的限制。与此同时，消除妨碍资源配置的体制性障碍，加快结构调整速度，就可以赢得新的增长动力，发掘新的增长因素。因此，结构调整是稳定经济增长、提高增长质量和效率的源泉，是引领经济发展新常态的路径和手段。

二　结构调整要遵循生产率导向原则

结构调整怎样帮助转换增长动力、发掘新的增长源泉，使我国经济保持中高速增长呢？如果从更加广义的角度认识经济发展，而不仅仅将其看做是经济总量的增长过程，结构调整就是其中一个不可或缺的组成部分。也就是说，结构调整不仅是经济增长的结果，也是经济增长的源泉。一般来说，结构调整的主要表现是产业结构升级，其关键是生产要素从生产率较低的部门向生产率更高的部门转移，从而使经济整体的资源配置效率得以提高。由此，如果产业结构遵循第一、第二和第三次产业的顺序演进，就意味着生产率按照相同的产业顺序依次提高，结果是一国经济的整体资源配置效率得以不断改善，表现为生产率的整体提高。

改革开放以来，特别是加入世界贸易组织以来，我国劳动力从农村和中西部地区大规模流入城镇和沿海地区，在统计意义上改善了产业结构，而更实质性的意义则是提高了生产率。我们可以通过"比较劳动生产率"这一指标来观察产业结构的变化。该指标是某产业的增加值比重与劳动力比重之比，它可以综合反映三次产业的劳动生产率。根据国家统计局的口径，2013 年农业的就业比重仍然高达 31.4%，而增加值比重下降到 9.4%，由此计算的农业比较劳动生产率仍然很低，只有

0.30；同时非农产业的比较劳动生产率为 1.32。但是，如果按照实际务农时间重新估算，农业劳动力比重则降低为 21.5%，计算农业比较劳动生产率为 0.44，相应的，非农产业比较劳动生产率则为 1.15。

随着农业劳动力比重显著降低，老龄化导致农村户籍人口年龄升高，农村劳动力转移速度也逐渐减慢。甚至新增农民工数量很快将小于返乡人口数量，导致城乡劳动力逆向流动的局面，这将降低劳动生产率从而进一步降低经济增长率。根据对农村人口年龄结构的预测，16 岁（大约为初中毕业）到 19 岁（大约为高中毕业）的农村人口（正是外出的年龄），2015 年为 3513 万人，到 2020 年将减少到 3055 万人，净减少 458 万人。事实上，外出农民工人数的年度增长率，已经从 2005—2010 年的平均 4% 显著地下降到 2014 年的 1.3%。如果我们粗略地把 16—19 岁农村人口作为潜在的外出群体，其 2014 年以前的增长轨迹与外出农民工是一致的，但已于 2014 年达到峰值，预计"十三五"时期将会显著减少。

不过，通过结构调整获得资源重新配置效率的机会窗口并没有关闭。许多人看到第三产业扩大是产业结构调整的方向，近年来第三产业比重也的确得到很快提高。但是，这个产业结构调整也必须把握住生产率导向原则。单纯提高某个产业的比重，而忽略产业之间的关联，忽略市场信号对结构调整的引导，就不一定能产生预期的生产率提高效果。例如，2013 年第二产业的比较劳动生产率为 1.45，第三产业则为 1.22。由此可见，如果第二产业与第三产业之间只是一种简单的此消彼长关系，则总体劳动生产率还会降低，与结构调整的初衷是南辕北辙的。

随着结构调整进入到更深的层面，资源重新配置效率可以得到进一步的发掘。在一个行业内部的企业之间，能够使生产率快速提高、更具创新能力和市场竞争力的企业胜出，将生产率低下、创新能力弱从而没有市场竞争力的企业淘汰出局，就能将生产要素加以最优化利用，提高整体经济的生产率水平，赢得更快的增长速度。目前存在的各种体制障碍，如一些行业和企业因拥有垄断地位，即使没有竞争力也难以退出，新成长企业特别是中小企业面临的门槛高、融资难、融资贵从而难以进入等问题，都妨碍着这个重要生产率源泉的挖掘。

三　结构调整要靠改革和创新推动

只有通过改革和创新，遵循劳动生产率导向原则推动结构调整，才能真正实现增长动力的转换，保持中高速的增长。测算表明，如果能够通过一系列重要领域的改革，提高非农产业劳动参与率、增加劳动力供给、扩大人力资本积累和改进全要素生产率，"十三五"时期的潜在增长率可以提高 1—2 个百分点，为我国经济发展赢得改革红利。与此相应的结构调整，应该把握以下三个要点。

首先，在构造现代农业生产方式的基础上，加快户籍制度改革，进一步释放农业剩余劳动力，提高非农产业劳动参与率，推进工业化和城镇化。按照日本和韩国的经验，在跨越刘易斯拐点之后的 20 年中，农业劳动力比重持续大幅度下降，两国每年分别下降了 1 个百分点和 1.8 个百分点。从目前到 2020 年全面建成小康社会的时期内，正是我国人均 GDP 从 7000 多美元跨入 12000 美元高收入国家门槛的过程，国际上处在这个发展阶段的国家，农业劳动力比重平均为 14%。按照这一目标和现实的可能性，今后我国农业劳动力比重应该每年下降 1 个百分点。如果能够做到这一点，劳动力短缺矛盾可以得到一定程度的缓解，仍可获得资源重新配置效率。

其次，第三产业的发展应该通过改革创造更好的体制环境，建立在第二产业的结构优化特别是制造业升级的基础上。第三产业既包括与居民日常生活息息相关的传统服务业，也包括一系列与新科技紧密结合的现代服务业，二者生产率水平大不相同。如果我们把第三产业大体上划分为"传统服务业"和"现代服务业"两类，在 2004—2013 年期间前者增长了 117.4%，2013 年占全部第三产业的比重为 34.7%；后者增长了 68.3%，2013 年占全部第三产业的比重为 65.3%。传统服务业增长明显快于现代服务业，这无疑是一个降低生产率的因素；但是，由于现代服务业占比高，因此其对第三产业发展的贡献更大，作为提高生产率的因素，效果超过传统服务业。今后应创造更好的政策环境，使现代服务业的增长速度赶上甚至超过传统服务业的增长速度。

第三产业发展并不必然伴随着制造业的萎缩。实际上，制造业升级也包括从价值链"微笑曲线"的底端向两端上游延伸，进而从制造过程生长出研发、设计、营销、售后服务等生产性服务业，后者能够帮助制造业变得更具竞争力。这样，制造业升级和现代服务业发展得以同步进行。国际经验表明，发达国家较高的服务业比重，通常是在高度工业化的基础上达到的，是更高生产率的表现。因此，加大人力资本积累力度，营造激励创新的制度环境和社会氛围，实现大众创业、万众创新，让新成长企业大量涌现，是使我国产业体系迈向中高端的必然要求。

最后，企业之间的资源重新配置需要一个充分竞争的市场环境，利用创造性破坏机制实现优胜劣汰。经济学家对美国经济的研究表明，发生在某一行业内部，表现为企业进入、退出、扩张和萎缩的资源优化重组，以及由此发生的优胜劣汰，对生产率提高的贡献高达 1/3—1/2。在一定程度上，生产要素在企业、部门和地区之间的合理流动还受到垄断、地方保护主义等各种障碍的羁绊，一些地方政府和部门挑选赢家的产业政策造成不公平的竞争环境，能者缺乏"进"的激励，庸者没有"退"的压力，企业缺乏提升生产率的动力。因此，进一步深

化国有企业改革和投融资体制改革、打破限制企业进入和退出
的制度门槛，让市场在资源配置中发挥决定性作用，是经济结
构调整能否得到实质性推进的关键。

（原载《人民日报》2015 年 5 月 4 日）

推进供给侧结构性改革的主要着眼点

中央经济工作会议要求，明年及今后一个时期，要在适度扩大总需求的同时，着力加强供给侧结构性改革。把这一要求与创新发展理念相结合，供给侧结构性改革的主要着眼点就是提高全要素生产率。作为经济增长的一个重要源泉，在生产要素供给因素不变的条件下，如果全要素生产率提高的速度减慢，则经济增长减速；而在生产要素供给减弱的情况下，如果全要素生产率不能获得加快的提高，经济增长也会减速。我国经济增长的换挡、减速，既有生产要素供给制约的因素，也有全要素生产率减速的因素。改革固然可以通过清除制度性障碍，挖掘生产要素供给的潜力，但是，诸如劳动力供给这样的因素，因受到人口结构变化的影响，既定的变化趋势终究无法逆转。而全要素生产率却可以通过结构性改革，推动制度创新和技术创新而得到不断提高。

近期有两个重要的研究显示，全要素生产率出现了世界范围的减速。根据世界大企业联合会的数据，全球全要素生产率增长率从 1996—2006 年的 1%，下降到 2007—2012 年的 0.5%，而截至 2014 年的最近三年则在零增长左右徘徊。美国经济学家艾肯格林等作者的一篇论文也印证了这个结论。虽然生产率的普遍下降是全球现象，而且也的确存在全球性的原因，但是，历史经验显示，全要素生产率的减速主要是受到了与各国国情相关的特殊因素影响。

我国全要素生产率也显现了提高速度放缓的趋势，与生产要素供给因素一道，成为经济增长减速的原因。同样根据世界大企业联合会数据，我国劳动生产率的年平均增长率从 2007—2012 年期间的 9.5%，下降到 2012 年和 2013 年的 7.3% 以及 2014 年的 7%，其中起主导性作用的因素是全要素生产率的减速。我和同事从潜在增长率的角度预测，我国全要素生产率的改善速度，从 1995—2009 年的 3.9% 下降到 2011—2015 年的 3.1%，并将进一步下降到 2016—2020 年的 2.7%。世界银行经济学家高路易的研究也揭示了同样的变化趋势。

我国全要素生产率提高速度的减慢，主要不是外部因素造成的，而是经济发展阶段变化因素和内在的结构性矛盾造成的，因而只有靠改革才能遏制该趋势。下面，我们列举在进入经济发展新常态条件下，我国经济面临的若干导致全要素生产率增长减速的因素，同时针对不同的情形，指出通过供给侧结构性改革改变这些因素的变化方向、遏止全要素生产率的减速趋势的着眼点与着力点。

　　第一，劳动力转移速度下降。全要素生产率的一个重要来源是劳动力从农业转向非农产业进行重新配置带来的效率。我们的计量分析显示，2009 年全要素生产率对当年经济增长的贡献率为 17%，其中有 8 个百分点来自于劳动力从农业到非农产业的重新配置。值得指出的是，这个贡献率是在当时外出农民工大约每年增长 4% 的情况下做到的，可见，一旦劳动力转移速度减慢，这个全要素生产率的提高因素将弱化。事实上，作为劳动力多年大规模转移的结果，农业劳动力比重已经大幅度降低到 2014 年的 19%。同时，无论从常住人口还是从户籍人口的口径看，农村 16—19 岁的人口都在 2014 年达到峰值，今后开始进入负增长阶段。由于这个年龄组的人口是潜在的外出打工者，这种人口变化趋势必然产生降低农业劳动力转移速度的效果。数据显示，2014 年外出农民工增长率已经下降到 1.3%，而 2015 年上半年只有 0.1%。

　　然而，我国农业劳动力转移的潜力绝非就此丧失殆尽。根据日本和韩国的经验，农业劳动力比重达到 20% 以后，仍然可以保持较快的下降速度，直到 10% 以后下降速度才明显减慢。常住人口继续从农村向外转移的潜力固然也存在，但是，在劳动力新增量逐年缩小、净增量为负的情况下，提高农民工的劳动参与率，稳定和增加其劳动力供给，是更具潜力并且可以通过改革获得立竿见影效果的资源重新配置过程，这要求深化户籍制度改革，加快提高户籍人口城镇化率，让更多的农民工在城镇落户，使他们更稳定地在非农产业立足。

第二，人力资本改善速度放缓。艾肯格林等经济学家在进行国别分析时发现，人力资本是全要素生产率的重要促进因素，一个国家越是具有较高的人力资本积累水平，越有助于防止全要素生产率减速。我国国情决定了新增劳动力的人力资本禀赋明显高于存量劳动力，劳动力素质是靠新成长劳动力的逐年增加而不断改善的。因此，随着劳动年龄人口的减少，新成长劳动力数量逐年下降，人力资本改善的速度也将明显放慢。每年小学、初中、高中、大学、研究生各教育阶段毕业未升学和肄业的人数加上博士生毕业人数之和，构成了我国的新成长劳动力。根据预测，这个数字在2011—2020年期间将以每年1%的速度递减，这必然导致劳动力总体人力资本的改善速度慢下来，表现为同期我国人力资本总量（劳动力总量乘以人均受教育年限）也以相同的速度下降，成为全要素生产率减速的一个因素。

面对这种与经济发展阶段变化相关的情况，我国人力资本培养战略要有全新的思路，教育体制改革要有突破性的举措，做出积极的回应。首先，通过义务教育向学前教育和高中教育阶段延伸、均衡教育资源配置，多维度地深化教育发展，保持人口受教育年限的持续提高。其次，通过提升教育生产率和毕业生质量，促进人力资本向全要素生产率的转化。最后，通过加大培训力度和提高培训效率，改善劳动者整体的人力资本存量。

第三，过度投资和产能过剩。全要素生产率归根结底反映的是生产要素的利用率和配置效率。如果一种要素的投入超出了合理的限度，破坏了与其他要素的合理比例，必然降低其利用率和配置效率，造成资源的闲置与浪费。在探寻影响全要素生产率的国别因素时，艾肯格林等经济学家发现，投资占 GDP 比重（投资率或资本形成率）高的国家，更容易遭遇全要素生产率的下滑。2009 年我国资本形成率高达 46%，按照白重恩的比较，这个水平比不包括中国在内的 20 个最大经济体的平均水平整整高一倍。此后，由于实施应对金融危机的一揽子刺激政策，以及近年来应对劳动力短缺和工资成本上升产生的资本劳动比提高，投资率甚至出现了进一步的上升，意味着生产同量的 GDP 需要投入更多的资本要素。

过高的投资率会产生不利于全要素生产率提高的效果，可以从两个方面理解。一方面，从结果来看，过度投资以及与之相伴的产能过剩，造成资本利用率和投资效率下降。另一方面，从实施方式来看，过度投资往往与大规模刺激政策相联系，倾向于集中在垄断行业和基础设施建设领域，对那些具有更高全要素生产率的领域，以及具有创新潜力的新成长企业，产生了投资的挤出效应。解决过度投资问题，根本在于经济发展方式的转变和经济增长动力的转换，当前的直接着力点应该是从需求侧刺激转向供给侧结构性改革，降低杠杆率和消除过剩产能。进行这类改革的关键是标本兼治，即在对存量进行伤筋动骨式调整的同时，切实从体制机制上阻断增量的形成。

第四，"创造性破坏"过程受阻。产业结构优化升级，意味着在那些丧失了比较优势的产业衰落的同时，顺应比较优势动态变化的产业茁壮兴起，以及缺乏竞争力的企业退出并消亡，更具竞争力的企业进入并成长。这个过程表现为创造性破坏，恰恰是全要素生产率提高的过程。在这个创造性破坏过程中，"破坏"是必然的，不以人的意志为转移，而"创造"却需要提供相应的制度条件和政策环境。

由于市场竞争决定企业优胜劣汰的过程，归根结底是以全要素生产率表现为评判标准，因此，无论是一部分企业的新生还是另一部分企业的消亡，都有助于经济整体的生产率提高。一方面，低效率企业占用着稀缺的生产要素，甚至以"僵尸企业"的形态使资源闲置或休克。这种"僵尸企业"在任何程度上的存在，都以同样的程度降低整体经济的全要素生产率表现。另一方面，新成长企业能够脱颖而出，原因正是在于其顺应比较优势、资源配置合理、创新能力和竞争力强，因此是全要素生产率的积极因素。可见，挖掘全要素生产率潜力的关键，在于消除现存的妨碍创造性破坏机制作用的体制障碍，通过推动政府职能转变、深化国有企业改革、完善竞争政策和发育生产要素市场，创造必要的制度条件，使应该退出或消亡的企业真正被淘汰，使新成长企业能够无障碍地进入竞争性行业。

（原载《上海证券报》2015 年 12 月 31 日）

中国经济要发展必须深挖改革红利①

改革开放30多年来，中国经济实现年均GDP增速9.8%的优异成绩，取得了举世瞩目的发展成就。但近几年，随着我国潜在增长率的下降，GDP增速连续几年降到两位数以下，国内外出现了对未来中国经济发展前景的质疑之声，中国社科院副院长蔡昉在接受记者专访时表示，中国原有的人口红利逐渐消失导致潜在增长率下降，进而影响经济增速放缓，未来不能指望需求方面的刺激政策解决这个问题，而应通过提高潜在增长率的一系列改革，带来显著的改革红利。

一 中国经济换挡符合经济发展规律

记者：截至2014年第二季度，以季度观察的中国GDP同

---

① 本文系《经济参考报》记者金辉所做采访。

比增长率，已经连续 13 个季度低于改革开放 35 年以来的平均年增长率（9.8%）。国内一些悲观人士受此影响陷入经济悲观论，而在国际上唱衰中国经济的声音也此起彼伏。那么，您认为，当前中国经济出现的这种突然由高到低的现象是中国所独有还是具有普遍性？

蔡昉：大多数了解世界经济发展的经济学家，无疑都认可高速增长之后要经历增长减速过程，进入常规增长阶段，这种现象自然也同样适用于中国。美国经济学家艾肯格林等人在分析多国历史数据后发现，以一个特定的人均收入水平为拐点，年均增长率将会从之前的平均 6.8% 下降到之后的平均 3.3%。分别看不同的国家可以得出结论，减速本身是发展阶段变化的自然结果，但是，在换挡期采取什么样的应对之策，却决定一个国家是从高速增长进入速度较低但更可持续的增长，还是一路减速至长期经济停滞。正是在后一情景下，某些一度经历快速增长的发展中国家陷入了中等收入陷阱。

中国经济目前正在经历这样一个自然减速的过程，也就是常说的经济增长换挡期。过去 36 年时间里，在改革开放创造了有利于经济增长制度条件的同时，劳动年龄人口持续增长、人口抚养比稳步降低为中国经济增长提供了人口红利。

人口红利表现在几个方面：第一，较低且不断降低的人口抚养比有利于实现高储蓄率，保证经济发展所需的资本积累，同时劳动力充分供给阻止了资本报酬递减，保持投资对经济增长的巨大贡献份额，这个抚养比如果下降，意味着经济食之者寡，生之者众。第二，充足的劳动力供给和以劳动者受教育程度为载体的人力资本，对经济增长做出了贡献。第三，农业剩余劳动力大规模转移到非农产业，意味着资源实现了重新配置，推动了生产率的迅速提高。根据我们的测算，在1982—2010年期间的GDP增长中，资本投入的贡献率为71%，劳动投入的贡献率为7.5%，人力资本贡献率为4.5%，人口抚养比贡献率为7.4%，全要素生产率贡献率为9.6%。

多年来，中国人口结构发生了明显变化，作为长期低生育水平的结果，15—59岁劳动年龄人口的增长速度逐年减慢，并于2010年达到其峰值，此后开始绝对减少。与此同时，人口抚养比则由下降转为提高。人口结构的这种根本性变化，首先表现为普通劳动者的短缺和工资持续上涨，制造业生产成本大幅度提高，传统比较优势趋于丧失。更重要的是，由于劳动力不再是无限供给，在中国资本报酬递减现象已经发生，投资的回报水平显著降低。而农业剩余劳动力的逐渐减少，也将减缓劳动力资源重新配置，从而缩小了生产率提高的空间。因此，可以预期中国将经历一个经济增长速度减慢的过程。

记者：这种因为人口结构变化导致的经济增速放缓大概将持续多久？

蔡昉：一个经济体的增长率取决于供给和需求两个方面的因素。从供给方面来看，生产要素的供给能力和生产率的提高速度，决定 GDP 的潜在增长率。而从需求方面来看，出口、消费和投资需求决定了该经济体是否能够在其潜在供给能力上实现增长。

由于人口因素的影响涉及劳动力供给、资本回报率和全要素生产率的提高速度，因此，2010 年以后的劳动年龄人口负增长，必然导致潜在增长率的下降。根据我们的估算，GDP 的潜在增长率，即生产要素供给和生产率提高速度可以维持的正常增长速度，正在从 1995—2010 年这 15 年的平均 10.3%，下降到"十二五"时期的平均 7.6%，到"十三五"时期还将继续下降。

二　不要指望通过刺激需求重回高增长

记者：当前，无论是学界还是政府部门都对于经济增长减速的原因存在着颇有争议的不同观点，进而提出了不同的应对之策。一种观点认为，减速是供给方因素所致，另一种观点认为是需求方因素所致。您将中国经济增速放缓归结于中国人口结构的变化，也就是供给方，有人好像并不认同，他们主张通过扩大需求重新使中国获得高增长，您怎样看这种观点？

蔡昉：大多数悲观论都把中国经济减速归结为需求方面的原因。其中广为流行的说法是中国以往的增长过分依赖外部需求，不仅应对全球经济的不平衡负责，还导致自身经济增长的不可持续。因此，持这类观点的学者一般建议人民币进一步升值，以及提高国内需求对 GDP 的贡献份额。与此逻辑相连的政策建议是，既然短期内不可能提高国内消费需求，那么，通过刺激性的宏观经济政策和产业政策，进一步扩大投资规模，则是拉动内需的有效手段。这类政策建议错把经济增长减速归结为需求方面的因素，而不顾潜在增长能力下降的供给方面因素，一旦转变为实际政策，不仅无助于提高增长速度，甚至可能造成中国经济的进一步不平衡、不协调和不可持续。

在人口红利消失、制造业比较优势减弱，从而导致供给因素制约投资需求的情况下，刺激性政策除了通过补贴等方式保护落后产能，并不会对竞争性的实体经济产生推动作用。由于基础设施需求是由实体经济派生出来的，在实体经济没有更大投资需求的情况下，基础设施建设投资需求也是不足的。所以，刺激性政策除了制造新的产能过剩之外，只会把流动性引向房地产、股市、海外资产和其他理财产品，最终形成经济泡沫。这种情形的一个最糟糕的后果，便是日本在 20 世纪 80 年代后期泡沫经济的破裂，以及此后的长期经济停滞。

因此，针对经济增长减速的政策应对，第一步便是使实际增长速度与潜在增长率相适应。宏观经济学中所谓的"奥肯定律"表明，实际增长速度低于潜在增长率的部分，对应着一定幅度的周期性失业，中国在 2012 年和 2013 年实现了 7.7% 的增长速度，与潜在增长率是相符的，没有出现明显的周期性就业问题。城镇登记失业率一直保持在 4.1% 的水平，而调查失业率大体保持在不高于 5% 的水平。根据测算，由结构性失业和摩擦性失业构成的自然失业率目前大约为 4.1%，不高于 5% 的调查失业率则意味着，周期性失业率最多不会超过 1 个百分点。大学毕业生就业难或者失业，是一种典型的结构性失业现象，而结构性失业不能靠总量刺激政策来解决。

可见，近年来政府确定的 7.5% 的 GDP 增长目标，由于与潜在增长率是相符的，因而也是一个可以接受的增长速度，并不意味着将导致长期的经济增长停滞。实际上，过去两年中央政府没有寻求高于预期目标的增长速度，没有采取短期刺激政策，减少了政府对直接经济活动的过度干预，缓解了产能过剩的进一步加剧，避免了经济泡沫的形成，为改革创造了良好的宏观经济环境。固然，宏观经济受到需求方面因素冲击的可能性仍然存在，应对经济周期的宏观经济政策也有其用武之地，但是，在选择恰当政策手段时，区分长期的结构性因素和短期的冲击因素至关重要。

三 当务之急是挖掘改革红利提高潜在增长率

记者：人口红利消失导致潜在增长率的下降，意味着以往的增长源泉已经式微，传统经济增长模式难以为继，那么，中国经济未来要继续发展需要采取哪些措施？

蔡昉：中国经济要发展必须转变发展方式，从劳动力和资本投入驱动型，转向主要依靠创新和生产率提高驱动型。

一般来说，发达经济体处在技术创新的前沿，经济运行的体制和机制也比较成熟，实现每 1 个百分点的 GDP 增长，都来自于全要素生产率的提高，所以，他们不可能有很快的经济增长速度。最终，中国经济也会到达这个阶段。但是，在那之前，通过消除制约生产要素供给和生产率提高的制度性障碍，在一定时期里仍然可以取得较快的增长速度。换句话说，虽然不应寻求超越潜在增长率的实际增长速度，但是潜在增长率本身是可以提高的，通过全面深化改革取得更快的增长速度，就是获得改革红利的过程。

当前的改革，无论是以"摸着石头过河"的方式所推进的改革，还是"顶层设计"下的改革，都是从群众最期盼的领域和制约经济社会发展最突出的问题入手，着眼于清除制约市场主体活力和要素优化配置的障碍，即要求改革促进增长。

有一种观点认为，中国的改革任务与经济增长速度之间存在一种替代关系，为了推动改革必然要牺牲增长速度。诚然，在当前全面改革正在积极推进的同时，中国经济增长率出现较大的下行趋势，与过往 10% 的增长率相比显然是降低了。不过，中国经济的长期可持续增长，可以通过改革获得新的增长动力和源泉。改革并不必然抑制经济增长，反而应该成为提高潜在增长率的新源泉。

当前，抑制潜在增长率的制度性障碍，包括户籍制度对劳动力供给潜力的制约、现行投融资体制对投资效率改进的制约，以及中小企业和民营经济遇到的融资瓶颈导致的对全要素生产率提高的制约等。通过推进改革拆除这些制度障碍，可以立竿见影地提高潜在增长率。

2014 年《政府工作报告》指出，全面深化改革要从群众最期盼的领域和制约经济社会发展最突出的问题改起，旨在破除制约市场主体活力和要素优化配置的障碍。从中国经济增长面临的约束条件看，能够显著提高潜在增长率的领域，恰好就是这样一些具有优先地位、需要重点突破的改革领域。例如户籍制度的改革，目标便是通过推动农业转移人口的市民化，建立实现基本公共服务均等化的体制和机制。由于目前农民工就业已经占到城市总就业的 35%，这项改革可以大幅度提高农民工的劳动参与率，进而增加整体劳动力供给，同时提高劳动者的技能，达到延长人口红利的效果。又如，通过发展混合所有制经济、制订负面清单和下放审批权等改革，鼓励更多非公有企业进入竞争性行业，通过建立公平竞争和优胜劣汰机制，同样能达到提高全要素生产率的目标。此外，通过教育体制改革和完善职工培训制度，保持人力资本持续提高，为未来日益加速的产业结构调整升级准备必要的技能型工人，将增进中国经济的创新驱动力。所有这些领域的改革，无疑都能够创造实实在在的制度红利，显著提高中国近期、中期和长期的潜在增长率。

四　农民工市民化改革效果立竿见影

记者：您刚才提到可以通过户籍制度的改革，实现农民工市民化提高潜在生产率，那么，农民工市民化这项改革都可以带来哪些好处？

蔡昉：我们推进农民工的市民化首先是以人为本的要求，由此可以大幅度提高基本公共服务的均等化，特别是社会保障方面的包容性，不仅有助于显著缩小当前存在的收入差距，更重要的是从制度上切断贫困的代际传递。自2004年出现民工荒并且农民工工资持续上涨以来，城乡收入差距已经出现缩小的趋势，全国的基尼系数也开始降低。但是，如果不能根本解决基本公共服务均等化问题，农村居民或者农民工的子女就仍然要保持农民工的身份，也不能获得同等质量的教育，未来可能成为新的脆弱群体和边缘人群。

从有利于经济增长的角度来看，农民工市民化有利于以改善基本公共服务的方式，代替工资的持续快速上涨，保持农业劳动力转移的速度。过去十年中，农民工工资的实际提高速度高达12%，并呈继续攀升的趋势。而GDP的增长率已经不再能够保持两位数。这意味着工资上涨速度已经超过了劳动生产率的提高速度。这样的话，企业就不能获得足够的时间去进行必要的调整和应对，中国经济的技术结构和产业结构升级会牺牲经济增长速度，产生过大的损失，反而容易在不久的将来使劳动者陷入困难的境地。

因此，借助农民工市民化这一改革增加劳动力供给、提高生产率，从而达到提高潜在增长率的效果，是最大的改革收益或改革红利。

我们设想一下，增加劳动力供给可能有什么方式呢？显然，延缓退休目前还不是可行的办法。因为平均来说，临近退休的职工受教育程度和身体状况都不处在最佳状态，例如，与20岁左右的劳动年龄人口相比，年近60岁的人群平均受教育年限，将从10年下降为6年，使得他们学习新技能的过程十分困难，无法适应产业结构升级的要求，在劳动力市场上陷入困境。增加劳动力供给，最大的部分是靠拉动农村劳动力转移。

有学者研究表明，农民工在进城以后的大约20年之内，他们的工资即劳动力市场回报可以持续得到提高，意味着他们非常具有生产性。然而，农民工留在城里的时间平均只有9年，意味着他们作为具有生产性的劳动力供给，没有得到充分的开发和利用，即人力资源的浪费。我们也知道，从理论上说，农民工一般每年春节都要做一次决策：春节之后还要不要回到城里。对于年轻人来说，答案是肯定的，但是一般过了40岁，考虑到上有老下有小，往往就决定不再进城打工了，这意味着退出劳动力市场。显然，如果我们打破这个僵局，通过实现农民工的市民化，就可以继续推动农村劳动力转移。第一是增加劳动力供给，就是让农民工成为真正的城市居民可以稳定干到退休年龄；第二是给他们更好的激励，如更充分和更均等的公共服务，使其能够继续从剩余状态中转移出来，从生产率低的部门转到生产率高的部门，提高中国经济的生产率水平。

记者：如果采取您的上述建议，将会对中国经济增长产生哪些积极的作用？

蔡昉：我与合作者曾经进行过一项模拟，分别是关于劳动参与率提高后对经济增长速度的影响，以及生产率提高后对经济增长速度的影响。首先，如果在 2011—2020 年期间每年把非农产业的劳动参与率提高 1 个百分点，就能够使 GDP 的潜在增长率提高 0.88 个百分点，是可以立竿见影看到效果的。其次，我们还可以假设，如果在今后十年中生产率的增长率增加 1 个百分点，它所对应的提高 GDP 潜在增长率的效果更高达 0.99 个百分点，几乎是 1 比 1 的对应程度。因此这两项改革效果加总起来，理论上可以带来 2 个百分点的 GDP 额外增长速度。

而通过生育政策调整把总和生育率提高到接近 1.8 的水平，则可以在 2030 年之后显示效果，潜在增长率可以提高大约 10%—15%。

我们知道，当人口红利消失以后，在没有获得改革红利之前，中国的潜在增长率将逐年下降，十年乃至数十年之后，潜在增长率将下降到远低于改革开放以来这 35 年的平均水平之下，而更加接近于目前发达国家的稳态水平。因此，通过改革获得制度红利，即使只增加 1—2 个百分点，也将大大有助于中国尽快实现中等偏上收入阶段到高收入阶段的转变，实现中华民族伟大复兴的中国梦。

不仅如此，农民工市民化也是从根本改变农业生产方式的唯一出路。在农村剩余劳动力逐渐减少的情况下，农业机械化和生产方式转变将越来越成为农业发展的引擎。换句话说，中国农业的根本出路是通过扩大经营规模，加快技术进步，实现生产方式的转变。目前的农村人口与耕地之间配置状况是，近一个亿的本乡镇就业农民工，同时是兼业农民，他们的承包地是不会转包出去的；1.7 亿外出的农村家庭成员，因其家里还有留守的成员，承包地也是不愿意转包的；即使是 3000 多万举家迁移的农民工，因为不能获得城市居民的同等待遇，为了保险起见也不愿意彻底放弃承包地，造成土地不能集中，农业机械化进程受阻，务农劳动力日益老龄化。

当我们知道改革收益大于成本的时候，我们就可以去设计在中央和地方政府之间来分担改革的成本，使得改革得以真正地推进，进入改革带来收益、收益进一步推进改革的良性循环。另一项改革正在重新界定中央政府和地方政府的事权和支出责任，对于改革成本的分担，也同样适用于这项改革的理念。例如，义务教育在农民工市民化过程中增加的地方政府成本，就应该在中央和地方政府之间进行重新分配，具体而言，中央政府应该承担这项增量支出责任。这样，不仅可以加快推进以农民工市民化为核心的户籍制度改革，同时还可以解决长期以来义务教育在城乡之间、地区之间分布不均衡的老大难问题。

（原载《经济参考报》2014 年 9 月 18 日）

中国跨越"中等收入陷阱"惟改革一途

2015 年，中国的人均国内生产总值（GDP）超过了 8000 美元，属于世界银行定义的中等偏上收入国家，正在向高收入国家的行列迈进。经济学家总结挖掘了大量经济发展史实，针对我们所处的这个发展阶段，概括了一个叫做"中等收入陷阱"的经济学概念以为警示：引领一个经济体成功摆脱贫困的道路，并不能确保该经济体实现从中等收入到高收入的跨越。学术界对此概念及其政策含义众说纷纭、莫衷一是，要么否定存在这样一种发展现象，要么作出诸多不尽相同的阐释。

以习近平同志为核心的党中央治国理政的一个重要特点，是在对中国特色社会主义道路充满自信的同时，具有强烈的忧患意识，坚持问题导向应对挑战的方法论。在中国从中等偏上收入阶段迈向高收入阶段的过程中所面临的"中等收入陷阱"挑战，就是这样一个既需要树立信心同时又要严肃对待的问题。

一　"中等收入陷阱"是统计现象

"中等收入陷阱"这个概念，由世界银行2007年报告《东亚复兴：关于经济增长的观点》首次提出。该报告引用的文献表明："比起较富或较穷的国家来，中等收入国家的增长会相对较慢。"这个概念在一定程度上等同于此前广为使用的"拉美陷阱"，用来类比拉丁美洲以及若干亚洲经济体在进入中等收入阶段后面临的发展困境，并且常常作为对中国经济前景判断的一个参照点。

西方经济学是以发达国家匀质、一元化的经济增长为蓝本，在其理论框架中找不到用来分析"中等收入陷阱"的现成工具，因此，许多经济学家，如罗伯特·巴罗和阿玛蒂亚·森等，不承认存在着该概念所刻画的这种经济发展现象，尤其认为这个概念不适用于解释中国经济前景。不过，如果经济史上的确存在着处于中等收入阶段特别是中等偏上收入国家可能面临的特殊发展挑战，而且在统计上具有显著性，归纳其经验、教训对于中国无疑具有借鉴意义。对此，我们何不采取"宁可信其有"的态度呢？

首先，陷阱一词在经济学中历来被广泛用于表示一种超稳定状态，即一般的短期外力不足以改变的均衡。在特定的经济发展阶段上，如果推动人均收入一次性提高的因素不具有可持续性，不足以根本改变传统的均衡状态，就会有其他因素将其作用抵消，把人均收入拉回到原来的水平上面，使这个经济体在该收入水平上徘徊不前。所以，一旦把研究重点放在中等收入国家如何摆脱周而复始的现状，这一分析框架是有益的。

其次，"中等收入陷阱"作为一种在统计上具有显著性的现象，已经为许多研究所印证。例如，胡永泰教授用各国人均GDP为美国水平的百分比，把大于55%的国家定义为高收入国家，在20%—55%之间的定义为中等收入国家，小于20%的为低收入国家。在进行比较的132个国家中，定义为中等收入国家的，1960年有32个，2008年有24个。观察这个组别的变化特点可以发现，中等收入国家有大约一半的可能性，经过近半个世纪仍然滞留在中等收入阶段，而那些脱离中等收入组的国家，更多的则是向下流动到低收入组，而较少毕业到高收入组。此外，艾亚尔等人的一项针对100多个国家的跨国研究，也得出类似的结论，即长期的"增长停滞"发生在中等收入阶段的概率，要明显高于发生在低收入阶段和高收入阶段的概率。

二　"中等收入陷阱"四部曲

虽然"不幸的家庭各有各的不幸"，但是，根据现实中的"中等收入陷阱"现象，我们可以从丰富多彩的发展中国家经济史，特别是拉丁美洲和东南亚一些国家长期徘徊于中等收入阶段的经验教训中，归纳出一些具有共性的特征化事实，用以说明一个"不幸"的经济体，是如何经过四个步骤落入该陷阱的。

第一步，经济体经历一定时期较快增长后减速。埃肯格林等人收集了大量国家的历史统计数据，通过计量研究发现，一个经济体在中等偏上收入阶段的某个特定时点上，会发生明显的经济增长减速，平均减速幅度可高达60%。各国减速的诱因不尽相同，有的是自然发生的，有的则发生在某个危机之后。国际货币基金组织分析一些国家减速经验时，把不同国家落入"中等收入陷阱"的风险，分别归结为制度因素、交通和通讯基础设施不足，以及在地区一体化和贸易方面的缺陷。不过，具有规律性的是，这些减速都与发展阶段变化相联系，归根结底是供给侧相关因素变化的结果。

第二步，对减速原因的误判从而政策选择不当，使减速演变为停滞。例如，如果减速的原因在于供给侧的潜在产出能力降低，而政府的政策却是着眼于在需求侧刺激的话，则不仅难以产生政策效果，还会导致一系列的扭曲和不良结果。其中，最严重的扭曲莫过于政府过度使用产业政策，导致生产要素的价格形成背离比较优势；最严重的政策后果则是造成泡沫经济、产能过剩和对落后产业及企业的不当保护。一旦如此，原本可能是正常的减速，反而被转变为长期的超低速增长甚至增长停滞。

第三步，面对经济增长停滞带来的一系列社会问题，政府进一步采取饮鸩止渴的方式应对，造成经济社会体制的全面扭曲。例如，在经济增长停滞、蛋糕不再能够做大的情况下，重新分配蛋糕成为普遍存在的动机，造成寻租行为滋生和腐败泛滥。由于具有特权的群体往往得到更大的收入份额，以及收入分配中存在的马太效应，收入分配状况愈益恶化，进而激化社会矛盾。这时，财力拮据的政府往往只能借助于仅有承诺却难以兑现的民粹主义政策，不仅于事无补，反而伤害经济活动中的激励机制。

第四步，与停滞的经济增长相伴而存在的资源分配和收入分配严重不平等，造成既得利益集团，后者竭尽全力要维护这个有利于自身的分配格局，因此，不利于打破"中等收入陷阱"的体制弊端积重难返。一旦进入这种体制状态，相关的经济社会政策就被利益集团所俘获，不仅经济增长陷入停滞，改革和制度变迁更是举步维艰，妨碍经济社会发展的体制便被固化了。

从已有的经验看，上述四个步骤既有时间上的先后继起性，又有空间上的同时并存性。从中得到的启示是，避免落入"中等收入陷阱"，既要正确认识经济增长减速的原因，防止把自然的减速转化为万劫不复的经济停滞，又要解决好收入分配不公、差距过大等问题，保持社会凝聚力，同时打破既得利益对改革的阻碍，以体制改革促进资源配置效率的提高，实现经济增长的创新驱动和长期可持续。

三　正确认识中国经济减速

中国经济在 1978—2011 年的长达 33 年里实现了平均 9.9% 的高速增长之后，2012 年开始明显减速。继 2012 年和 2013 年增长率降到 7.7% 之后，2014 年和 2015 年分别进一步下降到 7.3% 和 6.9%。对于中国经济的减速，国内外经济学界有各种不同的解释。例如，林毅夫认为是金融危机后净出口大幅度缩减导致需求不足；萨莫斯断言以往的异常高速增长终究要"回归到均值"；巴罗则认为任何国家不能长期偏离"趋同的铁律"（年平均 2% 的速度），而趋同效应必然是递减的。如何判断减速原因至关重要，关乎应对政策是否正确且有效，决定能否避免减速向停滞的转化。

认识中国经济减速，最重要的是观察中国发生了哪些与发展阶段相关的变化。根据这些变化判断，中国减速主要是由于生产要素相对稀缺性发生了逆转，并形成一系列不利于全要素生产率提高的条件变化。改革开放以来中国经济的高速增长与 2010 年之前表现为劳动年龄人口迅速增加、人口抚养比显著下降的人口红利直接相关，即劳动力"无限供给"提高了储蓄率、延缓了资本报酬递减、保持了劳动力和人力资本充分供给，并通过劳动力转移获得资源重新配置效率。分析表明，1982—2009 年中国全要素生产率的提高中，近一半的贡献来自农业劳动力转移带来的资源重新配置效率。

恰好在 2009 年中国经济总量超过日本，成为世界第二大经济体，2010 年中国人均 GDP 跨越中等偏上收入门槛的同时，15—59 岁劳动年龄人口总量达到峰值，此后进入负增长，人口抚养比相应攀升。随着人口红利的迅速消失，推动高速增长的传统动力源就减弱了，导致由生产要素供给和生产率提高潜力决定的 GDP 潜在增长率下降。根据估算，中国经济潜在增长率已经从 2010 年以前的平均 10% 下降到"十二五"时期的 7.6%，并将进一步下降到"十三五"时期的 6.2%。

有多种因素推动经济增长速度进一步下降。一是劳动力持续短缺和工资快速上涨。据估算，2004—2013 年期间，中国制造业单位劳动成本（工资与劳动生产率之比）上升了 59.7%，导致比较优势不断削弱。二是资本报酬呈现递减现象，投资回报率显著下降。三是 2014 年农村 16—19 岁的人口数量达到峰值，随后进入负增长阶段，劳动力转移速度减慢，减缓全要素生产率的提高。四是诸多体制性障碍推高企业交易费用，降低资源配置效率。经济运行中存在的政府管制过度、审批过程繁琐、税费负担以及社保缴费率过重、融资渠道不畅通、地方保护和市场分割、要素价格扭曲、对企业的歧视性待遇等问题，提高了企业的制度性交易费用，客观上产生抑制微观领域创新的效果。五是结构性产能过剩比较严重，浪费了资源，压缩了经济增长空间。

理解了中国经济的减速是增长现象而非周期现象，原因在于供给侧而非需求侧，有助于我们正确决断、对症施策、精准发力，推进经济体制改革以挖掘增长潜力，开启新的增长动力，在足够长的时期内保持经济中高速增长，跨越"中等收入陷阱"。

四　对症施治推进结构性改革

习近平同志指出：对中国而言，"中等收入陷阱"是肯定要过去的，关键是什么时候迈过去、迈过去以后如何更好向前发展。在经济保持中高速增长的前提下，2020年中国人均GDP按照不变价格计算将超过10000美元，更加接近大约12000美元这条划分中等偏上收入和高收入国家的分界线。然而，一方面这个划分标准是动态的，届时也有可能向上调整，另一方面高收入国家的平均人均GDP远远高于这个分界线，目前就高达37000多美元，因此，至少在2030年以前，中国仍将面对"中等收入陷阱"风险。基于对这一现象形成的原因以及中国经济减速原因的分析，第一位的任务是要对症施治，稳定经济增长速度，同时解决好收入分配，提高发展的共享水平，并使各方面制度更加成熟和定型，以支撑经济社会健康发展。

首先，正确认识中国经济减速，推进供给侧结构性改革，提高潜在增长率。应对发展阶段变化导致的减速，不能用强刺激办法使增长速度超越潜在增长率，而是要深化经济体制改革，从供给侧提高潜在增长率赢得改革红利。当前最紧迫且具有立竿见影效果的，是着眼于延长人口红利和提高全要素生产率的改革。研究表明，在今后一段时间里，劳动参与率和全要素生产率增长率每提高 1 个百分点，可以分别将潜在增长率提高 0.88 和 0.99 个百分点。这方面的改革包括：通过户籍制度改革促进劳动力转移，稳定农民工就业，抑制工资和单位劳动成本过快上涨；进一步简政放权，促进大众创业、万众创新，加快经济发展方式从要素投入驱动转向创新驱动；让市场在资源配置中发挥决定性作用，创造生产要素充分流动的政策环境，利用创造性破坏机制实现优胜劣汰。

其次，加快收入分配制度改革，提高共享发展水平，保持社会稳定和国家长治久安。随着 2004 年中国跨越刘易斯拐点，劳动力短缺推动了普通劳动者工资上涨，初次分配领域显现出有利于劳动者的变化。自 2009 年以来，反映收入差距的主要指标如基尼系数和城乡收入比，都呈现持续缩小的趋势。然而，中国整体收入差距仍然处于较高的水平，仅仅依靠劳动力市场的转折点并不能产生迅速降低的效果，需要明显加大再分配力度。根据国际经验，即使是那些收入差距较小的国家，也是通过再分配才达到公平分配效果的。例如，从 28 个经济合作与发展组织成员国的情况来看，再分配之前和再分配之后的基尼系数分别为平均 0.47 和 0.30，也就是说，经过再分配，基尼系数下降了 17 个百分点。

加大再分配力度主要应从两个方面着力。一方面，公共服务供给体现政府再分配责任。这包括健全基本公共服务体系、完善转移支付、实施脱贫攻坚战等；另一方面，从税收制度改革入手进一步有效调节过高收入。目前中国税收体系仍然是以间接税为主，个人所得税也明显缺乏累进的性质，因此，从调节收入分配着眼进行税制改革，既符合国际惯例，也有巨大的调整空间，预期可以取得更显著的缩小收入差距效果。

最后，防止过度福利化的民粹主义倾向，打破既得利益格局对改革的阻挠，保持中国产业和企业的国际竞争力。提高劳动报酬在国民经济分配中的份额，固然是共享发展的题中应有之义；在产业结构加快升级优化的过程中，就业岗位有创造也有破坏，因此，加强对劳动者的社会保护，扩大社会保障覆盖面也是必要且紧迫的。但是，在存在着妨碍劳动力充分供给的制度性障碍的情况下，改革滞后意味着把劳动力成本上升的负担过度压在企业身上，造成比较优势的过早过快丧失；在社会保障覆盖率仍低的情况下过于频繁提高保障标准，在现收现付类型基本社会保险项目中已积累较大结余的情况下维持过高的缴费率，同样加大了企业负担。

随着改革不断深化，没有任何群体受损的"帕累托改进"

式改革机会已经不复存在，进一步的改革必然触动既得利益。因此，顺应人民群众的期待，总结地方改革的成功经验，以更大的政治勇气和智慧，通过顶层设计消除利益樊篱对改革的阻碍，推动改革获得实效，是中央政府提供的重要公共产品和推动创新发展以及共享发展的关键职能，将体现国家正确决断、掌控经济增长大局，避免"中等收入陷阱"的治理能力。

（原载《参考消息》2016 年 3 月 17 日）

如何认识政策工具箱里的十八般兵器

　　李克强总理多次说到，中国的政策工具箱尚有足够的储备和后手，这些工具既包括财政政策、货币政策等宏观调控手段，也包括简政放权、商事制度改革等改善营商环境方面的改革举措。但是，很多人乐于从需求侧的刺激政策去解读这个工具箱。因此，我们应该全面梳理一下这些潜在的工具，讲清楚各自的性质，哪些可用，哪些应该慎用，各自的效果如何，如何选择使用的时机，分别具有多大的成本和收益。

　　彭博社说"中国有一系列刺激政策可供选择"，具体指六个工具。第一是降息。他们说中国年贷款利率高达4.85%，存款利率2%，所以有降息空间。第二是降存款准备金率。他们认为准备金率现为18.5%，处于世界最高水平，如果降10个百分点即可释放出13万亿银行资金用于放贷。第三是直接贷款。例如，中国央行自从去年（2015年）向国开行提供了1万亿贷款，定向支持棚户区以来一直没停，最近又向国开行注资

480 亿美元，向进出口银行注资 450 亿美元。第四是人民币贬值。但他们也指出这可能引起资金外流。第五是央行出手埋单。第六是财政开支，譬如加大基建投资等。此外，他们注意到中国还有 3.69 万亿美元外汇储备。

彭博社提到的这些政策工具，显然都是着眼于刺激性的手段，而且着眼于外需和投资需求刺激。固然，由于人口转变阶段在 2010 年发生了一个陡然变化，人口红利瞬间消失，因此中国潜在增长率的下降轨迹十分突兀，因而一定的刺激政策或许是必要的，特别是在真正能够把刺激性投资落实到基础设施短板的情况下，能够不致使经济增速的下滑过于剧烈。然而，仅仅列举这些刺激类的政策作为工具箱中的有用兵器，显然不符合我们对于中国经济减速及其带来的挑战的供给侧因素判断。一方面，我们应该认真分析这些政策工具，特别是各自具有的广义的成本和收益；另一方面，我们必须更加关注供给方的政策工具。

外需的确提前、强化、放大了中国的结构性减速。本来是人口红利消失导致的下降，但是，严峻的外需形势强化了压力（外需不是原因，只是催化剂）。例如，世界贸易连续三年低于 GDP 增速。固然，我们应该关注需求因素与供给因素的互相转化。理论上说政策可以从供需两侧发力，达到提高潜在增长率的目标。例如，更充分的劳动力供给和更快增长的生产率，都可以通过降低产品成本，从而在消费者预算不变的条件下提高其购买能力，实现"萨伊定律"所谓的"供给创造需求"。另一方面，消费者收入增长可以放宽家庭的预算约束，使原来消费不起的产品数量成为可能，投资扩大导致的基础设施条件改善，也可以降低生产成本和交易费用，增强企业的供给能力，从而提高潜在增长率。

不过，对中国来说，实实在在的增长源泉来自于改革对生产要素供给、全要素生产率、人力资本和创新动力的激发，由于需求因素向供给因素的转化是有约束条件的，因而效果是有限的。两个约束条件：首先，消费需求可以完全转化为供给能力的前提是封闭经济，即在不考虑进口产品竞争的情况下。其次，投资需求转化为供给能力的前提是不存在产能过剩。不符合上述条件的话，需求侧的刺激就难以转化为供给侧的潜在增长能力。

需求刺激可解燃眉之急，有实实在在的抓手，但不是可持续经济增长动力。最近把中国与日本进行比较成为一个热门话题。问题在于，把中国当前与日本的什么时候进行比较合适。如果与 20 世纪 50 年代的日本进行比较的话，从发展阶段观察，中国经济增长看似仍有很大的潜力，但这种比较容易忽略中国未富先老特征，高估潜在增长率。如果与 20 世纪 60 年代的日本进行比较，则容易低估股市和政府债务的风险，有可能造成系统性风险的积累。如果与 20 世纪 90 年代的日本进行比较，则人口转变阶段相似，面临问题也十分相似。从此出发估算潜在增长率，与实际发生的减速是一致的。与这个时期的日本进行比较，经验教训具有显著的针对性：扩大的货币和信用到不了实体经济，到不了基础设施建设，而是流向房地产、股票、海外资产，及至形成泡沫。释放出去的流动性已经构成泡沫经济的基础，我们千万不要再推泡沫了。

因此，我们应该大力挖掘政策工具箱中的供给侧工具。这就是说要从供给侧结构性问题着眼，把"改革红利"落在实处。我们所做的估算表明，不同改革的组合效果可大致使中国在短期、中期、长期获得1—1.5个百分点的额外潜在增长率。改革红利核心是提高潜在增长率。人们关心通货紧缩问题，其实，我们看到貌似通缩的现象是非典型通缩，关键是流通中的货币并不缺，但没有进入实体经济，所以要用非典型工具——从供给方解决通缩问题。

正确的思维是以远虑解近忧。也就是说，现在最需要的是人力资本的提升和民生的改善，而且当前也是加快人的发展的最佳时机。罗斯福新政核心是社会保障体系的建立，而真正发挥刺激效果的，实际上是美国介入第二次世界大战。我们并不需要超越发展阶段盲目做出承诺，终究口惠而实不至的民粹主义政策，而是应当通过公共资源的均等化配置，构建长期可持续增长的供给侧动力。当然，借实现全面建成小康社会目标，推进人的发展还可以扩大消费需求，平衡宏观经济中的三大需求贡献。

　　迄今为止在政策工具的讨论中，供给侧手段谈得相对不足，似乎是缺乏抓手，不像需求侧手段那样看得见摸得着。所以，要加强对改革红利的分析，也要恰当地做出分担改革成本和分享改革红利的制度安排。例如，20 世纪 90 年代的某一天，美国经济学家、后来获得诺贝尔经济学奖的海克曼教授，走进美国财政部的一间办公室，向时任财政部副部长的萨默斯游说，呼吁政府确保贫困家庭 3—4 岁儿童的教育机会，指出这个政策建议并不是某种善良而含糊其辞的愿望，而是一项讲求实际的投资，能够以减少社会福利支出、降低犯罪率以及增加税收的形式带来实实在在的回报。

　　选择合理政策工具的核心，在于哪种手段最有利于进行资源重新配置，解决中国经济长期可持续增长动力问题。诚然，很多相关的结构性改革都不可避免要触动既得利益。一方面，推进改革需要更大的政治勇气，做出顶层设计；另一方面，推进改革也需要更大的政治智慧。例如，既然现在的改革越来越缺乏不触动任何人既得利益的"帕累托改进"的性质，所以，需要借助"卡尔多改进"的方法，通过改革成本的分担和改革红利的分享，实现改革实施中的激励相容。

关于"十三五"规划的两点政策建议

一 把全要素生产率的提高作为预期要求

十八届五中全会建议"各级各类规划要增加明确反映创新、协调、绿色、开放、共享发展理念的指标，增加政府履行职责的约束性指标，把全会确定的各项决策部署落到实处"。在中国经济发展进入新常态条件下，经济增长动力要加快从依靠投入向依靠创新转换，全要素生产率（total factor productivity，TFP）是经济增长绩效中不依靠生产要素投入的残差，因此是反映创新发展的最好指标。TFP来自两个部分，一是通过消除制度性障碍改善资源配置效率，因此反映体制创新的效果，二是通过科技进步促进技术应用和产业结构升级优化，因此反映科技创新的效果。

我国以往经济增长的构成因素包括：（1）劳动力数量增加；（2）人力资本提高；（3）资本积累扩大；（4）劳动力转

移带来的资源重新配置效率提高（TFP 的主要部分）；（5）技术进步和体制改革带来的 TFP（过去占比较小）。已经发生并且在"十三五"时期将加剧的情况是，劳动力数量对经济增长贡献趋于负数（2017 年经济活动人口将到达峰值，此后开始负增长），人力资本贡献趋于下降（受教育程度较高的新成长劳动力负增长），资本回报率下降导致资本积累贡献降低，劳动力转移减慢（农业劳动力比重估算为 19%；农村 16—19 岁人口即将进入负增长；外出农民工增长速度显著放缓），形成不利于生产率提高的"逆库兹涅茨"（Kuznets）现象，由此获得的 TFP 也将减弱。也就是说，越是进入经济发展的较高阶段，经济增长越来越依靠 TFP 的提高。此外，我们的测算表明，改革红利也主要体现在 TFP 的提高上面。

20 世纪 90 年代围绕东亚模式进行的争论，启发新加坡把 TFP 每年提高 2% 作为国家目标，这与其如今成为最富竞争力和创新力的国家之一不无关系。虽然 TFP 作为考核评比的指标在技术上有一定困难，但将其提出来，让人们了解何为 TFP，如何提高 TFP，企业、政府、市场各自的职能，是有意义的。此外，建议在对"十三五"规划进行第三方评估时，可以对 TFP 做出测算和评价。

二　重视岗位创造与破坏现象，应对结构性失业

从 2012 年开始并持续至今的经济增长减速情形，实际增长率并没有低于潜在增长率，因而也没有形成增长缺口，因此劳动力市场状况正常，失业率保持稳定。这次经济增长速度下行，是伴随潜在增长率下降出现的结构性变化，是中国经济发展进入新常态的表现，而不是周期性现象。按照潜在增长率的定义和奥肯定律（Okun's Law），与增长潜能相符的增长速度，可以达到生产要素的充分利用，因而不会产生周期性失业。

当前经济增长动力转换的过程，就是一个创造性破坏的产业结构升级优化的过程。与此同时，创造性破坏效应也会在新岗位得到不断创造的同时，损失掉相当一部分传统就业岗位。经济史表明，岗位的消失与创造同时发生，是产业结构升级优化的必然结果，而对于进入经济发展新常态的中国来说，更快更剧烈的产业结构变化，也就意味着这样一个岗位的创造性破坏是不可避免的。

在今后相当长的时间里，就业岗位变化有三种情形，可以概括为三种重新配置类型，分别带来相应的挑战。第一，伴随着因生产率和竞争力差异产生的企业新老更替，工人也将经历一个重新配置即转岗的过程，即便这种转岗没有技能变化或产生技能提升的要求，从离开旧岗位到找到新岗位之间，往往存

在一个时滞，这意味着转岗工人将遭遇摩擦性失业。第二，由于从旧岗位到新岗位的重新配置通常是产业结构升级优化的结果，往往对劳动者技能提出更高的要求。由于掌握这些新技能需要培训和学习的时间，具体时间长短因劳动者的人力资本禀赋以及其他人口特征而异，因此，在技能培养期间，劳动者可能处于结构性失业状态。第三，产业结构的升级在导致旧岗位消失的同时，伴随着与相关岗位对应技能的需求减少，乃至相关技能最终被废弃。经济史上此类现象不胜枚举，在新技术革命加速发生的今天，这种现象愈益变得更为普遍。

对此的政策建议包括以下几个方面。首先，没有创造性破坏就没有产业结构升级优化，但是，对劳动者转岗的社会政策托底必须加强。劳动这个特殊的生产要素是以人为载体的，产业、产能、企业甚至岗位，固然需要创造性破坏以实现升级优化，对劳动者却不能简单地丢给市场竞争，采取听之任之的态度。目前农民工占城镇就业比重超过1/3，但在劳动力市场上处于脆弱地位，极少被纳入城镇低保，基本社会保险覆盖率很低，失业保险覆盖率更是只有9.8%。过去农民工以农业作为就业蓄水池，今后将不再可行。而且，农民工返乡带来的逆库兹涅茨化现象，会阻碍生产率的提高，减缓经济增长速度。因此，在推进户籍人口城镇化率加快提高的同时，建议通过降低缴费率大幅度提高失业保险等对农民工的覆盖率。

其次，通过教育和培训加快人力资本积累速度，化解劳动力市场上的结构性矛盾。无论从受教育年限还是从技能来看，中国劳动力的人力资本尚不适应产业结构急剧变革的需要，因此，人力资本积累不应仅仅作为一个长期愿景，更应该是当务之急。目前农民工的受教育程度，尚不足以支撑他们转向这些新岗位，要将其纳入转岗扶持和相应的培训体系。

最后，适应就业岗位的创造性破坏过程，劳动就业统计既要反映新岗位的创造，也应该反映旧岗位的破坏。根据人力资源和社会保障部（2015）公布的数据，2014 年城镇新增就业人数为 1322 万人。但是，这一年全国城乡新增经济活动人口仅仅为 380 万人。很显然，这个新增就业不是净增数，即仅仅统计了岗位的进入，没有统计岗位的退出。另一方面，媒体和一些专家在强调就业压力时，往往依据一些产能过剩或资源枯竭型产业，以及低效企业的岗位破坏，却没有对等地揭示新兴产业和新成长企业的岗位创造。类似的还有新成长企业与退出企业的统计和对照观察等。

（在 2015 年 12 月 7 日李克强总理主持召开"十三五"规划征求意见座谈会上的发言）

中国人口政策变化

——应对"未富先老"挑战

从 2016 年 1 月 1 日，中国开始执行新修订的《计划生育法》，鼓励一对夫妻生育两个孩子，意味着自 1980 年开始实行的"独生子女政策"正式结束了。如果说，35 年前出台的政策是为了应对人口与匮乏的资源、就业机会以及社会福利供给之间的矛盾，这次政策调整，则是着眼于应对中国特有的"未富先老"挑战，长期内实现均衡人口结构、保持经济增长的目标。

在严格实行独生子女政策期间，总和生育率（可简单理解为妇女终身生育孩子数）大幅度下降，从 1980 年的 2.3，下降到 20 世纪 90 年代初的替代水平之下（1992 年为 2.0），进而下降到目前的 1.5 左右。

一方面，迅速的人口结构转变降低了人口抚养比，并使其一直处于下降的过程，劳动年龄人口增长速度快于总体人口的增长。这种人口动态，通过劳动力充足供给、人力资本持续改善、较高的储蓄率和资本回报率，以及农业劳动力转移带来的资源重新配置效率，帮助中国实现了经济的高速增长，兑现了人口红利。笔者的计量分析表明，1982—2009年期间，在10%左右的年平均GDP增长率中，资本积累扩大的贡献率为7.1个百分点，劳动力数量增长的贡献为0.8个百分点，劳动者教育水平提高（即人力资本）的贡献为0.4个百分点，人口抚养比下降的贡献为0.7个百分点，全要素生产率（total factor productivity，或TFP）的贡献为1.0个百分点，而TFP贡献中有接近一半来自于劳动力从农业向非农产业的转移。

另一方面，长期处于低生育水平，终究改变了人口年龄结构，加快了人口老龄化进程。15—59岁的劳动年龄人口于2010年达到最大值，随后进入负增长。更重要的是，中国的老龄化是在较低人均收入水平上达到的，表现为"未富先老"。根据联合国的人口数据，2015年，65岁及以上人口的比重（即老龄化率），世界平均水平为9.79%，不包括中国在内的发展中国家平均为6.23%，中国则高达10.94%。

以劳动年龄人口负增长和人口抚养比由下降转为提高为标志，为中国经济高速增长做出主要贡献的人口红利开始加快消失。由于劳动力短缺和工资成本提高、人力资本改善速度放慢、资本回报率下降、农业劳动力转移减速等因素，我们预测的中国经济潜在增长率，从1978—2010年的10%左右，下降到"十二五"（2011—2015）时期的平均7.6%，预计"十三五"时期（2016—2020）将进一步下降到6.2%。

2014年，中国的人均GDP为7800美元，到2020年全面建成小康社会时，预期达到或接近12000美元这个高收入国家的门槛。不过，以12000美元作为中等收入与高收入国家的分界点，是世界银行2010年时确定的标准。如果届时这个门槛标准提高了，那么中国仍然处在中等偏上收入国家的行列。并且，即使跨越了高收入国家的门槛，距离高收入国家30000美元以上的平均收入水平仍有巨大的差距。

可见，中国既要通过均衡人口结构以及建设社会保障制度，应对"先老"的挑战，也要着眼于保持持续的经济增长，解决"未富"的问题。中国确定的2020年GDP总量在2010年基础上提高一倍的目标，要求中国经济在"十三五"期间实现不低于6.5%的年均增长率。这意味着，仅仅按照潜在增长率增长，不足以完成GDP增长一倍的目标，必须依靠一系列改革，提高经济增长速度，即赢得改革红利。生育政策调整就是其中的一项改革。

全面二孩政策固然体现了"以人为本"（给居民更多生育选择权）和"取信于民"（当年曾承诺独生子女政策为"一代人政策"）的执政理念，归根结底，以提高总和生育率为目标调整生育政策，是一项同时应对"未富"与"先老"挑战的重大举措。继2014年允许一方为独生子女的夫妻生育两个孩子（"单独二孩"政策）之后，中国政府及时全面放开二孩政策，就是希望生育率尽可能向替代水平（2.1）回归。如果能够做到这一点，从长期来看，可以取得积极的效果。

首先，中国的人口老龄化进程可减缓，长期内可以使人口年龄结构更加均衡。根据学者的估算，总和生育率每提高0.1，可以把达到老龄化高峰期时的老年人口比重降低1.5个百分点。虽然人口老龄化终究是不可逆转的趋势，但政策调整可以为中国应对老龄化赢得时间，以做好更加充分的准备。

其次，实行"二孩"政策之后，经过一代人的时间可以增加劳动力供给，降低人口抚养比，从而提高经济潜在增长率。根据笔者的测算，如果总和生育率提高到接近1.8的水平，与总和生育率1.6的情形相比，可在2036—2040年期间收获改革红利，即可以将中国经济的潜在增长率提高0.2个百分点。

正是出于提高生育率的目的，全面二孩的政策不仅仅放宽了生育孩子的数量限制，中国政府还承诺把生育政策调整与提高生殖健康、妇幼保健、托幼、学前教育和生育休假等公共服务的供给水平结合起来，努力使符合"二孩"政策的人群能够愿意生和方便生，进而有能力生养第二个孩子。不过，中国经济的长期持续增长并不能把宝全部押在生育率提高上面，毕竟，生育率随着收入水平的增长而下降，是世界性的规律。所以，长期发展的支点，最终还是要放在转变经济发展方式和增长动力上面。

（原载《日本经济新闻》2016年1月29日）

中国面临的人口问题挑战及应对策略

许多东亚国家和地区都经历过相似的发展历程，即第一步在较短的时间内走完了西方工业化国家花更长时间才完成的人口转变；紧接着充分利用人口红利，实现了较快的经济增长赶超，大幅度提高了人均收入水平；随后也较早迎来了人口老龄化及其所导致的经济增长减速。中国正面临着相同的挑战，只是这一挑战来得更早，突出表现为"未富先老"。本文将解说中国人口变化及其对经济增长影响，阐释政府政策变化趋势，展望中国经济社会发展前景。

一　中国面临的"未富先老"挑战

把经济增长与人口转变结合起来观察，中国在过去的十年中经历了两个重要的转折点。第一个转折点即刘易斯拐点发生在 2004 年，表现为劳动力短缺现象出现并持续存在，相应的，普通劳动者工资快速提高。例如，在2004—2014年期间，农民工实际工资年平均增长率为11%，快于GDP增长率。这也就意味着工资上涨已经快于劳动生产率的提高速度，单位劳动成本（unit labor cost，即工资与劳动生产率之比）相应地加快提高，制造业比较优势下降。2004—2013年期间，单位劳动成本平均增长率，中国为5.3%，德国、韩国和美国分别为0.7%、1.3%和0.1%，日本在2004—2011年期间则为−2.9%。作为结果，虽然中国的单位劳动成本仍然明显低于这些高收入国家，例如，中国单位劳动成本2013年仅为德国同年的29.7%、韩国的36.7%和美国的38.7%，以及日本2011年的48.7%，但是，中国正在与这些国家迅速趋同。

第二个转折点即人口红利消失的转折点发生在2010年，以15—59岁劳动年龄人口总数达到峰值，此后转入负增长，以及人口抚养比从下降转为提高为标志，劳动力进一步短缺，人口老龄化加速推进。与此相关的因素导致中国GDP的潜在增长率突然下降，根据我们的估算，如果没有改革带来新的经济增长源泉，中国经济的潜在增长率会从1978—2010年期间的平均10%左右，下降到2011—2015年期间的平均7.6%，并且将进一步下降到2016—2020年期间的平均6.2%。

有分析家认为不应该过高估计劳动力供给对经济增长的影响。其实，从经济学原理和经济发展经验来看，这里的关键在于，劳动力无限供给特征消失，从而导致劳动力短缺、人力资本改善减慢、资本回报率下降、全要素生产率（total factor productivity）减速等会造成潜在增长率下降的因素。也有人以中国劳动力总量庞大、劳动年龄人口比重仍将保持较高为由，否定人口红利的消失。但是，这种分析忘记了经济增长指的是产出的增量和变率（符号），而不是经济规模本身。因此，劳动力总量或劳动年龄人口比重的绝对数并不重要，重要的是其变化方向。

必须看到，中国的生育率下降及其导致的不利于经济增长的人口年龄结构变化，是在人均 GDP 水平尚处于较低水平时发生的。根据联合国的人口预测数据，2015 年，65 岁及以上人口的比重（即老龄化率），世界平均水平为 9.79%，不包括中国在内的发展中国家平均为 6.23%，中国则高达 10.94%。面对这种"未富先老"的特殊国情，中国必须从两个方面应对挑战，一是深化经济体制改革，提高潜在增长率，解决"未富"的问题；二是调整人口政策和健全社会保障等相应制度，采取行动积极应对人口老龄化，解决"先老"的问题。

二　恰当认识生育政策调整的预期效果

中国政府在 1980 年正式宣布实施一对夫妻生育一个孩子的"独生子女政策"，直至 2016 年修订了"计划生育法"，开始实施一对夫妻可以生育两个孩子的政策。正是在这两个时间点之间的 35 年里，中国经济社会发展发生了翻天覆地的变化，使今天调整“独生子女政策”成为水到渠成的事件。总和生育率（total fertility rate 或 TFR，妇女平均生育孩子数）从 1980 年的 2.3 下降到 1990 年代初的替代水平之下（1992 年为 2.0），进而下降到目前的 1.5 左右。甚至有的学者认为中国的总和生育率只有 1.4，与日本大体相同，处于世界低生育率国家的行列。

因此，调整生育政策，提高总和生育率，从长期来看有助于减缓人口老龄化进程，甚至在一代人之后可以在一定程度上增加劳动力供给，降低人口抚养比，提高经济潜在增长率。根据中国学者的估算，总和生育率每提高 0.1，可以把达到老龄化高峰期时的老年人口比重降低 1.5 个百分点；如果总和生育率提高到接近 1.8 的水平，与总和生育率 1.6 的情形相比，可在 2036—2040 年期间将经济潜在增长率提高 0.2 个百分点。

不过，国内外关心人口问题的人们较多地关注人口生育政策本身，而忘记了每一次政策制订的特殊背景，忽略人口问题是一个复杂的、多维度的现象，因而容易得出过于乐观或者过于悲观的结论。

例如，有人认为，允许一对夫妻生育两个孩子的政策虽然“千呼万唤始出来”，而一经实施，中国的人口问题可以迎刃而解。但是，这个观点很可能过于乐观。2014 年，作为生育政策调整的一个步骤，中国允许夫妻双方有一方是独生子女的家庭生育第二个孩子，符合这个要求的家庭全国约有 1100 多万。在该政策实施一年多以后，提出生育二孩申请的只有 169 万对夫妻，只占符合条件家庭数的 15.4%。据调查，符合一对夫妻生育两个孩子条件的家庭数大约是 9000 万，如果按照 15.4% 的生育概率，由于政策调整而多生育的孩子数仅为 1386 万，如果分散在 3 年的时间里出生，每年平均只有 462 万。

总体而言，政策调整的效果在 2018 年以后就不那么明显了。事实上，中国政府因应人民群众的意愿，适时调整生育政策，固然是希望能够产生从长期看可以使人口发展更加均衡的效果，但是，为了应对"未富先老"挑战，中国政府绝没有把宝全部押在一个生育政策上面，而是从经济战略和社会政策上做出了全方位的部署。

三　实施积极应对"未富先老"战略

中国积极应对"未富先老"的战略，与迈向 2020 年全面建成小康社会的决胜阶段任务是完全一致甚至是合二为一的。已经部署实施的政策和改革方案，立足于应对人口问题和经济增长问题双重挑战，着眼于实现人口长期均衡和经济可持续增长。因此，对中国的发展持悲观观点也是没有依据的。

首先，中国领导人认识到经济增长减速，是作为发展阶段变化结果的新常态，主动放弃实施多年并且行之有效的、建立在人口红利基础上的、以生产要素投入作为驱动力的经济发展方式，加快转向通过供给侧结构性改革，创造以全要素生产率提高为主的经济增长动力源泉，转向创新驱动的经济发展方式。我们的研究表明，一些领域的改革，不仅不会导致经济增长减速，反而可以预期产生明显提高潜在增长率的效果，即给中国经济带来改革红利。

首先，中共十八届五中全会要求加快户籍人口城镇化率，到 2020 年使具有城镇户籍的人口比重达到 45%，即该比重每年提高 1.3 个百分点，每年机械增加城镇户籍人口 1600 万。为达到这个目标必须加快户籍制度改革，而这项改革可以带来立竿见影、一石三鸟的效果。一方面，可以稳定农民工在城镇的就业，提高他们的劳动参与率，缓解劳动力短缺和工资上涨压力，延长人口红利。另一方面，清除农业劳动力转移的制度性障碍，保持这个过程带来的资源重新配置效率，从而提高全要素生产率。上述两个方面都具有从供给侧提高潜在增长率的明显效果。此外，户籍制度改革还可以激发数以亿计农民工的消费潜力，刺激国内消费，从需求侧拉动经济增长。

其次，中国政府着眼于从社会保障等社会政策入手，提高社会养老保险制度的覆盖率和保障水平，并创造条件促进高龄劳动者就业。迄今为止，中国在职工基本养老保险制度之外，先后又建立了新型农村社会养老保险制度，使社会养老保险覆盖了农村老年人，以及城镇居民社会养老保险制度，使社会养老保险覆盖无就业者和非正规就业者，实现了较高的制度覆盖率。下一步，将着眼于提高对城乡全体居民的实际覆盖率，实现各种制度的可携带性和相互衔接。

中国政府同时拟定了提高老年人劳动参与率的目标（延迟退休年龄）与实现这个目标的手段（渐进式）。由于中国劳动年龄人口的受教育程度与年龄具有反比关系，即年龄越大的劳动者受教育程度越低，在劳动力市场上的竞争力也越弱，他们的实际退休年龄事实上还显著低于法定退休年龄。所以重要的是通过教育、培训和就业政策调整，显著提升大龄劳动者群体的就业能力，提高实际退休年龄。因此，当前的政策着眼点不在于制订一个延迟法定退休年龄的时间表，而是针对大龄劳动者的人力资本特征，实施一个改善就业环境、增强就业能力，从而提高实际退休年龄的路线图。

（原载《日本经济新闻（电子版）》2016 年 2 月 18 日）

如何延续中国经济奇迹？

我国在改革开放以来的三十多年里，实现了年平均9.8%的国内生产总值（GDP）增长率，在世界上一枝独秀。与此同时，人均GDP和城乡居民收入的提高幅度也堪称奇迹。在1978—2013年期间的35年里（按照20世纪80年代初的平均预期寿命算，相当于一个人的半生时间），人均GDP实际增长了17倍多，超过历史上任何国家增长最快时期一代人经历过的生活水平改善幅度。例如，在发达国家历史上增长最快的时期，平均来说，一个人终其一生实现的生活水平改善程度，英国只有56%，美国为大约一倍，日本为10倍。难怪美国经济学家萨默斯感慨道：300年之后的历史学家，一定不会忘记大书特书这一史无前例的中国奇迹。

国内外学者在探讨中国奇迹之谜时，曾经举出这样那样的因素，如市场取向的改革、有所作为的政府、收获人口红利、拥抱经济全球化，等等。这些因素无疑在非常大的程度上可以解释中国奇迹，放入经济增长定量模型中分别具有一定的显著性。不过，列举种种解释变量的办法不仅过于学究气，往往也失之于碎片化。用更为概括的方式来说，中国经济奇迹来自于改革开放创造出的一个包容式的发展。诚然，目前收入分配不均等现象还很严重，城乡居民之间在收入和基本公共服务供给方面的差距仍然很大，甚至按照每天收入 1.25 美元的国际标准，还存在着 2 亿左右的贫困人口，所以，还不能说做到社会全体成员均等地从经济增长获益。然而总体而言，迄今为止我国在经济增长方面取得的成功，的确是包容性发展的结果。

人口众多是中国最大的国情，人力资源丰富也是中国最大的优势。我国的改革从农村实行家庭承包制开始，就是着眼于解放劳动力，从内涵和外延两个方面分别提高了劳动积极性和资源配置效率。从"以粮为纲"到农林牧副渔全面发展，从"离土不离乡"到进城务工经商，正是以这种人力资源全面参与改革开放的模式，经济增长和收入提高都取得了前所未有的奇迹速度。根据笔者及同事的定量分析，改革开放以来，非农产业就业比重从 1978 年的 29% 提高到 2013 年的 78%，务农劳动力比重则相应从 71% 下降到 22%。农业剩余劳动力的转移伴随着农民收入的提高和资源配置效率的改善。35 年来的高速经济增长，84% 的贡献来自于这种参与或包容水平的提高，包括劳动力增长、人力资本积累、劳动力从农业向非农产业转移的资源重新配置、人口抚养比下降带来的高储蓄率以及劳动力丰富延缓了资本报酬递减，等等。

进入"十二五"时期以来，随着劳动年龄人口开始负增长，人口抚养比显著提高，人口红利逐渐消失，经济增长从高速转入中高速的新常态，如何通过改革获得有利于经济增长持续稳定的新红利，成为从经济学家到老百姓热议的话题。对于深刻认识和主动适应新常态来说，包容性发展的"中国故事"仍然有着重要的启示意义。在选择改革的重点突破领域时，只有围绕解决好人民群众反映强烈的问题，回应人民群众的呼声和期待，破除制约市场主体活力和要素优化配置的障碍，才能充分发挥经济体制改革的牵引作用。因此，更加充分的就业、更加均等的基本公共服务供给，以及更具分享性的收入增长，既是人民群众最为期待的发展目标，也是有利于保持经济增长可持续性的重点改革任务。

人力资源仍将是我国未来发展的最大优势。对潜在的改革红利进行分析可见，增加劳动力供给、扩大人力资本积累、提高生产率和均衡人口发展，既能够产生立竿见影的稳定增长效果，也有利于经济发展的长期可持续，还可以进一步提高发展的包容性，在相关的领域推进改革可以获得显著的制度红利。这方面的改革涉及诸多领域，如旨在推进农业转移人口市民化和基本公共服务均等化的户籍制度改革，提高劳动者素质的教育和培训体制改革，渐进提高退休年龄的改革，以及生育政策的逐步调整，等等。笔者的具体估算表明，上述改革如能以适当的节奏及时加以推进，在 2030 年之前可以把 GDP 的年均增长速度提高 1 个百分点，在 2030 年之后则可以把年均增长速度提高 1.7 个百分点。

　　仅以户籍制度改革为例。目前有 1.7 亿农民工已经稳定地在城镇就业和居住，还有约 1 亿农民工在本乡镇内从事非农产业，一旦获得城镇户口和均等化的基本公共服务，总体而言，他们就不再因经济波动而周期性返乡，也不再因家庭原因而永久性退出城镇劳动力市场，非农产业的劳动力供给将更加充分。这种更具包容性的新型城镇化将继续吸引农村劳动力的增量转移，保持资源配置效率不断得到提高，为经济增长增添新的动力。而充分且稳定的就业、不断提高的收入和均等享受的社会保障，将进一步释放包括新市民在内的全体居民的消费潜力，可以使宏观经济的需求结构更加平衡，促进新的经济增长点的形成。总之，坚持把包容性贯穿在改革和发展中，可以让中国经济奇迹得以延续，如期实现中华民族伟大复兴的"中国梦"。

　　（2015 年 5 月 20 日在中国记者协会、全国三教办举办的第 68 期"记者大讲堂"的演讲）

如何使新型城镇化成为新常态下
经济增长新引擎

2015 年的《中国城市发展报告》以"'十二五'回顾与'十三五'展望"为主题，总结了中国城镇化和城市发展各个领域在"十二五"阶段取得的成就和存在的问题，分析了新常态下中国城镇化和城市发展的形势和趋势，提出了"十三五"期间通过创新驱动实现城市全面转型的总体思路和对策。

该报告指出，"十二五"期间，中国的城镇化率实现了两大重要突破，一是中国整体进入城市型社会阶段，二是中国城镇化率超过世界总体水平，并以高于世界平均速度快速推进。同时，城镇化和城市发展取得了很多实质性进展，比如，城镇化的区域差距逐步缩小、城市群的载体功能日益显著、城乡一体化水平逐年提高等。但城市发展在经济增长方式、社会矛盾、环境污染等方面依然问题突出。这些现状和问题都总结得比较到位。此外我还要指出，常住人口城镇化与户籍人口城镇化是不同的，前者还有排斥性。54%与37%相比说明，至少还有17%的人口属于"被城市化"，有名而无实。

借此机会，我也想以"如何使新型城镇化成为新常态下经济增长新引擎"为题，谈几个关于城镇化的认识。重点强调三个"新"字，即解读新型城镇化新在哪儿，如何与"新常态"相对接，什么是增长"新"引擎。

新常态核心是讲增长从高速转向中高速，增长质量和产业结构进入中高端。减速或者转速的原因是三期叠加，新型城镇化新就新在化解而不是强化这三期叠加。换句话说，如果实现不了中高端，中高速也难以保得住。所以，城镇化不能走老路。第一，要认识到增长速度换挡的必然性，宁可低速度也坚决不再依靠传统增长动力。许多研究表明，保持中高速，全要素生产率贡献须大幅提高。第二，接受结构调整的阵痛，推动而不是延缓发展方式转变。没有阵痛就说明创造性破坏机制没有发挥作用，就不会有产业升级优化。第三，消化前期刺激政策而不是在深层次矛盾上火上浇油。也就是说，不能再以产业为核心推动城镇化。

为此，城镇化理念和政策要做深刻调整。新型城镇化的精髓是什么？我们的知识存量告诉我们，城市化的核心是集聚效应、规模经济。然而，这个理念要与时俱进。当代社会，城镇化不再是传统意义上的产业集聚、人口集聚，甚至不能简单地看作是经济活动集聚，而更主要是创造力的集聚。保罗·罗默曾经修改过全球化的定义，说全球化的核心是创意的国际范围流动。我们也依此修改城市化的定义。这个以创造力为核心的集聚效应，对于我们应对当前面临的挑战十分重要。

首先，创造力的集聚不会造成产业依赖和资源枯竭。讲到经济发展的资源依赖型和资源枯竭型，不仅仅指自然资源如矿产，也不仅仅指重工业，而是任何单一的产业结构都可能造成的现象。例如，讲到新东北现象时，有媒体报道说现在"傻大黑粗的能源、钢铁和传统装备制造业遭受严重冲击，但信息技术和医药健康等新兴产业逆势上扬"。但是，"傻大黑粗"曾几何时也构成国民经济重要基础，也曾经被当作要振兴的产业。新兴产业永远是因时因地而变化的。经济发展对人力资本、创意和创造力的需求则永远不变。

世界经济史表明，各国都有过以产业为核心的城市化，但特定发展阶段过去后，最终都要付出代价，都要经历痛苦的转型，其中有成功的也有不成功的。我们面临的问题并不必然意味着过去错了，但一定意味着转型是必须的。转型是针对存量，但前提是不能再有增量了。所以，当我们说新型城镇化是新的增长点时，绝非意味着以产业推动来利用这个增长点。

其次，以创造力为核心的城市化不是排斥性的。创意要靠各种人才将其转化为产业、工艺、产品和消费品，创意要专心致志，得益于劳动分工。所以，以学历、职称、技术等级限定城市人口发展，本质上是不利于城市创造力培养的。创造力不是少数精英圈子内的产物，而是社会化分工的结果。放眼看去，世界上最富有创造力的城市，无一是排斥普通劳动者和低学历者的。农民工及其子女是未来创造力，是可持续增长的主要来源，他们的市民化也能够促进社会流动和公平正义。

然而，城市管理能力是需要学习的，不可能一蹴而就。所以，城市发展到了一定规模时，本来或许还有规模经济潜力，即可以继续扩大，但是，城市管理能力的制约使得城镇化红利提前出现报酬递减现象。这时，为了避免城市病，需要把握一下特大城市发展的节奏，农民工市民化进度或许比其他类型的城市稍微慢一些，但是这样做的目的是给出时间，以便使管理水平与城镇化保持一致，不能以此为由不推进农民工市民化，停止这些特大城市的发展。

最后，创造力是未来全要素生产率的源泉。以前的全要素生产率提高，很大一部分来自于资源重新配置，如劳动力从农业转移到非农产业。但是，农业劳动力比重目前已经降到20%以下了，农村常住人口中16—19岁人口2014年也达到峰值，相应的，农业劳动力转移进城的速度必然减慢，2015年外出农民工的增长率仅为0.4%。随着这个生产率源泉的式微，全要素生产率的提高越来越依靠创业、创意和创新。如果不能开发出这个生产率新源泉，就没有经济增长新引擎，也就谈不上引领新常态。

找出必要的政策调整关键点，以及旨在获得立竿见影红利的改革，其实一点都不难。那就是户籍制度改革及其配套的基本公共服务的加强和均等化。这个改革内涵十分丰富，潜在红利巨大且长远，具有明显的正外部性。因此，中央政府既要进行顶层设计，督办推动，也应该为其关键环节的推进而埋单，安排好各级政府分担新型城镇化成本，分享新型城镇化红利。

（在 2015 年 9 月 29 日《中国城市发展报告》发布会
暨中国城市发展转型高层论坛上的演讲）

建立成本分担机制　冲破既得利益藩篱①

中国社会科学院副院长、学部委员蔡昉接受记者采访时表示，当前的经济减速主要是由于潜在增长率下降，所以不宜从需求方进行刺激，追求超越潜在增长率的经济增速。但是，通过深化改革可以提升潜在增长率，这是应对"未富先老"、避免中等收入陷阱的唯一出路。当前的改革不可避免会触及既有利益格局的调整，应建立一套比较好的成本分担和收益共享机制，降低改革阻力，冲破既得利益藩篱。

蔡昉认为，深化户籍制度改革的效果如果能够立竿见影，"十三五"时期年均经济增速仍可望达到7%以上。尽管当前劳动力市场供给不足，但政府应未雨绸缪，着力提升农民工的人力资本，以避免出现经济转型过程中的结构性失业攀升。

---

① 《中国证券报》记者顾鑫采访稿。

一　人口红利消失潜在增长率下降

记者：三季度 GDP 同比增长 7.3％，创五年来新低，有观点认为增速探底的过程还未结束。您怎么看当前的经济减速？

蔡昉：中国目前正在经历从经济奇迹到常规发展的重大转变，年均增长率10％的年代已经一去不复返。有人认为经济新常态就是增速从两位数或者接近10％降到 7.5％左右，而实际情况应当不是一个新静态而是一个新动态，即潜在增长率的逐步下降。

大部分决策者、经济学家和观察家对于中国经济增长减速已经基本形成一个共识，认为这是长期、结构性现象，而非短期的冲击现象。国际经验也表明，高速增长的经济体终究要经历一个减速的过程，进入常规增长阶段。从理论上看，实际经济增长率受到潜在经济增长率的约束，即当前生产要素的供给、劳动生产率、全要素生产率等因素决定的合理经济增长速度，就像一个年轻人可以跳得很高，而岁数大了以后就很难再能跳到原来那么高。

根据我们的测算，"十二五"期间的平均潜在增长率为7.6％，"十三五"期间的潜在增长率为6.2％。在过去的两三年里，中国经济实际增长率在 7.7％左右，与潜在增长率恰好匹配，未来的经济增速还要往下行，甚至有一天降到3％都有可能，这是因为越是发达的经济体，越是没有任何额外红利和后发优势，增长越要依靠技术进步和生产率的提高。

记者：过去三十多年，中国经济持续高增长，如何理解中国潜在增长率的变化出现在当前这个时点？

蔡昉：过去三十多年来中国经济增长是强供给与强需求的组合，高潜在增长率与日益增长的需求共同导致改革时期的高速实际增长率。这看起来与资本的边际报酬率递减规律相矛盾，原因主要是存在充分的劳动力供给，即存在一个二元劳动力市场，在农村存在大量的剩余劳动力，可以源源不断提供给工业部门。

但是，这一情况在 2004 年出现了转变，中国经济跨越了刘易斯拐点，即中国劳动力市场从二元结构逐渐转向新古典类型，剩余劳动力显著减少，与此相联系的是"民工荒"现象的出现。在 2010 年则进一步地迎来了人口红利拐点，当年的人口普查显示 15—59 岁的劳动年龄人口达到峰值，并从 2011 年开始持续减少，而人口抚养比则由下降转为提高。

人口红利的消失导致普通劳动者的短缺和工资持续上涨，制造业生产成本大幅度提高，传统比较优势趋于丧失。更重要的是，由于劳动力不再是无限供给，资本报酬递减现象已经发生，投资回报率显著降低。而农业剩余劳动力的逐渐减少，也将减缓劳动力资源重新配置，从而缩小了生产率提高的空间。

记者：既然劳动年龄人口出现下降，没有新增劳动力，为什么每年仍有上千万的新增就业？

蔡昉：这实际上是统计上的重新归类，过去城镇就业统计并不包括农民工，但现在被逐步纳入其中了。在城镇就业中，农民工的占比已经达到了约35％。

记者：有观点提出，应当从需求的角度来理解中国经济的减速，如房地产投资增速的下降导致经济增速放缓，应加大基建投资力度，对冲经济下行压力，您怎么看？

蔡昉：许多经济学家的政策建议从需求方提出，有的强调投资，有的强调消费。这些观点从理论上而言都是正确的，但是就中国目前以及长期面临的问题而言，还缺乏针对性。应当把潜在增长率与短期周期冲击相结合，解释中国不同时期的经济增长与宏观经济情景。导致当前经济增长减速的是供给方因素而不是需求方因素。

在潜在产出能力降低的情况下，如果人为刺激起旺盛的需求因素，则会导致实际增长率超越潜在增长率，很容易产生通货膨胀、产能过剩，甚至泡沫经济等恶果。日本经济"失去的二十年"给我们的教训是，实施扩张性宏观经济政策和刺激性产业政策会导致超过实际需求的货币增长流向股票市场、房地产、海外资产收购及其他虚拟经济领域。当前，虽然我国实施了一些"微刺激"措施，但总体上政府保持了定力，这来自于没有明显的就业压力。

二　消除抑制潜在增长率的制度性障碍

记者：一些人认为，人口红利的消失伴随着"未富先老"和跌入中等收入陷阱的风险，应如何认识这种风险？

蔡昉：中国陷入中等收入陷阱的可能性是存在的，但如果选择了正确的应对之道，则完全可以迅速走进高收入国家的行列。

按照十八大确定的目标，中国要实现在 2010—2020 年间 GDP 总量翻一番，考虑到这一期间人口增长率大约每年为 0.3%，如果 GDP 每年增长 7.3%，按照可比价格计算，到 2020 年人均 GDP 为 8764 美元，届时，中国仍然是一个中等偏上收入国家。如果在这以后经济增长明显减速，则会使中国在中等收入阶段滞留较长时间。一旦一国在中等收入阶段徘徊时间过久，以致长期未能逾越这个进入高收入国家的门槛，则可以认为其落入了中等收入陷阱。

经历过中等收入陷阱风险的国家的经验还表明，与停滞的经济增长相伴而存在的资源分配和收入分配严重不平等，造就了既得利益集团，他们竭尽全力要维护这个有利于自身的分配格局。如果各种生产要素不再是按照生产率最高原则配置，而是按照既得利益最大化原则配置，则会进一步导致收入分配恶化和发展停滞，国家不仅不能摆脱中等收入陷阱，甚至可能退回到低收入国家的组别中。

记者: 推进新一轮改革、释放改革红利是否可以理解为您所说的正确的应对之道?

蔡昉: 是的。"中等收入陷阱"只是一种风险,我们可以通过改革使得发展更快一些。我们不能追求超越潜在增长率的经济增速,但是,通过深化改革,潜在增长率是可以提高的。这是中国经济突围的唯一出路。

我们的测算表明,如果在2011—2020年期间,每年把劳动参与率提高1个百分点,可以把潜在增长率提高0.88个百分点,如果年均全要素生产率增长速度提高1个百分点,可以把潜在增长率提高0.99个百分点。而通过生育政策调整把总和生育率提高到接近1.8的水平,则可以在2030年之后显示效果,潜在增长率可以提高大约10%—15%。

记者: 通过深化改革提升潜在增长率的逻辑是什么?哪些领域的改革亟待推进?

蔡昉: 改革是要消除抑制潜在增长率的制度性障碍,包括户籍制度对劳动力供给潜力的制约、现行投融资体制对投资效率改进的制约,以及中小企业和民营经济遇到的融资瓶颈导致的对全要素生产率提高的制约等。通过推进改革拆除这些制度障碍,可以立竿见影地提高潜在增长率。具体而言,户籍、收入分配、金融、土地、混合所有制、财税等领域的改革亟待推进。

记者：如果考虑到改革红利释放的因素，对于"十三五"潜在增速的预测是否可以提高一些？

蔡昉：当然。仅仅把户籍制度改革做好，就可以把潜在增长率提升1—2个百分点。这是要优先推进的改革领域。

记者：有观点认为，改革也可能会伤害经济增长，您怎么看？

蔡昉：改革与增长并不是非此即彼、此消彼长的关系。有观点提出，中国的改革任务与经济增长速度之间存在一种替代关系，为了推动改革必然要牺牲增长速度。有的媒体甚至称中国的改革是"抑制增长型"的。但是，这种唱衰中国的言论未必就会成为现实，实际上，历来就不缺乏唱衰中国的人。也有严肃的研究认为，中国的改革可以长期获益，短期仍然会影响增长速度。这也不尽然，关键在于选择哪些领域率先突破，还要选择合适的改革路径，建立改革激励相容的机制，从而坚定改革决心、达成改革共识。

记者：改革要啃硬骨头，如何才能建立激励相容的机制，顺利推进改革？

蔡昉：不可否认，改革面临如何打破既得利益格局的问题，一些企业和部门可能会消极观望，甚至试图阻碍必要的体制改革，这会阻碍经济的可持续增长，最终造成更严重的减速甚至经济增长的停滞。因此，必须突破显性和隐性既得利益集团的阻挠，推进重要领域的改革。

推进改革需要勇气，更需要智慧。过去的改革方式是"帕累托改进"，即让一部分人获益而其余的人没有受损，这种改进大家都会欢迎。新一轮改革则肯定要触动一些既得利益，让一部分人分担改革成本。如果改革的整体收益大于改革成本，则可以形成"卡尔多改进"，即顶层设计者可以利用部分改革收益来补偿改革中的受损者。如果有一套比较好的成本分担和收益共享机制，那么推进改革的阻力应当会大为减小。

三　户籍制度改革能够一石三鸟、立竿见影

记者：可否具体阐述一下户籍制度改革的影响？应着力推进哪些方面的工作？

蔡昉：户籍制度改革是一石三鸟、立竿见影的改革。从供给角度看，户籍制度改革能够稳定农民工的劳动力供给，从而提升劳动参与率和潜在增长率。同时，剩余劳动力向生产率较高部门的转移可以取得资源重新配置效率，进而提升全要素生产率。这已经打了两只鸟，从需求角度看，还有第三只鸟，即更加充分的就业可以改善收入分配，农民工如果获得更加均等的基本公共服务，没有了后顾之忧，则可以像市民一样消费，从而改善我国的需求结构。

户籍制度改革应当在以下三方面取得突破。第一，把以户籍人口为统计基础的城市化率作为指导性规划下发给地方政

府，分人群有条件地设定完成改革的截止期，到 2030 年前，大体上使完整意义上的（户籍）城市化率达到 70%。第二，明确区分中央和地方在推进户籍制度改革中的财政责任，建议由地方政府为社会保障和最低生活保障等生活救助项目中补贴部分埋单，而中央政府承担全部各级义务教育责任，这样也可以同时解决长期存在的义务教育在地区之间和城乡之间的不均衡问题。第三，对于尚未纳入市民化时间表（即增量部分）的农民工及其家庭，地方政府有责任尽快为其提供均等化的基本公共服务。大体上，均等化的顺序应依次为：基本社会保险、义务教育、最低生活保障和保障性住房。其中，基本社会保险按顺序包括工伤保险、养老保险、医疗保险、失业保险和生育保险。

记者：户籍制度改革与新型城镇化密切相关，强调以人为核心，实质是要推动农民工市民化，可是各地几乎一致认为成本太高，怎么办？

蔡昉：对于农民工市民化的成本，从 10 万元到 30 万元，有着各种测算结果，可是，在看到成本的同时，更要看到收益。从有利于经济增长的角度来看，农民工市民化有利于保持农业劳动力转移的速度，基本公共服务的均等化将减缓工资的持续快速上涨。过去 10 年中，农民工工资的实际提高速度达到 12%，并呈继续攀升的趋势。虽然一定的创造性破坏是需要的，但如果工资过快上涨导致死掉的企业太多，并伤害经济，反而会在不久的将来伤害就业，社会可能承受不起。当前，经济增速放缓，企业本来就面临盈利压力，工资上涨过快导致企业没有足够的时间进行必要的调整和应对，也不利于技术结构和产业结构升级。

解决企业成本上升和普通劳动者和低收入家庭收入提高之间的矛盾，应该从各项公共政策改革入手，特别是其中的户籍制度改革和基本公共服务的均等化。换句话说，长期看，改善普通民众的生活质量，必须实现基本公共服务的全面覆盖，而这是政府的责任。所以，推进改革意味着政府承担更多的责任和成本，而企业一方面按照市场规律逐年提高工资，同时又不会陷入"过早死"的境地。我作为研究者，出发点和着眼点是全体城乡居民的长期生活水平改善，而这有赖于经济健康发展和产业结构有节奏调整。

政府已经看到了农民工市民化的账本，并提出了探索农民工市民化的成本分担机制，政府、市民、企业、农民工都来分担这个成本。如果我们能够算出改革存在红利，而这个红利并不为地方政府全部获得，中央政府是总体改革红利的收取者和分配者，那么下一步，则应当进一步明确在各级政府之间如何分担改革成本，这样可以把改革变得更加激励相容。

记者：户籍制度改革方案已经出台，其中提出严格控制特大城市人口规模，这意味着人口流入特大城市依然有一定的障碍，您怎么看？

蔡昉：我希望把少数特别的特大城市定义出来，比如北、上、广，就够了，这些城市的大城市病比较突出，可以暂时另当别论。但不要把太多的城市当做特例。如果 500 万甚至 1000 万以上人口的城市都作为户籍制度改革的例外，就大大削弱了改革的意义和效果。其实，小城镇的户籍制度改革早在 2001 年已经推出，但是政策效果较差，没有什么人记得，因为小城镇缺乏就业岗位，公共服务质量也较差，没有人愿意去，人们真正看重的是有发展机会的、预期能够发展得更好的大城市。

记者：为应对人口红利拐点，单独二孩政策已经放开，对于下一步生育政策的调整，您有什么建议？

蔡昉：我国的计划生育政策是 1980 年开始实行的，当时说 30 年后情况发生变化可以采用别的方式或者政策。"情况发生变化"就是指生育率显著下降，现在已经具备了改变政策的条件。建议在全国分步实施全面放开"二孩"，我希望看到两三年内这一政策能得以实施。

四 警惕短期就业冲击助长结构性失业

记者：尽管经济增速放缓，可就业指标仍比较健康，因而政策能够保持定力。是否可以认为，即使不通过改革提升潜在增长率，对于就业仍不必担忧？

蔡昉：从短期看，劳动力市场确实存在供给不足的问题。

人们常说"经济下行"导致"就业压力"，这完全是习惯性说法，想当然而已，并没有统计数据予以支持。现在调查失业率稳定在5%的水平，减去约4.1%的自然失业率，可以得到周期性失业率不足1个百分点。我们的一项调查显示，城镇调查失业率比官方数据更低，甚至有可能目前完全不存在周期性失业，这是因为当前我们面临的经济下行压力并不是经济周期问题。从实际情况看，劳动力市场最主要的表现还是招工难，最近一两个季度大学生的结构性就业难也出现了一定缓和。

不过，短期不存在就业压力并不意味着长期没有就业风险。劳动力市场的需求太旺盛会导致学习和接受教育的意愿降低，高技能和低技能工人工资的趋同意味着教育的回报率下降，转换成老百姓的反应就是读书无用论，农村家庭很多不愿意孩子上大学了，因而也就没必要读高中了，有的孩子甚至9年义务教育尚未结束就辍学了。未来，产业结构升级速度会越来越快，第二产业资本密集型岗位和第三产业技术密集型岗位会要求更高的受教育年限，农民工必须在现在的基础上，提高两年至四年的教育水平才能满足需要。"百年树人"并不仅仅是个比喻，过去20年，中国教育经历了普及九年义务教育和高校扩招，但全部成年人的受教育年限仅提高了2.7年。如果不能未雨绸缪，将来遇到的问题会很严峻。

当前，与政策刺激相关的行业尤其是基建类行业的农民工就业较为集中，但这些行业面临着产能过剩甚至泡沫的风险，将来很多人会面临周期性失业，而欧洲的经验显示，周期性失业接下来就会转变为结构性失业，如西班牙的建筑行业在20世纪90年代得到大发展，年轻人受教育积极性降低，结果金融危机和债务危机相继爆发，即使其他行业有所恢复，但是由于劳动者素质不能适应，导致高达50%的青年失业率。让农民工自己预见这个问题并不现实，政府要替他们着想，通过加大教育投入提升其人力资本。

记者：是否可以理解为，以就业为名进行的政策刺激可能会带来更大的就业问题？

蔡昉：由于目前没有明显的周期性失业，政策刺激产生的就业会产生过犹不及的效果。结构性的就业问题是存在的，也需要积极应对，但不能靠总量政策来解决。

记者：有媒体报道称，在高等教育改革方案中，将有600多所国家普通高等院校转向职业教育，转型的大学本科院校正好占高校总数的50%。这能否有效应对当前的大学生结构性就业难题？

蔡昉：很显然，这是要应对大学生就业难问题。这种做法可以尝试，但是否要有这么大的动作，值得商榷。一个这样做的理由或许是：职业技术学校的学生与大学生相比，就业率要高得多。但是从两方面看，这两者之间是不可比的。一方面，读职业教育的学生就业预期入学时已经定位了，即就是要做一个熟练工人，就业自然不会差。而普通高校的学生定位是更有创造性的岗位，与目前产业结构有一定矛盾，但未来呢？我们不可能永远是产品的制造者。另一方面，学职业教育的学生往往只是把职业学校当成一个职介单位，现实中很多企业招不到工人的时候就大量使用职业学校的学生，有些工人还不到就业年龄，给的工资并不高，其中相当大的比例还被学校拿走了，所以职业学校的学生并不一定就拥有了很好的技能。

从国外经验看，有些国家如德国依靠职业教育立国，但是其制造业是从几个世纪前就开始发展，并缓慢向前进步，技能相对稳定。但是，中国的产业结构处在一个迅速变化的过程中，技能随着产业结构升级而不断更新的变化速度是我们难以预料的。换句话说，如果普通大学难以实现与劳动力市场的有效衔接，谁能保证职业学校能够做到这一点呢？因为我们都无法预期未来劳动力市场的技能需求。在这种情况下，应当更侧重通识教育，教给学生就业的软技能，掌握学习新技能的能力和知识。所以从长期来看，普通大学比职业学校的就业风险要小得多。日本也出现过类似我们今天大学生就业难、质量下降的问题，政府遭到批评并顺从民意，放慢了高等教育发展速度，结果当日本需要创新和提高生产率才能保持增长速度的时候，人力资本以及创新力显然不够了，导致"失去的20年"。因此，不同的教育模式之间应当取得一个平衡，但不可矫枉过正。

（原载《中国证券报》2014 年 10 月 29 日）

如何实现 L 型长期中高速增长?

一 认识减速:这次不一样

现在最重要的经济问题就是增长速度下行,其他许多问题都是由此衍生而来的。所以,首先应该分析经济减速是如何形成的。最近国际和国内都有很多讨论,各种声音都有。有些人认为中国面临的是周期性的减速,还有一些人从长期趋势角度分析。比较有代表性的研究有以下几个。

萨默斯等人认为,经济增速不可能长期持续超常,终究要回到均值水平,即世界平均增长速度,大约为3%。他们预测从2013年到2023年中国经济增长速度平均是5%,从2023年到2033年平均为3.3%,即回到了均值。他们没有给出理由,只是说有这样的统计规律。

巴罗认为,如果具备了若干条件,后起国家的增长速度会更快一些,最终会与发达国家的经济发展水平趋同。但是从长期来看，趋同的速度不会超过2%这个所谓"铁律"。中国过去大大超过了这个速度，现在到了减速的时候，因此他对中国经济增速的预测也是3%左右。这个预测已经被证明是错误的。上述两个研究都有一个共同的特点，那就是尽管都在讲中国，但是都没有找准中国的特点，所以没讲出中国故事。

艾肯格林等人把所有能够找到长期数据的国家放在一起分析，发现了一些减速的规律。他们认为，在与中国目前的收入水平相当的阶段上，各国经济发展基本都经历了减速，减速的幅度可以超过此前增速的一半。他们在探讨减速的一般规律之外，还考虑到了一些国别因素，即不同的国家可能有自己的因素。

总的来看，这些研究都很细腻，也发现了一些规律，但是都具有"只见森林不见树木"的缺陷，讲得更多的还是森林，而中国是一棵不同寻常的大树，所以其结论对中国来说未必全都具有适用性。

林毅夫主张，中国经济正面临的问题是国际金融危机之后全球经济增长乏力造成的，所以问题在于需求侧。在他看来，目前中国的人均 GDP 相当于美国的 20%，这个阶段相当于日本的1951年、新加坡的1967年、中国台湾地区的1975年和韩国的1977年。在人均 GDP 达到美国的 20% 之后，这四个经济体都经历了 20 年的高速增长，所以他得出了中国经济长期增长潜力为8%的结论。他采用的发展阶段比较法一般来说是对的，但是用人均 GDP 来判断发展阶段可能忽略了中国的一个重要特征——未富先老。虽然中国人均 GDP 比较低，但是老龄化程度已经超过了很多国家。

2010 年，中国从 15 岁到 59 岁的劳动年龄人口数量达到峰值。这个现象发生在日本的时间不是 1951 年，而是在 1990—1995 年间；韩国是在 2010—2015 年间，比中国还晚一点；新加坡是在 2015—2020 年间。如果按人口转变阶段来看，中国的发展阶段已经大不一样了。

抚养比是反映人口红利的指标。日本的人口抚养比在 1970 年就基本降到底部，但没有马上上升，而是稳定了 20 年，从 20 世纪 90 年代才开始上升。中国的人口抚养比大体上也是在 2010 年左右降到最低点，随后迅速上升。新加坡和韩国到达这个转折点的时间跟我们差不多。这同样证明了中国是在非常低的人均 GDP 水平上就开始丧失人口红利。

从这些角度来看，中国可能没有 20 年年均增长 8% 的机会了。良好的人口年龄结构能够保证劳动力充足、人力资本充足，劳动力的转移还能使资源的配置效率提高，有利于提高全要素生产率，低抚养比有利于维持高储蓄率和资本回报率。人口红利消失意味着上述所有因素都会发生逆向变化。

我们预测了中国经济潜在增长率的变化。2010 年之前，潜在增长率保持在 10% 左右，之后的"十二五"时期迅速降到了 7.6%，从"十三五"时期开始进入 6.2% 的阶段。用实际增长率减去潜在增长率，可以得出增长率缺口。如果这个缺口是负数，说明没有把生产能力充分发挥出来。只有在这种情况下，需求侧的宽松政策才能刺激经济增长。

如果认为中国经济现在依然有10%的潜在增长率，根据当前6—7%的实际增长速度计算，会得出负的增长率缺口，于是就会认为是周期性、需求侧的因素导致经济减速，进而期待政策刺激和 V 字型反转。事实上，中国经济的潜在增长率已经降下来了。经济减速是因为潜在增长率下降，而不是因为需求不足。

二　导致潜在增长率下降的四个因素

从供给侧认识经济增长，意味着要从生产函数的角度来看导致潜在增长率下降的因素。我们可以发现以下四个方面的问题。

第一个问题是劳动力的短缺导致工资上涨。与任何商品一样，数量出现短缺，价格就上涨。在一定时间内，工资的上涨可以用劳动生产率的提高去弥补，但是如果劳动力短缺过于严重，工资上涨得过快，劳动生产率跟不上，就会导致单位劳动成本的提高。

第二个问题是新成长劳动力和人力资本逐渐下降。新成长劳动力包括毕业未升学和辍学的年轻人，即每年真正到劳动力市场就业的人。这部分人也代表着人力资本的增量。新成长劳动力增长速度下降，也就意味着人力资本改善速度下降。从2014年到2020年，每年新成长人力资本（新成长劳动力乘以人均受教育年限）的增长率是－1.3％。

第三个问题是大量的资本替代劳动导致资本劳动比的上升，从而使资本回报率下降。根据白重恩等人的计算，2008—2013年间，资本回报率下降了45％。这也是投资增速下降的主要原因。

第四个问题是资源重新配置效率空间缩小，传统模式下的城镇化即将减速。过去经济增长既靠生产要素的积累，也靠全要素生产率的提高。而在中国，接近一半的全要素生产率提高来自于劳动力从生产率低的部门转移到生产率高的部门。这一趋势很可能会越来越弱，甚至会逆转。真正的农民工增量来自于16—19岁的农村人口，这部分人口的数量在2014年达到峰值，此后开始绝对减少。这意味着疾风暴雨式的劳动力转移及其实现的资源重新配置即将结束，全要素生产率的提高速度也会大幅度减慢。

三　供给侧结构性改革红利

经济体制中的部分领域改革进度尚不尽如人意，有以下两个原因。

第一，并不是每个人都真的相信改革能带来红利。改革红利看不见、摸不着，至少不敢说哪一项改革对应着哪部分红利。相反，实行需求侧的刺激政策，可以识别出财政性投资增加多少或者银行发放多少货币对应着 GDP 增速的百分点。所以，有些地方和部门改革决心不大。

第二，改革要靠全社会努力。改革成本可以确定是由谁来承担，但改革红利并非由支出了成本的主体排他性获得，而是具有外部性。由于改革成本的分担和红利的分享还没有界定清楚，因此产生了改革的激励不相容问题，造成改革难以推进。

供给侧结构性改革着眼于提高劳动参与率、生育率、人力资本和全要素生产率等方面，以达到提高潜在增长率的效果。我们的测算表明，在相关领域推进改革，可以带来真金白银的改革红利。同时，以不同的力度和方式推进改革，会带来不尽相同的改革效果。根据权威人士的说法，就算不刺激，经济也跌不到哪儿去，到 2050 年中国经济增速才会降到世界平均值，在这之前还是高于世界平均值的。但是，推进改革就能取得更好的结果。我们的模拟表明，改革越彻底、力度越大，未来潜在增长率的变化就越呈现 L 型。

（原载《中国人大》2016 年 8 月 5 日）

第三篇　践行五大发展理念

践行五大发展理念，全面建成小康社会

　　《中共中央关于制定国民经济和社会发展第十三个五年规划的建议》（以下简称《建议》）从全局性、根本性、方向性和长远性着眼，确立了"十三五"时期我国经济社会发展新理念，即实现创新发展、协调发展、绿色发展、开放发展和共享发展。这五大发展理念，来源于中国共产党全心全意为人民服务的根本宗旨和习近平总书记系列重要讲话精神中一贯体现的以人民为中心的发展思想，升华了国内国外发展的经验和教训，凝聚了关于发展的理论探索的先进共识，针对了我国发展中存在的不平衡、不协调和不可持续的问题，回应了广大人民群众对发展的殷切期待，是"十三五"时期全面建成小康社会决胜阶段的行动先导。

一　对发展规律认识的历史新高度

人类关于发展的理论和实践探索经历了不同的阶段，也形成过不尽相同乃至大相径庭的认识及其理论概括。特定发展阶段的主要矛盾决定了主流发展理念和主攻方向。在较早的发展阶段上，发展往往被局限于经济领域，尤其强调经济总量扩大，造成以经济增长替代更广义发展的理论和实践倾向。这种倾向在特定发展阶段上一经形成，则导致发展目标的狭隘性、发展模式的偏倚性和发展结果的局限性。在资本稀缺、劳动力相对过剩和居民收入普遍低下的发展阶段，以国内生产总值（GDP）增长为导向的发展，无疑有助于扩大经济总量、增加就业、提高居民收入，因而是增强国力和改善民生的必要前提。

然而，随着发展进程的不断变化，发展条件和发展环境也必然发生变化，不仅在以往的发展理念及其所指导的实践中，长期存在的问题会逐渐积累、日益凸显，即使一些曾经行之有效的理念和实践，也会随时间的变化而趋于失效。因此，发展理念不应该也不可能是一成不变的，而需根据变化了的发展环境和发展条件，通过回应发展的目的是什么、发展不可以且不应该承担的代价是什么、发展应该以何种方式、路径和手段实现、发展的着力点需要放在哪里、发展绩效应该如何衡量，以及发展的成果如何得到共享等问题而与时俱进。

我国发展阶段变化的最突出特点及对其作的最准确概括，是经济发展进入以增长速度换挡、结构调整加速和增长动力转换为特征的新常态。在我国经济发展进入新常态之际，虽然同时遭遇到一定的周期性冲击，例如全球贸易增速前所未有地减慢，为政策应对增加了复杂性和难度，但是，周期性因素却不是新常态的本质特征。单纯强调外部因素或周期因素，而不能抓住造成经济下行压力的主导性的结构性因素，政策就容易偏向采用刺激性手段，形成政府越俎代庖配置资源，或者用补贴引导企业投资。这样刺激出的增长速度，由于没有伴随着企业竞争力的提高、财政能力的增强以及随之扩大的公共产品供给，因而也不能达到增加有效供给、改善民生的目的，甚至会贻误调结构和转方式的战机。因此，对经济形势的判断要统一到新常态特征上来，促进发展必须把五大理念贯穿始终。

二　着眼于发展目的与发展路径的统一

创新、协调、绿色、开放、共享的发展理念，充分反映了党的十八大以来我们党治国理政的新理念、新思想和新战略，对关于发展的目的、方式、路径、着力点、衡量和共享等方面的问题作出了全面回应，具体体现了目标导向与问题导向的统一。

创新发展着眼于培养新常态下经济增长新动力。改革开放以来我国经济实现长达34年平均9.8%的高速增长，主要依靠体现在劳动力和土地的低成本优势和技术后发优势上的供给因素，以及居民收入提高、基础设施建设和对外开放带来的巨大需求因素。随着2010年我国成为世界第二大经济体，人均GDP进入中等偏上收入国家行列，同时，15—59岁劳动年龄人口总量达到峰值，人口抚养比抵达从下降转变为上升的拐点，经济发展阶段发生了根本性的变化，支撑高速增长的传统动力相应式微。

从国际经验和教训看，许多国家在类似发展阶段上，传统增长源泉逐渐消失，又未能培养出必要的创新能力，失去了经济增长的持续动力，因而陷入"中等收入陷阱"。从我国经济发展面临的问题和挑战看，创新能力不强仍是我国与发达国家差距所在。因此，使创新成为引领发展的第一动力，形成经济增长的长期可持续动力，才能保持中高速增长，在2020年实现全面建成小康社会的目标，并进而跨越中等收入阶段。根据创新驱动的特点，全要素生产率的提高速度及对增长的贡献能力，是衡量创新成效的一个比较综合性的指标。

协调发展着眼于发展的健康性。我国发展长期存在着不平衡、不协调和不可持续问题，已经成为阻碍新常态下保持中高速增长和实现分享、包容的障碍。国际经验和我国现实都表明，在从中等偏上收入向高收入跨越的阶段上，各种社会矛盾和社会风险，往往因区域、城乡、经济和社会、物质文明和精神文明、经济建设与国防建设等方面的不协调而产生并加深。一些国家也正是因此而落入中等收入陷阱。因此，坚持"四个全面"，按照《建议》的部署促进发展的协调性，是持续健康发展的内在要求。

绿色发展着眼于发展的永续性，顺应人民对美好生活的追求。有一种传统观念认为，增长与污染的关系类似于一条倒 U 字型曲线，因此先污染后治理是一种备选或者不可避免的方式。我国长期以来主要依靠物质投入驱动的经济增长，无疑与这种认识偏差有关，已经造成对资源环境和生态的欠债。绿色发展理念认为，人民对优美环境和良好生态的追求，体现了发展的目的本身，绿水青山就是金山银山。而资源一旦枯竭，环境和生态一经遭到破坏，要么是不可修复的，要么须付出极高的代价。特别是，环境恶化对人的生活环境和人体健康造成的损害，代价尤其昂贵。全面建成小康社会，要让人民从发展中获得幸福感，必然不能以资源环境和生态为代价。

开放发展着眼于用好国际国内两个市场、两种资源，实现内外发展联动。我国以往的经济发展，受益于经济全球化和自由贸易。在我国经济与世界经济深度融合，同时世界上出现了逆转经济全球化，甚至一些国家从国际金融和经贸实务与规则等方面钳制我国的条件下，我们不仅要不断提高利用国际市场、在全球范围配置产能和应对国际经贸摩擦的能力，还要努力发展更高层次的开放型经济，提高国际经贸等方面的制度性话语权，通过参与全球经济治理、提供国际公共产品和打造广泛的利益共同体，主动利用、扩大和引领经济全球化。

共享发展着眼于解决社会公平正义问题，体现中国特色社会主义本质要求和发展目的。我国发展中的不协调问题表现为城乡、区域和居民之间的收入差距以及享受基本公共服务方面的不均等。全面建成小康社会，必须以全体人民共同进入为根本标志。在最后五年决胜阶段，分好蛋糕的重要性和难度，丝毫不亚于做大蛋糕。以人民为中心的发展思想，最终要落脚于共享发展理念和举措，具体体现为坚持普惠性、保基本、均等化、可持续方向，从解决人民最关心最直接最现实的利益问题入手，提供更充分、更均等的公共服务。

三　全面建成小康社会时间表和路线图

《建议》对于全面建成小康社会，实现第一个百年目标提出的总体量化要求，是经济保持中高速增长，到2020年GDP总量和城乡居民收入在2010年基础上翻一番。根据横向和纵向比较，并且从经济增长换挡减速这一新常态特点出发，中高速可以定义为实现翻番目标所要求的增长速度。这是一种倒排方式和倒逼机制，为"十三五"时期经济社会发展设定时间表，实施路线图也相应由此确定。我国仍处于可以大有作为的重要战略机遇期，只要把握住新常态下发展重要机遇期内涵的变化，就完全可以实现上述目标，避免中等收入陷阱，为第二个百年目标的实现打下牢固的基础。

2010 年我国 GDP 总量为 40.89 万亿元。按照不变价格计算，2014 年增加到 55.73 万亿元。如果 2015 年实现 7% 的增长，GDP 总量将达到 59.63 万亿元，"十三五"期间每年需要 6.53% 的增长率，而如果 2015 年的增长率是 6.9%，当年 GDP 总量将达到 59.57 万亿，则"十三五"期间需要平均每年增长 6.55%。实现这个不低于 6.5% 的增长速度的关键，在于潜在增长能力加改革红利。

目前多数经济学家估算的"十三五"期间潜在增长率在 6% 到 7% 之间。例如，笔者及同事根据生产要素供给和生产率提高的趋势，估算"十三五"期间潜在增长率为年均 6.2%。与此同时，我们估算的改革红利，即通过户籍制度改革、调整生育政策，以及其他提高资源配置效率的改革，显著增加劳动力供给、改善人力资本和提高全要素生产率，长期可以将潜在增长率提高 1 到 1.5 个百分点。不过，改革红利有的可以立竿见影，也有的要在较长时间里才能逐渐显现。只要实质性地推进相关领域改革，在 6.2% 的潜在增长率的基础上，增加不小于 0.3 个百分点的改革红利，就可以达到中高速增长的要求。

至于城乡居民收入在 2010 年基础上翻一番的目标，由于在"十二五"时期，城乡居民收入增长快于 GDP，而且农村居民收入增长快于城镇居民，因此，实现翻番目标固然不应该掉以轻心，但是需要的增长率可以低于 GDP 增长率。鉴于近年来 GDP 增长与居民收入增长的同步性有所增强，只要经济增长率能够保证 GDP 翻番目标的实现，也就同时保证了城乡居民收入翻番。更重要的是，上述定量目标的实现必须建立在提高发展的平衡性、包容性和可持续性的基础上，必须体现为在民生领域为人民群众带来实实在在的获得感。在这方面，《建议》从非常广泛的方面作出部署，既有含金量又切实可行。

围绕创新、协调、绿色、开放和共享发展，《建议》提出了一系列重大战略和举措。例如，为促进创新发展，实施一批国家重大科技项目和在重大创新领域组建一批国家实验室；为促进协调发展，加快户籍人口城镇化率的提高，加强统筹协调，改革并完善适应现代金融市场发展的金融监管框架；为促进绿色发展，实行能源和水资源消耗、建设用地等总量和强度双控行动，实行省以下环保机构监测监察执法垂直管理制度；为促进开放发展，全面实行准入前国民待遇加负面清单管理制度，推动"一带一路"建设；为促进共享发展，现行标准下农村贫困人口实现脱贫，贫困县全部摘帽，解决区域性整体贫困，全面实施一对夫妇可生育两个孩子政策等。

我们正在努力全面建成的小康社会，不是单纯用 GDP 总规模来衡量的小康社会，也不是仅仅用平均数来表达的小康社会，而是全体人民都能切身感受到的全面的小康社会。只有在五大发展理念的指导下，通过一系列重大战略、政策和举措的实施，着眼于把五大发展理念实际转化为人民群众看得见、摸得着、有获得感和幸福感的发展成果，才能达到这一要求。

（原载《光明日报》2015 年 11 月 5 日）

全要素生产率是新常态增长动力

党的十八届五中全会审议通过的《中共中央关于制定国民经济和社会发展第十三个五年规划的建议》（以下简称《建议》），把"创新发展"与"协调发展""绿色发展""开放发展"和"共享发展"一道，作为必须坚持的新的发展理念，以此引领"十三五"时期的发展行动。从我国经济发展新常态的特殊要求出发，从经济发展面临的不平衡、不协调和不可持续问题着眼，立足于实现经济增长动力转换，完成全面建成小康社会决胜阶段任务，坚持创新发展的一个重要实施抓手和衡量标准，就是努力提高全要素生产率及其对经济增长的贡献率。

一 引领新常态就是寻求新动力

作为我国经济发展进入新常态的一个重要表现——增长速度换挡，是经济发展和人口转变阶段变化的结果。2010 年，按人均国内生产总值（GDP）总量衡量，我国成为世界第二大经济体，根据世界银行分类和按人均 GDP 衡量，我国进入中等偏上收入国家的行列。同年，我国 15—59 岁劳动年龄人口总量达到峰值，随后开始减少，人口抚养比相应上升。这种阶段性变化意味着，长期支撑我国高速经济增长的传统动力逐渐式微，必然导致潜在增长率的下降，实际经济增长减速。

经济增长减速并不必然是坏事。从世界经济史来看，高速经济增长是特定发展阶段上的一种赶超现象。例如，2014 年在世界经济平均 2.5% 的增长率下，低收入国家达到 6.3%，中等偏下收入国家 5.8%，中等偏上收入国家 4.5%，而高收入国家只有 1.7%。这是因为，处在较低发展阶段的国家，由于存在技术和生产率的差距，经济增长具有后发优势，可以主要依靠资本、土地和劳动力的投入实现；而对处在更高经济发展阶段上的国家来说，经济增长则必须靠全要素生产率的提高。认识我国经济发展的新常态，就是要认识到依靠传统增长动力，必然要面临减速的挑战，适应和引领新常态则是要探寻新的增长动力，核心是提高全要素生产率及其对经济增长的贡献份额。

全要素生产率，是指在各种生产要素的投入水平既定的条件下，所达到的额外生产效率。比如，一个企业也好，一个国家也好，如果资本、劳动力和其他生产要素投入的增长率分别都是 5%，如果没有生产率的进步，正常情况下产出或 GDP 增长也应该是5%。如果显示出的产出或GDP增长大于5%，譬如说是8%，这多出来的3个百分点，在统计学意义上表现为一个"残差"，在经济学意义上就是全要素生产率对产出或经济增长的贡献。

提高全要素生产率通常有两种途径，一是通过技术进步实现生产效率的提高，二是通过生产要素的重新组合实现配置效率的提高，主要表现为在生产要素投入之外，通过技术进步、体制优化、组织管理改善等无形要素推动经济增长的作用。从微观层面上讲，企业采用了新技术、新工艺，开拓了新市场，开发了新产品，改善了管理，体制改革激发了人的积极性，都可以提高全要素生产率。从宏观层面上讲，通过资源重新配置，比如劳动力从生产率较低的农业部门转向生产率较高的非农部门，就可以提高全要素生产率。

可以说，越是在更高的经济发展阶段上，越是要靠全要素生产率的提高实现经济增长。大量经济学文献显示，全要素生产率表现如何，既可以解释可持续经济增长与经济停滞的反差，也被证明是许多国家陷入中等收入陷阱的主要原因。在我国当前所处的发展时期，准确认识、把握、适应和引领新常态，重中之重是寻求经济增长新动力，实现创新发展。一方面，这个增长新动力主要来自于全要素生产率，另一方面，全要素生产率是一个衡量创新绩效的重要指标。

二　创新旨在提高全要素生产率

增长动力转换的核心是从投入驱动的经济增长转向创新驱动的经济增长，使创新真正成为引领经济发展的第一动力。广义理解创新驱动，可以包括两个方面——科技创新和体制创新。而这两种创新是否成功，是否可以转化为新的增长动力，最终都是要以能否提高全要素生产率及其对经济增长的贡献为衡量标准。

根据我们所做的经济计量分析，在1982—2009年期间10%左右的年平均GDP增长率中，资本积累扩大的贡献率为7.1个百分点，劳动力数量增长的贡献为0.8个百分点，劳动者教育水平提高（即人力资本）的贡献为0.4个百分点，人口抚养比下降的贡献为0.7个百分点，全要素生产率的贡献为1.0个百分点。而在全要素生产率的提高中，接近一半的贡献来自于劳动力从农业转移到非农产业带来的资源重新配置效率。从以往这种经济增长源泉的构成看，随着经济发展阶段和人口转变阶段发生根本性变化，推动高速经济增长的动力结构也将变化，传统部分对增长的驱动力必然减弱。

随着在中等偏上收入阶段我国人口红利开始消失，储蓄率和资本报酬率的下降成为不可避免的趋势，其对经济增长的贡献不再能保持原有的水平；劳动力数量逐渐变为负增长，而人口抚养比则已经跨过了从下降到提高的转折点，因此，这两个变量对经济增长的贡献也将转正为负。经济史给我们的启示是，人力资本和全要素生产率是长期可持续的增长动力，只有显著提高这两个变量对经济增长的贡献份额，我国经济才能保持必要合理的中高速增长。

人力资本与全要素生产率相互补充和配合，既是创新驱动的源泉也是创新驱动的归宿。在资本积累、劳动力数量和抚养比对经济增长贡献逐渐减弱的情况下，如果人力资本和全要素生产率的贡献不变，经济增长速度则会降下来。根据估算，GDP 的年度潜在增长率，从过去三十余年的 10% 左右，下降到"十二五"时期的平均 7.6%，预计"十三五"时期将进一步下降到 6.2%。然而，这个估算的潜在增长率并不是我国经济增长的宿命。在传统经济增长动力难以为继的情况下，如果通过体制创新完善制度环境，一方面可以挖掘劳动力供给潜力，促进资源重新配置，延长传统的人口红利；另一方面可以加快技术创新速度，赢得新的增长动力。

无论是延长传统动力的机会窗口，还是挖掘新的增长动力，都意味着全要素生产率要显著提高。我们进行的模拟分析表明，如果在"十三五"期间全要素生产率的年平均增长率提高 1 个百分点，可以提高年平均潜在增长率 0.99 个百分点。换句话说，全要素生产率的提高，几乎可以不打折扣地转化为经济增长速度。然而，提高全要素生产率却不是一件容易的事情，不可回避地要经历艰难困苦的转方式和调结构过程。

三　转方式和调结构是必由之路

经济发展新常态下全要素生产率的提高，不可能在和风细雨中实现，而需要经历经济发展方式转变和产业结构调整的阵痛。在存在大量农业剩余劳动力的情况下，劳动力向生产率更高的非农产业转移，可以像摘取低垂的果子一样，立竿见影地获得资源重新配置效率。但是，随着农村人口年龄结构的变化和劳动力大规模转移出来，劳动力转移速度将明显放慢。

从人口数据看，无论按照常住人口的口径还是按照户籍人口的口径，作为外出打工主体的农村 16—19 岁的青年人口，都已经于 2014 年达到峰值，今后总量将绝对减少。与此同时，年龄在 40—45 岁的农民工数量也开始减少，这是因为他们没有留在城市的长期预期，在这个年龄阶段就开始退出城市劳动力市场。相应的，在政策环境不变的情况下，农民工外出的净增长速度也必然减慢。实际上，这个趋势已经显现。例如，在 2005—2010 年期间，外出农民工年平均增长率为 4%，2014 年下降到 1.3%，而 2015 年上半年仅为 0.1%。

因此，未来全要素生产率的提高主要将来自改革红利，而改革红利直接体现在发展方式转变和结构调整的效果上。具体来说，旨在保持可持续中高速增长的经济体制改革，归根结底要通过延长人口红利以及寻找新的增长动力，提高全要素生产率，市场和政府在其中都具有不可或缺的作用。

首先，《建议》明确要求"户籍人口城镇化率加快提高"，以倒排的方式为户籍制度改革设定了时间表，用有针对性的指标规定了路线图，必将产生明显的改革推进效果，创造有利于潜在增长率提高的改革红利。通过清除一系列与户籍制度相关的体制障碍，可以进一步疏通劳动力向非农产业的转移，稳定城镇化速度，获取资源重新配置效率，提高潜在增长率。由于户籍制度的存在和基本公共服务的不均等，农民工就业是不稳定的。当人口结构变化到这样的阶段，潜在的外出农村人口不足以补偿回流的农民工时，劳动力短缺现象将进一步加重，还会造成生产要素的逆向配置，进一步降低全要素生产率的提高速度，形成所谓逆库兹涅茨现象。只有户籍制度改革的实质性推进，才能阻止农民工的倒流，避免出现逆库兹涅茨现象。

其次，在推动全要素生产率提高的过程中，企业的微观经济活动是创新的中心，政府的作用是在宏观层面创造良好的激励机制和政策环境。《建议》正是从这两个方面，指出了提高全要素生产率不容回避的路径，即一方面，优化劳动力、资本、土地、技术、管理等要素的配置，激发创新创业活力；另一方面，要做到这一点，必须更加注重运用市场机制和经济手段化解产能过剩，完善企业退出机制。这就要求创造一个充分竞争的市场环境，形成一个能者进、庸者退、劣者汰的"创造性破坏"机制，实现生产要素向效率更高的产业、行业和企业集中。

最后，全要素生产率应该以适当的形式成为引导创新发展的指标。新的发展理念要转化为相应的发展实践，应在具体的规划中形成对应的指标，或许不必直接用于考核，但作为一种宏观激励信号，有助于引导政府、社会、企业了解什么是全要素生产率，如何才能提高全要素生产率，各自在其中应该扮演什么样的角色。例如，新加坡政府认识到全要素生产率对于经济增长可持续性的重要性，于 20 世纪 90 年代把全要素生产率每年提高 2% 设定为国家目标，从此创新能力和竞争力不断提高。

（原载《北京日报》2015 年 11 月 23 日）

如何实现"中高速增长"？

刚刚闭幕的十八届五中全会对"十三五"时期的各项经济社会发展任务作出了部署，其中提出了经济增长速度的目标要求。按照以往惯例，类似这样的目标都有具体的数值，但这一次没有数字，而是提出"经济保持中高速增长"的要求。那么，这里的"中高速"指的是什么，如何才能达到中高速？这必须从认识新常态说起，通过引领新常态才能实现。

一 实现中高速要靠什么？

"中高速"本身实际上是一个定量与定性要求统一的目标。按我的理解，能够实现国内生产总值在 2020 年翻一番，同时城乡居民收入也翻一番目标的速度就叫中高速。所以，这是定性的目标，也是定量的目标。

接下来的问题是，实现中高速要靠什么？我认为有两个组成部分，缺一不可。第一，要把中国的经济增长潜能加以充分利用，即激发潜在增长率，这是一个主要的部分。根据我们的测算，在十三五时期，中国的潜在增长率大约为 6.2%，如果以此速度增长，到 2020 年的时候，距离翻番的目标还有一个小小的差距。也就是说，6.2% 是我们的潜能，应该能够实现，但是要达到翻番目标，即在 2010 年 40.9 万亿的基础上，到 2020 年达到 81.8 万亿，则要求有更高一点的速度。也就是说，从今年开始，增长率大约需要达到 6.5%，或者更高一点的速度，才能实现翻番。第二，既然潜在增长率不够，还要加上一个额外的经济增长速度，这个速度不应该是超越潜在增长率获得的，而是要通过提高潜在增长率获得，我们把它叫做改革红利。

这样，要达到中央要求的中高速，任务就被分解成了两部分：第一，充分利用我们的增长潜能，必须达到这个潜在增长率。如果潜在增长率是在 6.2% 之下，说明还存在着需求方面的问题，必须要有特定的政策才能取得符合潜在增长率的增长速度。第二，在 6.2% 的基础上，还要增加至少 0.3 个百分点，或者更高一些的额外增长速度，才能达到 6.5% 以上的增长率。

因此，"两个翻番"的目标决定了我们的中高速有两部分，而这两个部分要通过两种不同的努力以及不同的政策手段来获得。

如果未来的经济潜在增长率是 6.2%，意味着生产要素可以得到充分利用，生产率提高的潜能也可以得到充分利用。因此，这个目标可以通过正常的经济增长达到。如果没有达到增长潜能，也就是说潜在增长率还达不到 6.2%，这意味着存在着一些冲击性或周期性的因素，而这些因素将主要来自于需求方面，或者是投资需求、或者是消费需求，等等。对于这些因素，可以也应该使用反周期的宏观经济政策。

回顾历史，中国曾经出现过多次经济实际增长率低于潜在增长率的情况，历次都是通过宏观经济政策来调节周期，并成功恢复到了正常的经济增长。从这个意义上来说，如果增长率低于 6.2%，就说明我们还有需求方面的不足，可以采取刺激性的货币政策或者财政政策。现在有很多人批评三驾马车的说法，这个批评一方面是对的，就是说目前遇到的增长减速主要不是由需求引发的。但从另一个角度说，假如我们今后遇到了需求问题，则不能不借助需求管理为特征的宏观经济政策。因为到目前为止，经济学还没有别的什么办法应对周期，往往需要求助于凯恩斯主义，即或者用货币宽松的办法，或者用财政扩张来刺激。所以说，三驾马车不需要否定，只是要在正确的时候和正确的地点应用它。

二　应从供给方改革入手

另外，中国的潜在增长率一直在迅速地下降，从 2010 年之前大约10%降到了"十二五"时期的7.6%，"十三五"时期则会进一步降到6.2%，以后还可能继续降下去，直到中国经济进入新古典增长阶段。特别是，这个潜在增长率下降在开始的时候，其幅度不是一个连续性的平滑下降，主要因为2010年是中国人口结构的一个重要转折点，以这个转折点为界，人口红利从有到无，其前后的潜在增长率差异巨大。

所以，我们为了使经济比较平缓的下行，让旧的增长速度与新的增长速度之间有一个平滑的衔接，实现软着陆而不是硬着陆，适当采取一些刺激性政策，也无可厚非。也就是说，即使没有需求的冲击，我们也可以采取一定的刺激政策。或者说，我们把老的增长动力和新的增长动力混合使用，形成混合动力。但是，新的增长动力需要不断地扩大其作用范围，提高贡献份额，直到替代所有老的增长动力，这是我们可以用需求管理的方式来应对经济增长减速问题的限度。

需要认识到，通过刺激的办法促使经济实际增长速度显著高于潜在增长率，即超出了必要的限度，就会犯致命的错误。因为潜在增长率下降的含义是传统产业没有比较优势了，实体经济没有相应的扩大生产的需求。同时，基础设施建设需求也只是作为一种派生需求，因实体经济的需求而存在。一旦没有那么多的货币需求或投资需求时，就不能够再人为刺激经济了。

为什么呢？第一，这种刺激可能根本不管用，宽松的货币也到不了实体经济领域去。第二，当把货币放出去后，流动性必然会溢出实体经济，溢出基础设施，溢到那些和比较优势无关的领域里去。

换句话说，我虽然不太认为现在应该用"流动性陷阱"这样的概念来解释现状，但还可以借用它的一个说法。也就是说，在实体经济、基础设施都没有扩张需求的时候，把货币放出去只能加大投机性的货币需求，也就意味着钱会跑到房地产、股市，还会跑到各种资产泡沫性行业中去。日本20世纪80年代末90年代初的教训证明了这种情况的危险性，我们自己也有很多教训证明这是非常危险的。

因此，着眼于需求管理的政策应该到此为止。如果我们已经达到了6.2%的潜在增长率，而额外还想增加一点经济增长速度的话，只能从供给方改革入手，也就是想办法提高潜在增长率。办法就是增加生产要素的供给，以及提高全要素生产率进步的速度。换句话说，假如要求的增长速度是6.5%，意味着与现有潜在增长率6.2%之间尚有0.3个百分点的差距。我们只需要得到不低于0.3个百分点的额外潜在增长率，就可以实现中高速和翻番的要求。这个部分要靠改革获得。

进一步看，现在的经济增长面临的问题不是周期现象。或者说，如果我们承认新常态，就不应该从周期问题角度去理解。从改革开放以来遇到过的出现增长缺口的情况来看，即用潜在增长率减去实际增长率，如果这个差是一个正数，说明没有发挥出实际的经济潜能，因此存在着增长缺口。对于增长缺口是需要刺激政策的，历史上有多次出现低于零的增长缺口。但是，正在过去的"十二五"时期的平均增长速度是7.8%，而我们测算的这一时期的潜在增长率是7.6%。很显然，我们现在没有遇到增长缺口，在这种情况下，就不应该采用刺激需求的办法，应该采取改革供给方、提高潜在增长率的政策。

这种供给方的改革包括，加快提高户籍人口城镇化率，可以稳定农民工在城镇的就业，提高非农产业的劳动参与率，保持劳动力转移带来的资源重新配置效应，立竿见影地提高潜在增长率；全面实施一对夫妇可生育两个孩子的政策，有利于生育率向替代水平回归，在一代人之后改善人口年龄结构，增加劳动力供给和降低人口抚养比，提高未来的潜在增长率；深化行政管理、国有企业、财税和金融体制改革，有利于使市场更好发挥资源配置的决定性作用和更好发挥政府作用，提高全要素生产率。

三　人口是关键要素

应该看到，现在潜在增长率的确是下降了，就是说供给方也遇到了结构性的困难。那么需要分析一下这个局面是怎么造成的。我把它归结为人口红利的消失。也就是说，人口因素通过影响劳动力供给，进而影响到所有生产要素相关的经济增长变量，以及全要素生产率，从而导致潜在增长率下降。需要引起重视的是，这种情况还在持续。

先从绝对意义上看。大家知道，15—59岁的劳动人口在2010年达到最高峰后，已经进入负增长通道。但是，很多人并不知道的是，既然真正的劳动力供给是经济活动人口，按照我们的预测，2010年之后还有一段时间劳动参与率在提高，因此中国的经济活动人口在2010年以后的几年中还是在缓慢上升的。真正的困难即更突出的劳动力不足表现，将发生在2017年。经济活动人口在2017年将达到峰值，此后也将进入负增长阶段。到那时，中国的劳动力短缺会进一步暴露出来。

还可以从相对意义上看这个问题。中国的劳动年龄人口确实是不足了，但是，人们还是要问，是不是还有大量的剩余劳动力可以从农业中转移出来？事实上，这也是一种幻觉。虽然现在从统计年鉴上看到，有接近30%的劳动力在务农，但这个数字既不符合逻辑也不符合事实。因此，我们根据更合理的定义做了一个重新的估算，截止到2014年，中国务农的劳动力比重只有19.1%，低于20%的界限。

进一步来分析，这占全国劳动力19.1%的农业劳动力是哪些人呢？绝大部分都是年龄偏大的，以40岁以上的人口为主，50岁以上所占的比重也很大。这部分人其实已经在外出打工和务农之间做出了选择——他们只能务农。因此，他们向外转移的可能性越来越小。所以，指望现有的务农人口向外转移，已经不太现实，从这个意义上说，通过结构变化增加劳动力供给的能力正在减弱。

其实，每年新增的农民工，并不应该被称作农业转移人口，因为他们不是从农业中转移出来的，而是农村 16—19 岁的年轻人，也就是说初中毕业到高中毕业，以及在这两段之间辍学的人。这部分人的变化趋势怎么样呢？按照我们的数据分析，无论从户籍人口的口径，还是从常住人口的口径，这部分人群在 2014 年已经达到了峰值，从 2015 年开始负增长，而且今后将持续负增长。

农村 16—19 岁这一人群的数量转折，相应地带来了农民工外出增长的转折点。在 2005—2010 年之间，农民工每年的增长速度大概是 4%，此后逐渐下降，2014 年增长率只有 1.3%，到了 2015 年上半年增长只有 0.1%。也就是说，农村可以转移的青年人口的减少，决定了外出农民工增长速度的减缓，甚至可能从今年就开始大幅度减缓了。这就是说，结构调整可能增加劳动力供给的可能性也大幅度下降。

有一些不够专业的分析家认为，不应该过高估计劳动力供给对经济增长减速的影响。其实，从新古典增长理论的原理和经济发展经验来看，这里的关键在于，劳动力无限供给特征消失，从而导致出现了劳动力短缺、人力资本改善减慢、资本回报率下降、全要素生产率减速等一系列造成潜在增长率下降的因素。也有人以中国劳动力总量庞大、劳动年龄人口比重仍将保持较高为由，否定人口红利的消失。但是，这些分析忘记了，经济增长指的是产出的增量和变率（符号），而不是经济规模本身。因此，劳动力总量或劳动年龄人口比重的绝对数，对于我们的分析是不重要的。

（原载《财经》2015 年第 34 期）

万众创新的经济学

我给自己的发言起了一个题目叫万众创新的经济学，我们知道李克强总理在这次政府工作报告上讲到了大众创业、万众创新。创业和创新既有共同之处，也有不尽相同的地方，我们今天侧重谈一些创新的问题。

我们都知道狄更斯《双城记》的第一句话，就是"这是最糟的时候，这是最好的时候"。我们把这句话用在任何时候作开场白都是合适的。但是今天用在我们关于创新这个问题上可能更有针对性，比较恰当。我们先从当前发展阶段或者如中央表述的经济发展新常态说起。新常态新在哪儿？常态又是指的什么？从这点开始有利于我们讨论万众创新的问题。我讲创新的经济学，其实就是尝试回答如何把不利的因素转换为有利因素，如何从不利的时点和时机走向有利的时点和时机。

我们先看中国经济的减速，因为我们讲经济增长新常态的时候主要是讲三个特点，第一就是已经发生的中国经济的减速。我们最近有十几个季度经济增长是下滑的，而且低于改革开放 35 年以来的平均增长速度，而且它还在继续向下走。有人认为这是一个下行的周期，其实不是周期性问题，而是下行的长期趋势。也就是说，如果把过去是什么因素推动中国经济增长进行分解，我们会看到有资本积累的贡献，有劳动力供给的贡献，有人力资本的贡献，也有生产率进步的贡献。在相当大的程度上，几乎所有这些因素都和我们的人口结构是相关的。也就是说，人口红利能够推动中国经济达到接近 10% 的增长速度高达 30 多年。但是 2010 年中国经历了一个重要的转折点，中国 15—59 岁的劳动年龄人口开始了负增长，至今每年以几百万的速度减少。因此人口红利就消失了，意味着所有的经济增长因素都会受到影响。资本边际报酬递减现象发生了，投资回报率下降了，劳动力供给不足导致工资上升了，企业成本提高了，比较优势就下降了。劳动力转移的速度没有那么快，资源重新配置效率的增长速度也就减慢了，因此，全要素增长速度也就减慢了，这些因素都必然导致经济增长减速。

当我们计算中国经济潜在增长率的时候，就会发现其持续下降的趋势。从潜在增长率或从生产要素和生产率的进步速度来看，增长速度的变化趋势就是一种必然，所以不是周期因素。不要问中国经济下滑的谷底在哪儿，没有这个谷底，它会一直下行，关键是以怎样的速度。当中国成为一个高收入国家的时候，终究只能以 3% 多的速度增长。从这个趋势看，许多人会说这是比较糟的时刻，但是我们要引领这个新常态。

目前关于中国经济增长的速度有争论，判断莫衷一是，我想归纳两个最典型的观点，一种是以趋同论的方法预测中国未来的经济增长，这种观点比较乐观。比如说林毅夫教授看到了目前中国人均 GDP 相当于美国的大概 20% 多点，还有差距，这个差距意味着我们还有后发优势，还有赶超的余地。历史上相当于美国人均 GDP 的 20% 左右的国家和地区，例如日本在 1950 年就达到了，在此之后的 20 年里，日本达到了 9.2% 的年度增长率。新加坡大概在 60 年代中达到了相当于美国的人均 GDP 的 20% 左右，在这之后 20 年里面实现了 8.6% 的增长速度。台湾地区在 70 年代中达到了美国相应的水平，在这之后实现了 8.3% 的增长速度。韩国也是 70 年代中期达到的，在这之后实现了 7.6% 的速度。林毅夫教授判断，中国大陆从类似的发展阶段出发，因此未来 20 年还有 8% 的增长潜力。这是一种观点，我们把它叫做趋同论：既然我们与美国还有差距，我们就可以实现比美国快的增长速度。

还有一种方法论叫做趋中律，也可以叫做"回归到均值"。这种观点认为，任何高速经济增长归根到底都是不正常的。经历了一段时间之后，必然会回到一个平均水平，即世界的平均增长率。我们知道目前的世界平均增长率只有 3% 多。因此，美国前财长萨默斯预测，中国在 2013—2023 年这十年里，平均增长速度将只有 5%。再往后十年，2023—2033 年就只有

3.3%，也就是回到了世界的平均水平，这就是所谓的趋中律。生物学上说，你们家历代都是1.7米左右的身高，某一个孩子突然长到了1.9米，并不会从这个孩子开始你们家就1.9米、2米这样高下去，最后还要回到1.7米的平均水平。这就是萨默斯依据的"规律"。有些经济学家用国际经验验证，在按购买力平价美元计算达到人均GDP大概1.7万美元时，通常就会遭遇减速。从各国平均来看，会从6.8%的速度降到只有3.3%，和趋中律的判断也比较一致。

大家可以看到，按照趋中律的预测，中国经济未来充其量只有5%到6%的增长速度。而按照趋同论，大概可以有8%或者至少也有7%的增长速度，中间至少有2个百分点的差别。我们现在60多万亿的GDP总量，这个差距就是一万亿元以上的规模，因此我们把这种争论叫做万亿元之争。

宏观经济降2个百分点或者3个百分点的微观含义是什么？它有两个含义：第一是大家都减产。因为成本提高了，比较优势下降了，外需不足了，因此这个时候我们订单不足，大家都减少一定的产量。还有一种情况会同时发生，即有些企业惨淡经营，还可以维持。但是另一些企业没有竞争力，生产率的进步不能抵消成本的上升和市场的不足。因此它们只能退出经营，被优胜劣汰淘掉了。毋庸置疑，假如说你是一个宏观经济决策者，这个时候你走到哪里搞调研，都会听到大家的哭声一片。企业就是嗷嗷待哺，地方政府GDP目标达不到也会大声的抱怨。这时候不要因为有这样一些抱怨和叫苦声，就急急忙忙采取保护办法，那样的结果就是保护了落后，破坏了市场应有的创造性破坏机制，造成僵尸企业。这时候我们应该有定力，需要知道，经济增长速度下滑首先是一个规律性的变化。

如果这时候政府采取过度刺激的办法，就没有创新了。我们知道，企业家首先看到创新是会带来收益的，同时，创新最大的特征就是不确定性，充满风险。如果这个时候有人千方百计寻求政府刺激和补贴，这些补贴和扶持就变成了租金，他就可以规避风险，不靠创新而依赖寻租过日子。人们发现，寻租总是比创新的成本和风险要低。可见，过度刺激经济是不利于形成创新的。也许从个人来说，多利用政策，走走关系，也是一种经营策略，但是从长期看或者从宏观上看，这与我们期望的万众创新的思路是不相符的。

我们看一看中国经济在减速之前和减速之后，它的增长源泉或因素有什么不同。分解中国经济增长可以看到，首先大概60%—70%的中国经济增长来自资本积累贡献。大家注意，它和中国的人口红利是直接相关的：当人口抚养比即劳动年龄人口供养依赖型人口的比例不断下降，便有大量的剩余可以储蓄，积累起来投资，资本供给就是充足的，这和人口结构有关。更重要的是，在劳动力无限供给的条件下，不断进行投资不会出现边际报酬递减现象，不像你把这个资本放到美国或欧洲去，由于劳动力是有限的，一定会遇到资本报酬递减。有很高的投资回报率，说明中国的资本积累是与人口红利相关的因素。接下来看劳动有一定的贡献，人力资本有一定的贡献，资源重新配置，即劳动力从农村生产率低的部门转移到城市生产率更高的部门，配置效率提高了，是生产率的重要组成部分。除此之外还有技术进步等因素，这就说明了我们过去接近10%的增长速度是如何产生的。

人口红利消失之后，首先资本回报率一定下降，储蓄率也会下降，资本积累不再有那么大的贡献。接下来是教育，总的来说，我们的义务教育实现了100%以上的毛入学率以后，也没有很大的潜力进一步提高受教育年限了。当农村剩余劳动力告罄的时候，如果没有万众创新的话，生产率的提高速度也会相应下降。例如，2014年农民工的增长速度只有1.3%，预计今后的增长速度很有可能会更低。所有这些因素都导致经济增长从9%、10%的速度降到7%，甚至可能在"十三五"时期下降到平均仅为6%多一点的增长速度。这是我们必须面对的趋势。人口红利的消失不可逆转，即使现在生育率提高，也需要几十年的时间才能弥补这个缺口。未来能够保持更快的经济增长速度只有一个源泉，就是全要素生产率。现在我们说是一个重要的源泉，放在发达经济体或者是放在以后的中国来说，就是唯一的增长源泉。

今年（2015年）的《政府工作报告》中第一次提出全要素生产率这个学术性的名词。全要素生产率很重要，因为我们未来经济增长如果还希望更快一些的话，只能来自全要素生产率，而全要素生产率与创新直接相关。

全要素生产率从哪里来？如果你是经营企业的，其实你做的几乎每一件事都和全要素生产率有关系，你选择更好的材料、更好的技术、更适合的技术、更好的组织管理，争取更好的政策环境，所有这些东西都有利于提高企业的全要素生产率。但是放到宏观层面来看，说穿了它就是一种资源配置的效率，资源都用在生产率最高的地方去。在人口红利消失之前，全要素生产率进步提高的源泉，就是资源在三次产业之间的重新配置。在改革开放之初，80%的劳动力在农业，那时候农业的生产率很低，这时候开放了劳动力市场，劳动力可以自由流动，就从生产率低的部门进入到生产率至少比原来要高的部门，得到了更好的利用，于是生产率总体得到了提高。

随着剩余劳动力越来越少，转移速度越来越慢，接下来就越来越依靠在一个产业内部各个行业之间的资源重新配置。大家也经历了这个阶段，那时候我们先是说"无工不富，无商不活"，纷纷往工业和第三产业转，转进去之后在特定的产业里，再看哪个行业盈利率更高，再继续逐利。这个机会如今也越来越少，好像没有什么好的投资项目。接下来就是在同一个行当里，企业之间生产率是不一样的，这就意味着生产效率有待提高，谁的生产率低，谁正在使用的生产要素就应该让给别的企业。因此，这个时候我们需要进行资源的重新配置，让生产要素要流动起来，要允许企业壮大和发展，也要允许企业萎缩和退出。这就是未来全要素生产率获得的主要途径。

这时候我们就想到了熊彼特著名的"创造性破坏"理论，说穿了，创造性破坏就是全要素生产率提高的机制，如果没有创造，就没有全要素生产率；但是没有破坏，也就没有创造，也就没有全要素生产率的提高。

国际经验表明，真正的创新和技术进步，以及全要素生产率的提高主要不是发生在那些最著名的大企业上。他们在历史上做过贡献，现在他们主要考虑的就是要守住他们的摊子。虽然他们仍然是世界知名，仍然举足轻重，仍然排在富豪榜首，但是真正对生产率的贡献和对创新的贡献来自千千万万初创企业，来自当年还在襁褓之中的那些现代知名企业的贡献。创新和生产率提高，大部分来自新成长的中小企业甚至微型企业。因此这个时候创新就成了熊彼特式"创造性破坏"的核心因素。

我们来看看目前有哪些有利于创新的机遇和机会。政府现在的重要工作就是稳增长、调结构、转方式。还是要保持一定的增长速度，可以不接受过去两位数，也可以接受不"保八"，但是我们仍然至少也要有一个合理的增长速度。与此同时，不能再用传统的经济发展方式保这个速度，还要进行产业结构的调整。这个需求其实就是适应与引领新常态。这个时候，必须通过创新才能够达到三者的统一，因为新常态无非就是三个特点，首先减速已经发生了，并且还想保持中高速的稳定增长，因此我们要把经济增长的动力从过去的投入型转向创新驱动型，中间就是用改革的办法调结构、转方式。因此这里的核心任务都是要通过创新来实现的。

正是在这个意义上，《政府工作报告》合乎逻辑地提出了大众创业、万众创新。因此，与之相关的政策扶持，我认为应该是真金白银。真金白银不是指补贴，尽管可以多跑发改委、财政部，得到相关的支持，拿到与万众创新有关的各种补贴和优惠，但主要不是这个，而是一系列的软性政策的支持。我们也看到国务院发了一个与此相关的意见，给予很多特殊的政策和改革的措施。在《政府工作报告》中我们也看到这些词，都可以看作是与万众创新、大众创业相关的有利的鼓励措施。

还有一个有利的条件。中国古诗说：沉舟侧畔千帆过，病树前头万木春。有些企业经营表现不佳、生产率不能得到提高就要退出，腾挪出来的资源和要素就应该归那些能够保持活力的新成长企业使用，这时候生产要素是相对便宜的时候，与改革创造的必要制度环境一道，有利于新企业的进入和成长。

另一个有利条件就是，科技革命呈现出的一些新趋势和新特征，更显著地降低了创新成本。我们知道最近有一本很流行的书，即里夫金写的《零边际成本》就论证了这个问题。过去，我们要做任何一件事业，首先要有一定规模的投入，因此需要支付一个沉没成本，这个沉没成本有时是相当大的。在这个基础上，我再去做我要做的事情。这个沉没成本的投入期间，很多中小企业和微型企业可能就夭折了。

但是在互联网、物联网时代，很多沉没成本是别人替你支付的。因为，支付了沉没成本以后，个人排他使用还是吸引大家都来使用，对提供者来说是没有差别的。无论使用的人有再多，他不仅不会有损失，可能还有收益。这个时候对那些用户来说就变成零边际成本的时代。因此你不要支付沉没成本，而且我们每一个人的人力资本如时间、技能、创意都可以按照按需供给的方式得到利用。这个时候经济增长真正具有了分享经济的性质，因此，我们可以从科技革命中获益，特别是获得更好的条件，降低了进入门槛。如今这样的成功案例俯拾皆是。

大家都在问新的科技革命来了没有，我们能不能赶上这个浪潮。其实不用这么想。因为我们目前经历过的大的科技革命，历史上共有三次，每一次科技革命都表现为跳跃性地上一个大的台阶，迈上一个新的平台。但是如果你看世界经济增长，其实它是一个稳定往上走的趋势，并不是跳跃的，因为任何一次科技革命推动经济发展的效果，都是逐渐释放出来的，会在几十年的时间里持续地释放出来。而更有意义的一点是，对于处在技术创新最前沿的发达国家，会率先从科技革命获益，经济增长上一个台阶。但是接下来这些科技成果会在今后的很长时间里被那些赶超国家或后起国家加以利用。因此，对于处在我们这个发展阶段的国家来说，现有的科技革命成果足够我们去使用。因此我们还有后发优势，可以赶超得更快一些。这也是我们一个重要的优势。

同时我们也注意到了新的科技革命的一些特征，打破了经济学的传统范式，我个人认为值得思考，同时作为我们创新和创业的理论依据。如果有人问，经济学理论最应该关注的概念是什么，一个新古典经济学家会说是资本报酬递减规律。因为这个规律在新古典增长中很重要，设想如果劳动力供给是有限的，土地供给也是有限的，我就是有资金，我可以购买各种各样的机器设备，但是在固定数量的劳动力和土地面积上不断投入机器设备（资本），你不会看到投多少就盈利多少、回报不断提高。最后发现，总有一天你投了还捞不回成本。这就是在其他要素不变的情况下出现了资本报酬递减现象。

我们知道中国劳动力变得越来越贵了，企业家的一个直接反应就是我用机器替代劳动力。但是机器替代劳动力是有限制的，因为机器需要有更高素质劳动力来看管、照料。我在一个微信群里看到一个故事，也许可以跟大家分享。说的是地毯制造业，美国和中国使用完全相同的机器、完全相同的材料。美国一个工人看管两台到三台机器，同样的机器我们是五六个人看一台，很显然，我们的劳动生产率是很低的。当我们劳动力变得昂贵的时候，能不能做到一个人看管两台机器呢？一下子还做不到，因为我们劳动力素质不适应。这就意味着，当机器增加的时候，资本的回报率下降。

机器会遇到报酬递减现象，传统的机器人也就是机器，它只是固定地会做这样或那样的动作，它投入进来也是跟机器一样，用它替代劳动力是有限制的，也会有报酬递减现象。但是新一代的机器人可能就打破这个规律，因为这个新机器人不是只做固定的动作，给它脑袋上换个芯片，在比培训工人还要快的时间里就把它重新培训了，就可以做一套全新的工作了。相当于用机器和更高素质劳动力同时替代原有素质劳动力的过程，新一代机器人是物质资本和人力资本的综合。报酬递减的范式被打破之后，我们的创新应该有一些完全不一样的思路。

总的来说我认为看上去是最糟的时候，其实我们面临的是最好的时候。在这个时候我们想到莎士比亚写的一个剧本《尤利西斯·恺撒》，里面有句话，大意是：世事如潮，波浪起伏，如果激流勇进，便能成就人生事业；未能把握时机，趁势而为，便将一事无成，蹉跎一生。你们现在要充分利用最好的政策环境，充分把握最佳的经济时机，同时要了解新的科技革命和新的商业模式的特点，抓住机遇，弄潮创新。

最后祝大家好运，谢谢。

（在 2015 春季创业投资峰会的演讲）

在共享发展中贯彻以人民为
中心的发展思想

思想是实践的指南，理念是行动的先导。党的十八大以来，以习近平同志为核心的党中央，开辟了治国理政的新境界，开创了党和国家事业发展的新局面，领导全国人民取得了经济社会发展的新成绩，根本上在于遵循了习近平总书记系列重要讲话中阐述的新思想、新理念和新战略。其中，作为创新发展、协调发展、绿色发展、开放发展和共享发展五大发展理念之一的共享发展，集中地体现着以人民为中心的发展思想，引领了民生领域的新实践，也将进一步推动全面建成小康社会目标的如期实现。

一　理论渊源、深刻内涵和实践基础

以人民为中心的发展思想不是凭空而来的，而是有着深厚的马克思主义理论渊源和中国特色社会主义实践基础，反映了我们党关于经济社会发展理论的一个崭新高度，特别体现在党的十八大以来，以习近平同志为核心的党中央一系列新思想、新理念、新战略及其新实践当中。

首先，唯物史观从来认为人民是推动发展的根本力量。把人民群众看作社会生产力、社会生活和社会历史的主体，是马克思主义的基本原理。写在《中国共产党党章》中的党的根本宗旨就是"坚持全心全意为人民服务"，同时要求做到"发展为了人民、发展依靠人民、发展成果由人民共享"。我国经济社会发展的实践，特别是改革开放以来创造发展奇迹的经验，反复证明依靠人民、为了人民是取得伟大成就的根本。鉴于此，为了在 2020 年实现全面建成小康社会目标，《中共中央关于制定国民经济和社会发展第十三个五年规划的建议》明确地把"坚持人民主体地位"作为必须遵循的原则之一。可以说，以人民为中心的发展思想是马克思主义政治经济学的基本观点，因而也是创建中国特色社会主义经济学的思想基石。

其次，共同富裕是中国特色社会主义的根本原则和本质特征。我们党把实现好、维护好、发展好最广大人民根本利益作为发展的根本目的，把人民对美好生活的向往作为奋斗目标。党的十八大闭幕后，习近平总书记代表党中央作出庄严的承诺："我们的责任，就是要团结带领全党全国各族人民，继续解放思想，坚持改革开放，不断解放和发展社会生产力，努力

解决群众的生产生活困难，坚定不移走共同富裕的道路。"在
《中共中央关于制定国民经济和社会发展第十三个五年规划的
建议》中，共享发展作为首次明确提出的五大发展理念之一赫
然在目，应该成为我国发展新实践的遵循。

最后，党的十八大以来，以人民为中心的发展思想在我国
经济社会发展的各项实践中得到了突出的贯彻，经济增长更具
有共享性和包容性，取得了一系列新成绩。例如，在整个"十
二五"期间，在国内生产总值（GDP）年均增长 7.8% 的同时，
城镇居民可支配收入增长率为 7.7%，农村居民人均纯收入增
长率高达 9.6%，城乡居民收入整体增长跑赢了 GDP。相应的，
城乡收入差距和基尼系数双双下降。按不变价计算的城乡居民
收入差距（城镇居民收入与农村居民收入的比率），从 2009 年
最高点的 2.67 下降到 2015 年的 2.38，共降低了 11.1%；全国
基尼系数从 2008 年最高点的 0.491 下降到 2015 年的 0.462，
共降低了 5.9%。此外，就业保持稳定和扩大、社会保障水平
和覆盖率持续提高，城乡统筹水平上了更高的台阶。

二　目标导向与问题导向的统一部署

坚持目标导向和问题导向相统一，是贯彻以人为中心的发
展思想的一项重要方法论，全面体现在党的十八届五中全会提
出的五大发展理念中，也是全面建成小康社会的具体工作指

导。党的十八大确立的宏伟愿景以及体现在一系列发展目标当中的各项部署，近有全面建成小康社会的 GDP 翻番目标和城乡居民收入翻番目标，远有第二个"一百年目标"以及实现中华民族伟大复兴的中国梦。依此倒推，厘清到每个时间节点必须完成的任务；同时，不回避经济社会发展中面临的不平衡、不协调、不可持续，以及存在明显短板等问题，并从这些迫切需要解决的问题顺推，明确破解难题的途径和办法。这个逻辑充分体现了以习近平同志为核心的党中央，在全面建成小康社会决胜阶段，贯彻以人为中心的发展思想所作战略部署的鲜明特点。这一目标导向和问题导向相统一的原则，在共享发展领域中得到了具体部署和充分体现。

第一，两个翻番目标与经济保持中高速增长。党的十八大提出了 2020 年 GDP 和城乡居民人均收入在 2010 年基础上双双翻番的目标。这要求经济保持中高速增长和城乡居民收入的同步提高。2010 年，我国 GDP 总量为 40.9 万亿元，按照不变价计算，2015 年已经增长到 59.6 万亿元，实现翻番要求则是到 2020 年，达到 81.8 万亿元。因此，要求在"十三五"时期平均的年增长率必须达到 6.53%。在经济发展进入新常态的条件下，依靠生产要素投入的增长，无法保证实现这一增长速度目标，必须转向新的增长源泉，即依靠全要素生产率的提高实现创新型增长。而只有加快供给侧结构性改革才能获得这个新的增长源泉，即创造改革红利，提高潜在增长率。

　　第二，人人都有获得感与收入差距明显缩小。经济总量和平均收入的提高达到了目标要求，并不意味着建成了全面小康社会，还需要明显扩大基本公共服务供给以及提高其均等化水平，明显缩小城乡之间、地区之间和社会群体之间的收入差距，不仅要做大蛋糕还要分好蛋糕。随着社会保障体系建设和劳动力市场发育，我国迄今已经在基本公共服务均等化和收入差距缩小方面取得了明显的效果，但是，在今后短短五年内实现人人有获得感的全面小康目标，仍需显著加大再分配力度。从那些收入差距较小的发达国家经验看，再分配政策可以把初次分配的基尼系数进一步降低 36.2%。由此得到的启示在于，在不伤害劳动力市场机制的前提下，从税收体系、扶贫济困工作方式、社会保障等基本公共服务供给体制方面，仍有充分体现政府再分配职能的巨大空间。

　　第三，全面小康的要求与农村贫困人口脱贫。如果到 2020 年我国仍有几千万农村人口生活在扶贫标准线之下（截止到 2015 年年底为 5575 万），我们就不能理直气壮地宣布建成了全面小康社会，也不能声称实现了共享发展。因此，《中共中央关于制定国民经济和社会发展第十三个五年规划的建议》作出庄严承诺并要求各级政府立下军令状，到 2020 年，我国现行标准下农村贫困人口实现脱贫、贫困县全部摘帽、解决区域性整体贫困。党中央部署的脱贫攻坚战，也树立了一个精准扶贫、精准脱贫的实施榜样。例如，在党的十八届五中全会上，习近平总书记代表党中央将现有农村贫困人口逐一分解，分别对应产业扶持、转移就业、易地搬迁和社保政策兜底等方式，确保其在"十三五"收官之时全部脱贫，就体现了这种战略性与操作性相结合的正确方法论。

第四，供给侧结构性改革与社会政策托底。经济发展进入新常态是我国经济发展的大逻辑，做好经济工作，要从供给侧认识和适应新常态，以结构性改革引领新常态。习近平总书记概括新常态的主要特点是：增长速度从高速转向中高速，发展方式从规模速度型转向质量效益型，经济结构调整从增量扩能为主转向调整存量、做优增量并举，发展动力从主要依靠资源和低成本劳动力等要素投入转向创新驱动。这些概括也规定了我们要实现的转变目标，提出达到目标要靠供给侧结构性改革。

虽然供给侧结构性改革与保持经济中高速增长之间，并非非此即彼或此消彼长的关系，而是改革可以促进潜在增长率的提高，但是，涉及调整产业结构、消除过剩产能、处置僵尸企业等改革，也不可避免地会造成部分传统产业和企业的职工转岗。一方面，结构性改革必须坚持市场在资源配置中发挥决定性作用，另一方面，也不能让转岗工人的生活受到影响，甚至陷入贫困。因此，在推进社会保障制度建设的过程中，要特别关注那些受到结构性改革和产业调整影响的劳动者群体，如产能过剩行业的职工、东北等老工业基地的职工和进城农民工，

既以社会政策为他们的基本生活托底，又加强培训等公共就业
服务，促进创业就业以尽快实现转岗，这是共享发展的题中应
有之义。

三　全面建成小康社会与全面共享发展

理解以及最终实现全面建成小康社会目标，重心在两个关
键词上，一是"小康"，这是对发展水平提出的要求，二是
"全面"，指惠及民生的广泛覆盖面，体现发展的平衡性、协调
性和可持续性。习近平同志反复强调的"小康不小康，关键看
老乡"，正是对这两个关键词之间的逻辑关系做出的辩证阐释
和高度概括。也就是说，以诸如"三农"问题这样的短板，以
及贫困问题这样的短板中的短板作为基本尺度，既能够对是否
实现了小康进行精准度量，同时也能够对这个小康是不是全面
做出根本评判。

第一，决不能让贫困地区和贫困群众掉队的共享发展。全
面共享发展特别着眼于贫困地区和贫困人口这样的"短板"，
着重于精准扶贫、精准济困和精准脱贫脱困。我国的经济社会
发展仍然不平衡，存在着各种因素造成的贫困现象。从人口群
体看，特别要关注农民、低收入者等贫困人口，以及老年人、
残疾人、农村留守儿童和妇女等特殊困难人群，从区域角度来
看，农村、边疆地区、革命老区、民族地区、贫困地区则是全

面建成小康的难点和重点。只有通过加强公共产品和服务的供给，从培育贫困地区和群众的发展能力、促进发展机会的均等化、完善发展的基础设施等环节入手，才能使全国各族人民同步迈入全面小康社会。

第二，在五位一体总体布局成果中全面体现的共享发展。共享发展的全面性，来自于人民群众全面享有经济、政治、文化、社会、生态文明发展成果的权益。以生态文明建设成果为例。对于资源环境生态问题，在国际发展理论中曾经经历过从"先污染后治理"到"边污染边治理"，乃至到不以后代发展条件为代价的可持续发展的理念变化。这个理念变化轨迹虽然显示出越来越重视对资源环境生态的保护，但是仍然是将其作为发展的手段看待，而没有自觉地上升到发展目的本身的高度。习近平总书记在浙江工作时提出并实践的"两山"理念，把生态环境也作为人民群众对美好生活向往的一个重要领域，揭示了"环境就是民生，青山就是美丽，蓝天也是幸福，绿水青山就是金山银山"这一与时俱进的发展目的论，在党的十八届五中全会精神中被表述为五大发展理念中的绿色发展，也是共享发展的重要内容。

第三，人人参与、人人尽力、人人享有，广泛吸引社会力量参与的共享发展。实现共享发展的途径，既包括政府努力提供越来越充分的公共产品和公共服务，也需要全民参与共建，创造必要的激励机制，以最广泛地汇聚民智，最大限度地激发民力。人们福祉的不断提高及至达到全面小康社会的标准，取决于市场产品和公共产品（服务）的不断扩大和均等化。市场产品的创造要坚持市场机制配置资源、提供激励信号的原则，使广大人民群众依靠自己的智慧、勤奋和双手，实现共同富裕。在公共服务供给领域，政府也应有所为有所不为，即坚持普惠性、保基本、均等化、可持续的方向，确保基本公共服务供给；同时创新公共服务提供方式，调动社会各方面的力量，广泛吸引社会资本参与，增强一般公共产品和服务的共建能力，增加供给数量、丰富供给类型，以及提高供给质量和效率。

第四，尽力而为、量力而行，不超越发展阶段的共享发展。共享发展是一个渐进的过程，以发展和社会财富扩大为前提。这就是说要处理好做大蛋糕和分好蛋糕的关系，蛋糕做大了需要均等分享，分享的前提则是蛋糕不断做大。一些国家在中等收入阶段长期徘徊不前的教训之一，就是在较早的发展阶段且经济增长绩效不佳的情况下，作出过多的公共产品供给承诺，形成经济和社会政策中的民粹主义倾向，最终却是口惠而实不至。我国目前人均 GDP 接近 8000 美元，位于世界银行定义的中等偏上收入国家行列，经济发展新常态下面临着经济增速和财政收入增速放缓、人口老龄化加速、需要帮扶的群体扩大等严峻挑战。为了顺利跨越这个发展阶段，全面建成小康社会，需要立足社会主义初级阶段这个国情，合理引导预期，既保证蛋糕不断做大又分好蛋糕，同时避免陷入高福利陷阱。

坚持以人为中心的发展理念[①]

——释放改革红利 经济保持中高速增长

"十三五"规划建议提出,在今后五年,要在已经确定的全面建成小康社会目标要求的基础上,努力实现新的目标要求。其中包括经济要保持中高速增长、人民生活水平和质量普遍提高、国民素质和社会文明程度显著提高、生态环境质量总体改善、各方面制度更加成熟更加定型。

一 如何理解经济保持中高速增长这一目标

中央曾明确指出,要实现"翻一番"的目标,"十三五"时期 GDP(国内生产总值)增长速度必须不低于 6.5%。李克强总理也在其他会议中指出,GDP 增速应达到 6.53%。

---

① 本文由《中国劳动保障报》记者闻天、赵泽众根据录音整理。

二　中高速增长数据如何得来

"中高速"是一个定性和定量相统一的数值。定性是指"十三五"时期我们同世界上其他国家相比，经济增长速度肯定不是中、低速，但同我们过去每年10%的速度相比，又不能算是高速，因此我们说是中高速；定量是我们有"两个翻番"的要求是必须要完成的，即2020年实现国内生产总值和城乡居民人均收入比2010年翻一番的目标。能保证这两个目标达成的速度就是"中高速"。

2010年，我国GDP总量是40.89万亿元。2015年如果按7%的增速计算的话，GDP总量应该是59.63万亿元。按照不变价GDP，2020年实现翻番应该是81.81万亿元。这就意味着在今后的5年，每年要增长6.53%。

还有一种可能性，如果今年的经济增速放缓到6.9%，那么今年年底，我国GDP总量会达到59.57万亿元。在这种情况下，每年的增速应该是6.55%，较上一种可能性每年需多增长0.02个百分点。在这些年中，我们也基本做到了居民收入增长和经济增长同步，今后只要保证经济增长不低于6.5%，就能保证城乡居民收入翻番。

在过去的几年里，我国城乡居民收入增长较快，农民的收入增速远高于城镇居民收入增速。照目前的情况看，城镇居民收入翻番比较困难。但是如果城乡合在一起计算，则肯定没有问题。

三　经济保持中高速增长如何实现

习近平总书记在《关于〈中共中央关于制定国民经济和社会发展第十三个五年规划的建议〉的说明》中用了一个新词：潜在增长率。现在经济学家测算的经济潜在增长率在6%到7%之间，我估算的数值是6.2%。

潜在增长率是指在各种资源得到最优和充分配置条件下，所能达到的最大经济增长率。在特定时期，生产力的投入和改善是固定的，这个能力决定了潜在增长率。潜在增长率可以通过劳动力增长率、投资增长多少、储蓄率增长和生产率增长多快来估算。在2010年之前，我们估算的经济潜在增长率在10%左右；而从2011年开始走下坡路，因为我们劳动力人口在2010年达到了峰值，在这之后就是负增长。因此，这不光影响了劳动力供给，造成劳动力成本提高，劳动力比较优势也逐步下降。

随着每年新增劳动力减少，人力资本受教育程度的改善速度也在减缓，影响了人力资本的变量。劳动力减少以后，就会尝试用资本去代替劳动力，用机器和机器人替代人，这会造成资本报酬递减，投资的回报率也会下降。

同时，劳动力减少，农村向城市的人口转移速度也会变慢。我们对全国务农人口进行过测算，真正务农的人数比统计年鉴的数据至少要低 10 个百分点。2014 年，真正务农的劳动力只占 19.1%，因为这些务农的劳动者都是 40 多岁或者年纪更大，他们转移到城镇的可能性不太大。可以说，16 岁到 19 岁之间、初中到高中学历的农村青年才是农村劳动力转移的主体。

从人口数据看，无论按照常住人口的口径还是按照户籍人口的口径，作为外出打工主体的 16—19 岁的农村青年人口，都已经于 2014 年达到峰值，今后总量将绝对减少。与此同时，年龄在 40—45 岁的农民工数量也开始减少，这是因为他们没有留在城市的长期预期，在这个年龄阶段就开始退出城市劳动力市场。相应的，在政策环境不变的情况下，农民工外出的净增长速度也必然减慢。实际上，这个趋势已经显现。例如，在 2005—2010 年期间，外出农民工年平均增长率为 4%，2014 年下降到 1.3%，而 2015 年上半年仅为 0.1%。这也就显示了通过结构转变带来的经济增长，资源重新配置也会减弱，这样的后果就是潜在增长率会下降。

6.2% 的潜在增长率达不到 6.5% 的目标，所以我们必须依靠改革红利，提高潜在增长率。

改革红利，就是通过改革，消除妨碍生产力发展的制度障碍，提高潜在增长率。我们也做了一个估算，如果没有改革，

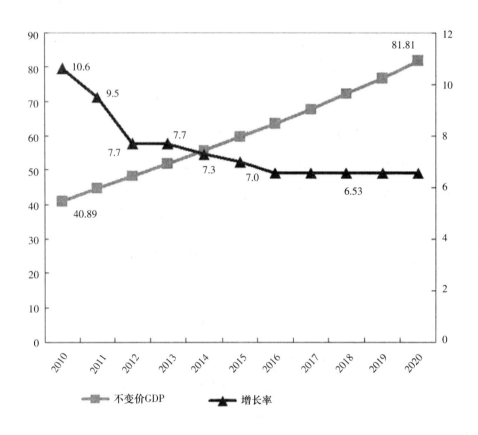

图1　我国 GDP 增长率和不变价 GDP(单位：万亿元)

我们的潜在增长率就会降低；如果进行改革，可以提高劳动力供给、提供全要素生产力和人力资本。改革红利带来的效应十分明显，通过改革红利能把潜在的增长率提高 1 到 1.5 个百分点。有的改革是立竿见影的，有的则需要假以时日，所以说争取拿到不低于 0.3 个百分点的改革红利，加在现在的潜在增长率上，就能达到 6.5% 的经济增长率的目标。具体来说，旨在保持中高速增长的经济体制改革，归根结底要通过延长人口红利以及寻找新的增长动力，市场、政府在其中都应发挥不可或缺的作用。

（一）"十三五"时期经济社会发展的基本理念———有的放矢让所有人都有"获得感"

"十三五"规划建议最大的亮点，是提出了五个发展理念。

第一是创新发展，这是引领发展的第一动力；第二是协调发展，这是持续健康发展的内在要求；第三是绿色发展，这是有序发展的必要条件和人民对美好生活追求的重要体现；第四是开放发展，这是国家发展的必由之路；第五是共享发展，这是中国特色社会主义的本质要求，体现了发展目的本身。五个发展理念非常具有针对性，它回应了人民对发展的期待，也体现了目标导向和问题导向的统一。

（二）创新发展　提高全要素生产率

创新发展就是着眼于新常态下经济发展的新动力。在衡量创新发展的指标方面，全要素生产率是一个重要概念。

全要素生产率，是指在各种生产要素的投入水平既定的条件下，所达到的额外生产效率。比如，一个企业也好，一个国家也好，假如资本、劳动力和其他生产要素投入的增长率都是5%，如果没有生产率的进步，正常情况下产出或 GDP 增长也应该是5%。如果显示的产出或 GDP 增长大于5%，譬如说是8%，这多出来的 3 个百分点，在统计学意义上表现为一个"残差"，在经济学意义上就是全要素生产率对产出或经济增长的贡献。

全要素生产率应该以适当的形式成为引导创新发展的指标。新的发展理念要转化为相应的发展实践，应在具体的规划中形成对应的指标。或许不必直接用于考核，但作为一种宏观激励信号，有助于引导政府、社会、企业了解什么是全要素生产率，如何才能提高全要素生产率，在其中各自应该扮演什么样的角色。

20世纪90年代，世界银行向全世界介绍东亚发展经验，把"亚洲四小龙"当成东亚奇迹。但以诺贝尔奖得主克鲁格曼为代表的反对派则认为，东亚经济并不存在奇迹，这些国家的经济增长就是"纸老虎"。因为东亚经济增长都是靠土地、劳动力、资本投入，而没有全要素生产率的提高。后来证明这个说法是错的。"亚洲四小龙"已全部进入高收入经济体行列。不过，克鲁格曼的观点影响了当时的新加坡。新加坡政府认识到全要素生产率对于经济增长可持续性的重要性，于20世纪90年代把全要素生产率每年提高2%设定为国家目标，从此创新能力和竞争力不断提高。

提高全要素生产率通常有两种途径，一是通过技术进步实现生产效率的提高，二是通过生产要素的重新组合实现配置效率的提高，主要表现为在生产要素投入之外，通过技术进步、体制优化、组织管理改善等无形要素推动经济增长的作用。从微观层面上讲，企业采用了新技术、新工艺，开拓了新市场，开发了新产品，改善了管理，体制改革激发了人的积极性，都可以提高全要素生产率。从宏观层面上讲，通过资源重新配置，比如劳动力从生产率较低的农业部门转向生产率较高的非农部门，就可以提高全要素生产率。

可以说，全要素生产率支撑的经济增长就是今天我们说的创新发展。从我国经济发展新常态的特殊要求出发，从经济发展面临的不平衡、不协调和不可持续问题着眼，立足于实现经济增长动力转换，完成全面建成小康社会决胜阶段任务，坚持创新发展的一个重要实施抓手和衡量标准，就是努力提高全要素生产率及其对经济增长的贡献率。

（三）协调发展加快提高户籍人口城镇化率

协调发展着眼于发展的健康性，只有健康发展，才有可能避免中等收入陷阱。协调发展是为了形成平衡的发展结构，包括四个方面内容：一是推动区域协调发展，二是城乡协调发展，三是物质文明和精神文明协调发展，四是推动经济建设和国防建设协调发展。我认为这其中非常具有创新性的一点要求是：户籍人口城镇化率加快提高。

过去统计的是常住人口城镇化率，就是居住半年及以上的人口，这部分人进入了城镇化率分子里面。农民工指离开本乡镇半年及以上的人口，农民工的定义和城镇常住人口是部分重叠的，因此农民工"被城市化"了，而农民工并没有得到户籍。真正户籍城镇化率只有37%，而常住人口城镇化率却有

55%，这之间十几个百分点的差值就是指农民工。城市基本公共服务并没有均等化，农民工就业不稳定、各种社会保险享受不全，没低保，孩子还不能享受均等教育机会。

农民工每年春节回家后都要作个决策：明年要不要出去？40岁以上的农民工在作这个判断时倾向于不再外出，因为上有老、下有小，并且自己在劳动力市场上越来越缺乏竞争力。因此，部分城市劳动力就返回了乡村。由于户籍制度的藩篱和基本公共服务不均等，农民工就业是不稳定的。当人口结构变化到这样的阶段，潜在的外出农村人口不足以补偿回流的农民工时，劳动力短缺现象将进一步加重。

因此，户籍制度改革要创造更好的环境，通过清除一系列与户籍制度相关的体制障碍，可以进一步促进劳动力向非农产业领域转移，稳定城镇化速度，获取资源重新配置效率，提高潜在增长率。如果解除了后顾之忧，农民工的各种待遇上去了，就会释放他们的潜力。城镇化后消费潜力也会释放，农民工会像城里人一样消费，从而释放了内需潜力。因此，一石三鸟、立竿见影，户籍制度改革有明显的改革红利。

"十三五"规划建议明确要求"户籍人口城镇化率加快提高"，习近平总书记强调"到2020年户籍人口城镇化率达到45%"这一目标，为户籍制度改革以倒排的方式设定了时间表，用有针对性的指标规定了路线图，必将产生明显的改革效果，创造有利于潜在增长率提高的改革红利。此时如果不能加快户籍制度改革，比如采用积分制度只让劳模享受到户籍城镇化成果，这就达不到目标。所以这个改革要求是很有政治智慧和勇气的。

（四）共享发展　增加人民福祉

共享发展，核心是增加人民福祉，包括提高教育质量、促进就业创业、缩小收入差距、促进人口均衡发展。共享发展是为了解决社会公平的问题，也就是说，我国 2020 年全面建成小康社会，必须要让所有人都有"获得感"。

在初次分配中，低收入家庭收入上涨加速，收入差距存在缩小的趋势。但当前我国基尼系数为 0.469，这表明城乡收入差距问题仍然比较突出。要实现全面建成小康社会的目标，除居民收入翻番外，还要显著缩小城乡差距，单凭初次分配很难实现。初次分配完成后，通常收入差距仍然很高，还要看再分配领域有没有余地。以爱尔兰为例，初次分配后基尼系数为 0.6，这一数据非常高，但通过再分配后降到 0.3，也就是基尼系数通过再分配可以砍掉一半。而我国通过再分配缩小收入差距的效果明显不够，我们的个税还没有真正瞄准富人。政府职责应当是通过再次分配明显缩小收入差距，这是政府的抓手，应当加大力度。共享发展重大举措应着眼于增加公共服务供给、转移支付、脱贫攻坚等，体现再分配领域政府的责任。

中国人口进入老龄化阶段，形成了一个重要国情———未富先老。同是发展中国家，我国人口老龄化程度要比其他发展中国家大很多，这对经济增长和养老都是挑战。因此，"十三五"规划建议提出共享发展的政策：一是保障基本民生，二是鼓励就业参与，三是促进健康长寿，四是纾解未富先老。通过生育政策调整，可以在未来把人口结构调整到相对合理位置上来，为时未晚。据调查，目前，符合二孩政策人群有9000万人，选择生育二孩的比重约15%。这个比重还是比较小，因为养不起。为什么我们现在养孩子成本高？因为公共服务没有提供到位。比如说义务教育阶段，公共服务并没有保证孩子能取得良好的学习效果，家长不得已要给孩子报很多辅导班才能达到预期，这就增加了成本。所以公共政策可以显著降低养育孩子的成本，让百姓只支付自己应该支付的私人成本。

共享发展成果中最庄严的宣誓，是按现行标准，贫困人口将全部脱贫，贫困县全部摘帽。根据国际经验和我国的经验，扶贫效果是递减的，边缘性人口很难脱贫。对此，习近平总书记做了具体分类，扶持特色产业使3000万人脱贫，转移打工人口使1000万人脱贫，异地搬迁再转移1000万人。对最后一部分丧失劳动能力人群，用低保政策兜底。

总而言之，"十三五"前景光明，任务繁重。

（原载《中国劳动保障报》2015年11月28日）

新库兹涅茨事实

——以国际经验比照中国现实及其政策启示

　　早在 1955 年，库兹涅茨揭示了一个倒 U 字型曲线：随着经济发展水平的提高，收入差距先扩大，达到一个峰值后趋于缩小，其中从差距扩大到缩小的拐点即著名的库兹涅茨转折点。以往对于库兹涅茨观察到的这一事实及其概括，无论是追随者还是质疑者，大多从一个不恰当的命题——是否存在着这样一条倒 U 字型曲线出发，导致在该领域的研究莫衷一是。按照这样的讨论方向，一经皮凯蒂在其《21 世纪资本论》中揭示的资本积累的长期动态，及其导致的收入差距扩大趋势被广为接受，库兹涅茨理论似乎就寿终正寝，不再有围绕其进行争论的必要。

　　然而，如果我们正确地提出问题，把库兹涅茨曲线所引起的争论转向尝试回答：需要付出哪些政策努力，具备并创造哪些制度条件，才能迎来收入差距从上升到下降的库兹涅茨转折点，则可以继续推进关于收入分配问题的研究，并获得有益的政策含义。也就是说，我们不再把库兹涅茨观察到的收入分配变化特征，当作一个必须判断正确与否的理论，而是将其作为一个分析问题的参照系。既然许多国家具有较大的收入差距是事实，政策制定者都希望缩小这个差距，并且一些国家也的确达到了缩小差距的目标，同时另一些国家仍然面对着收入差距扩大或者再扩大的艰巨挑战，我们可以在库兹涅茨框架内深化对于收入分配问题的认识，形成更加包容的理论和更加具有针对性的政策建议。

基于本人狭窄的阅读视野并着眼于对中国的借鉴意义，笔者尝试对自库兹涅茨发表其论文以来，在收入分配领域各国的经验教训和学术界卷帙浩繁的文献进行梳理，总结出若干具有显著性的观点及其验证，将其统一称为"新库兹涅茨事实"。从中可以发现，影响收入分配的因素是多元的、历史的，因各国特有的经济体制、发展阶段、政策取向和主导因素而发挥作用。

一　库兹涅茨转折点相伴刘易斯拐点而生

在二元经济发展的早期，由于存在劳动力无限供给和资本稀缺的特征，实际工资长期不变，资本回报率较高，虽然经济增长初步具有分享的性质，但是，收入差距通常保持较高的水平甚至呈扩大的趋势。而到达以劳动力短缺从而工资上涨为特征的刘易斯拐点后，普通劳动者以及低收入家庭的收入增长加快，在其他条件配合下，可能迎来收入分配的库兹涅茨转折点。曾经经历过二元经济发展时期以及刘易斯拐点的日本，提供了这两个转折点之间因果关系的经验证明。例如，南亮进等学者发现，在二元经济发展时期，日本农业劳动力大规模剩余，既可以解释经济的高速增长，也可以解释国民经济分配中劳动份额的长期下降。而在 1960 年前后到达的刘易斯拐点，也恰好促进了收入分配改善的库兹涅茨转折点的到来。

以持续的民工荒、招工难以及普通劳动者工资上涨为标志，中国在 2004 年跨越了刘易斯拐点。此后不仅工资连年上涨（如农民工实际工资在十年里保持 11% 的增长率），而且出现了熟练工人与非熟练工人之间、农民工与城镇本地工人之间，以及蓝领工人与高学历劳动者之间的工资趋同。这些发生在劳动力市场上的变化，从趋势上必然产生缩小城乡收入差距和整体收入不平等的效果。事实也正是如此。根据国家统计局的数据，城乡居民收入差距（城镇居民可支配收入与农村居民纯收入之比）从 1981 年的 2.04，攀升到 2009 年 2.67 的峰值，随后下降到 2014 年的 2.40，同期，全国基尼系数经历了从 0.31 高企为 0.49，随后下降为 0.47 的变化。如果这个趋势得以延续下去，则意味着中国的库兹涅茨转折点，继刘易斯拐点之后出现。

有些研究者认为官方的居民收入数据存在缺陷，如王小鲁认为国家统计局住户调查遗漏了规模巨大的隐性收入。他们通过自己的调查得出更高的以及持续扩大的收入不平等指标，如甘犁团队估算的 2010 年基尼系数高达 0.61。这样的发现也常常被一些"中国崩溃论"的鼓吹者所引用，例如，美国学者沈大伟就由此得出中国有着世界上最大的基尼系数的结论。如果说学者的此类研究有其学术价值和政策意义的话，对研究结果一知半解而盲目引用和引申，则往往导致错误的结论。

基尼系数的计算原理是，根据居民分组与收入分组的对应情况，描绘出收入分布的劳伦斯曲线，反映收入分配不平等的状况。但是，在实际抽取住户样本收集收入数据时，各国统计局和研究者都会遇到一个共同的难题，即收入分组两端的最富有和最贫困的群体代表性不足，因而在或多或少的程度上低估收入差距。或许这个丢失两端的现象，在中国的统计实践中表现得比发达国家更严重一些，但这的确是各国统计调查中的普遍现象。一些研究者着眼于遗漏的两端，挖掘出收入分配的异常值，计算出更大的收入差距指标，从而帮助我们认识收入差距产生的原因，因而是有意义的。但是，这样的研究结果与不包含异常值的其他国家的基尼系数之间，却不具有可比性。因此，由此作出判断说中国的基尼系数是全世界最高的，缺乏方法论的正确性和结论的可信性。

二　政府缩小差距的意愿和政策力度至关重要

收入分配是包括初次分配和再分配等一连串事件的结果，其中政府意愿、意图和政策倾向及手段，都显著地影响收入分配结果。其实，库兹涅茨本人也并没有认为转折点可以自然而然到来。克鲁格曼回顾美国民主党和共和党的交替执政历史，发现根据对待收入分配的不同态度，从而采取不同的社会政策，会导致大相径庭的收入分配结果。他本人以及其他经济学家都指出，正是由于美国经济和社会政策日益偏向富人的倾向，使美国成为发达国家中收入差距最大的国家。例如，斯蒂格利茨等人指出，目前美国1%的最富有人口，占有全国接近四分之一的收入和40%的财富。

无论是从旨在帮助普通家庭获得更大收入份额的公共领域投资，还是从有助于扩大中产阶级的再分配手段看，美国政府的政策倾向都不利于改善收入分配。美国的政治家和政治学家通过回顾美国政府政策因素的变化，证明过去20—30年间美国社会是朝着有利于富人而不是穷人或中产阶级变化的。例如，吉林斯等人用计量方法，对1981—2002年期间1779项影响收入的政策进行了分析，发现经济领域的精英和代表商界的利益集团，对美国政府政策具有重要的影响，而普通选民和大众团体的政策影响力则微乎其微。

　　如果说在改革开放的早期，针对在传统体制大锅饭和排斥非公有经济条件下缺乏激励机制的问题，我国在政策上偏重于"效率优先，兼顾公平"的话，自中共十六大以来，我国政府政策越来越关注改善收入分配，例如，十六大报告中的表述为："初次分配注重效率，再分配注重公平"，强调了政府对收入分配的调节职能，作出了调节过大收入差距的承诺。中共十七大之后，官方表述进一步明确为："初次分配和再分配都要处理好效率和公平的关系，再分配更加注重公平。"与此同时，着眼于改善城乡之间、地区之间和收入群体之间收入和基本公共服务不均等问题，中央政府实施了区域发展战略和财政转移支付，加强了劳动就业立法和执法，大幅度扩大了社会保障力度和覆盖面，推进了收入分配制度改革。2009 年以来收入差距的缩小与公共政策方面的这些努力直接相关。

　　毕竟，我国整体收入差距仍然处于较高的水平，仅仅依靠劳动力市场的转折点并不能产生迅速降低的效果，需要明显加大再分配力度。根据国际经验，即使那些收入差距较小的国家，也是通过再分配才达到公平的分配效果。例如，从 28 个收入差距较小的经济合作与发展组织成员国情况来看，将其再分配之前和再分配之后的基尼系数进行算术平均，分别得到 0.47 和 0.30 这两个不同的基尼系数，也就是说，经过再分配，这些国家的基尼系数平均下降了 17 个百分点。目前我国税收体系仍然是以间接税为主，个人所得税明显缺乏累进的性质，因此，从税收制度改革入手进一步有效调节过高收入，既符合国际惯例，也有巨大的调整空间，预期可以取得更显著的缩小收入差距效果。

三　产业和技术结构以及全球化影响收入分配

采用新技术、产业升级和全球化不利于普通工人收入提高的说法，早在工业革命的初期就出现了，至今仍然有类似的经验观察。在解释美国的收入差距扩大现象时，引用此类观察并作为证据的研究就颇占上风。例如，科文认为在美国，许多技术创新具有使用公共资源获取私人收益，并且不为广大劳动者所分享的性质。萨缪尔森也发现，以贸易和产业转移为主要内容的全球化，并不能使参与各国以及国内每个群体均等获益，表现为美国受教育程度低的劳动者沦为全球化的受损者。而斯宾塞在考察美国就业增长结构后则宣称，产业外包伤害了制造业就业，毁损了美国经济。

上述现象是存在的，但是需要在一以贯之的理论框架下进行具体分析。首先，在资本稀缺条件下推行资本密集型产业过度发展，违背产业结构调整须遵循的比较优势原则，必然人为提高资本报酬在国民收入分配中的比重，因而形成皮凯蒂式的收入分配格局。其次，技术进步或者全球化本身并不先天地注定是否具有分享的性质。一方面，取决于这样的进步过程是否能够即时提高劳动生产率，另一方面，取决于劳动者报酬能否与劳动生产率的提高保持同步。人们一度观察到一个所谓的"索洛悖论"，即信息技术的发展并没有带来生产率的提高。但是，后来的事实表明，互联网和移动技术的发展恰恰带来更多的灵活就业机会，赋予经济增长前所未有的分享性质。

在刘易斯拐点到达之前，我国充分发挥了劳动力丰富的资源禀赋优势，大力发展外向型劳动密集制造业，并通过积极参与经济全球化实现其比较优势和竞争优势，在推动高速经济增长的同时，实现了城乡就业的扩大和减贫。由于这个时期我国经济具有劳动力无限供给的特点，因此，工资增长未能与劳动生产率的提高保持同步，仅仅实现了一个具有分享性的不平等增长。随着刘易斯拐点的到来，普通劳动者工资上涨加速，收入分配得以改善，分享性大幅度提高。不过，有些研究者指出，近年来收入差距缩小的趋势尚不稳定，必须未雨绸缪地迎接新的挑战，才能把收入分配改善的势头持续下去。

在劳动力短缺和工资上涨的情况下，企业通常会根据生产要素相对稀缺性和相对价格的变化，采用资本替代劳动的策略，即机器换人和机器人换人。从总体趋势上说，这个过程是一种必然性，也是我国经济结构得以升级优化的必由之路。然而，为了使这个过程获得良性推动，同时避免负面效应，资本替代劳动必须把握两个重要原则。

第一，要素价格必须反映生产要素的相对稀缺性，形成正确的市场信号。如果要素价格存在扭曲，譬如说在实施产业政策中各种补贴和扶助造成对资本价格的干预，使其被人为压低，或者由于户籍制度改革滞后造成农民工就业不稳定，放大了劳动力短缺现象，从而使劳动力价格被人为抬高，则可能过早地拉高资本劳动比，诱导出超越发展阶段的产业结构，使得比较优势和竞争力进一步降低，伤害经济增长和劳动者就业。

第二，劳动者素质要有一个大飞跃，与机器换人和机器人换人的过程相适应。新一代机器人技术乃至自动化技术发展之快，得以同时把物质资本与人力资本以及操作技能与认知能力融于机器人一身，对劳动力的替代速度很可能会打破以往的时间界限。未来科技革命不仅更加劳动节约型，而且在某种意义上倾向于人力资本节约型，因此，我们面临着一场人力资本革命与机器人技术革命的竞赛，如果劳动者的人力资本不能在这个竞赛中胜出，既可能产生过高的资本劳动比，导致资本报酬递减，也会因自动化排挤各个层次劳动者的就业，最终的结果都会延缓收入分配改善的进程。

四　单纯分蛋糕的民粹主义政策适得其反

多恩布什等学者发现，某些拉丁美洲国家在经济增长停滞的情况下，采取了民粹主义的经济政策，一味地承诺或尝试再分配，却没有抓住造成经济增长停滞的主要因素，终究未能把经济增长速度搞上去。由于蛋糕不再能够增大，同时，对政策具有较大影响力的利益集团却掌控着收入分配的方向，政策承诺帮助的群体并未从这类政策中得到实惠，使收入差距未能缩小，反而进一步扩大。这种结果成为中等收入陷阱的典型表现。

此外，也有一些旨在缩小地区差距的政策得失值得总结。例如，为了缩小意大利南部（通常称为梅佐乔诺地区）与北部的发展差距，意大利中央政府实施了一系列过度依靠再分配的政策，如收入转移和工资均等化等，造成落后地区对发达地区和中央政府的过度依赖，引导资源流向寻租等非生产性使用，民间投资反而受到抑制。最终的结果是，南北方的生产率差距以及收入差距挥之不去。与之相比，在实施缩小德国东西部地区差距的政策中，德国联邦政府更着重于鼓励私人投资、增强劳动力市场灵活性、防止寻租行为，在某种程度上避免了梅佐乔诺陷阱。

我国着眼于城乡之间、地区之间和群体之间基本公共服务均等化，以及提高低收入群体收入、扩大中等收入群体规模、调节高收入、遏制非法收入和垄断收入的再分配政策，总体方向是正确的，也取得了改善收入分配的效果。然而，政策的实施中也显现出一定的倾向，误用或过度使用再分配政策工具，追求短期收入增长，可能产生对经济长期可持续性增长的不利影响。例如，有一些地方政府把最低工资制度误解为干预工资水平的手段，调整频率和调整幅度过大，干扰了工资市场决定的机制；基本社会保险精算水平低，过高的缴费率造成中小企业和微型企业不堪其负；户籍制度改革进展不尽如人意，造成农民工群体的非正常预期，不利于人力资本改善和劳动力供给的稳定，人为地加剧了非熟练劳动力的短缺并导致工资上涨过快。

所有这些政策倾向，都会在或大或小的程度上削弱企业竞争力，造成制造业比较优势的过快丧失，从而削弱我国经济长期增长的可持续能力，最终会通过减少就业机会，反过来伤害普通劳动者，造成收入差距缩小趋势的逆转，甚至可能再次扩大。避免这种情形的发生，应该着眼于让市场配置劳动力资源和形成工资水平，再分配政策则着眼于基本公共服务均等化，保持资源获得和就业机会的平等，通过实现关注民生与保持经济增长可持续性的有效结合，才能使收入差距的缩小更符合发展规律，效果更持久。

（原载《上海证券报》2015 年 9 月 10 日）

促进人口均衡发展

党的十八届五中全会通过的《中共中央关于制定国民经济和社会发展第十三个五年规划的建议》（以下简称《建议》），明确提出"促进人口均衡发展"的要求，强调坚持计划生育的基本国策，完善人口发展战略，积极开展应对人口老龄化行动。这是党中央顺应人民群众的迫切期待，推动经济社会持续健康发展作出的一个富有远见的重大部署，体现了增进人民福祉这一总体要求。

《建议》提出"促进人口均衡发展"的要求，是基于我国人口发展的新特征，为了更有力地应对未富先老这一新挑战。促进人口均衡发展的一个关键因素是合理的生育率水平。一般来说，保持2.1这个更替水平左右的总和生育率（妇女终身生育的平均孩子数），有利于达到人口均衡发展。从我国特殊国情出发，今后一段时期比较适宜的生育率水平，应该在1.8左右，过高或过低都不利于人口与经济和社会发展的均衡协调。

鉴于我国总和生育率目前在 1.5—1.6 之间，大大低于更替水平，人口老龄化已经突出显现，人口素质亟待提高，《建议》在全面实施一对夫妇可生育两个孩子政策、开展应对人口老龄化行动、注重家庭发展和关注妇女、未成年人、残疾人等人口群体等方面作出了战略部署。

一　我国人口发展取得的成绩和面临的挑战

自 20 世纪 70 年代开始在我国全面实施的计划生育政策，有效缓解了人口对资源环境和社保就业的压力，对经济社会发展作出了重要贡献，有力促进了人民福祉的提高。在"十二五"时期，人口发展更加均衡，完善人口和计划生育的工作顺利展开，生育政策调整有序推进。特别是贯彻落实党的十八届三中全会精神，顺利出台了单独两孩政策，生育水平变化符合预期，实现了人口发展主要目标和任务。与此同时，我国人口发展仍然存在着不均衡的特点，集中表现为人口加速老龄化及其相关影响，为"十三五"时期及更长期的经济社会发展带来严峻的挑战。

随着人口老龄化程度的不断提高，"未富先老"的特征愈益显现。2014 年我国 60 岁及以上人口达到 2.1 亿人，占总人口的比重为 15.5%，预计在"十三五"期间年均净增 600 万人，此后老年人口的总数将进一步加大，增速进一步加快。作为一个处于中等收入阶段的发展中国家，我国人口老龄化程度大大高于其他发展中国家的平均水平。在我国经济社会发展水平仍然较低，以及逐渐形成倒金字塔型家庭人口结构的条件下，从物质赡养、生活照料和精神慰藉等方面实际应对养老挑战，既是十分紧迫的任务，又是长期的目标。

人口老龄化的一个表现是劳动年龄人口的加速减少。自2011 年 15—59 岁劳动年龄人口达到峰值后，该年龄组人口逐年减少，预计"十三五"时期每年减少规模在 200 万人以上。相应的，人口抚养比将持续上升，预计在整个"十三五"期间，0—14 岁人口加 65 岁及以上人口与 15—64 岁人口的比率将提高 4 个百分点。改革开放以来，我国实现的高速经济增长得益于劳动年龄人口增长、人口抚养比下降带来的人口红利，因此，人口年龄结构朝不利方向的转变则表明，"十三五"时期人口红利将加快消失，表现在一系列不利于经济增长的因素上面，进一步降低我国经济的潜在增长率。

我国还存在人口素质方面的不均衡问题。主要表现为人口素质不高，这将成为产业结构调整、发展方式转变和增长动力转向创新驱动的瓶颈因素。长期以来，我国人口整体人力资本水平的改善，主要依靠受教育程度更高的新成长劳动力的进入，随着劳动年龄人口负增长以及新成长劳动力的负增长，人力资本改善的速度也会放慢。此外，提高人口健康水平、保障妇女和未成年人权益，以及支持残疾人事业，有利于显著提高平均预期寿命等人类发展指标，既标志着整个社会的文明程度，是坚持共享发展理念的题中应有之义，也是提高社会发展水平的直接着力点。

二　全面实施一对夫妇可生育两个孩子政策

《建议》提出全面实施一对夫妇可生育两个孩子政策，是利用"十三五"这个重要窗口期，因应人民群众的期待和呼声，进一步释放生育势能，从中华民族生存发展的高度实施人口发展战略的重大决定和举措。

从必要性看，实施这一政策调整的预期目标，是顺应群众的现行生育意愿，促进总和生育率向 1.8 这个水平回归，避免人口总量达到峰值后过快减少。从长期来看，这一政策的实施可减缓人口老龄化进程，在一代人之后可以增加劳动力供给，降低人口抚养比，提高经济潜在增长率。根据一些学者的估算，总和生育率每提高 0.1，可以把达到老龄化高峰期时的老年人口比重降低 1.5 个百分点；如果总和生育率提高到接近 1.8 的水平，与总和生育率 1.6 的情形相比，可在 2036—2040 年期间把经济潜在增长率提高 0.2 个百分点。从可行性看，在前期生育政策调整的铺垫下，这一新步伐既是积极的，也是稳妥的。

20 世纪 70 年代以来我国全面实施的计划生育政策，推动了我国从高生育水平到低生育水平的转变，实现了与资源环境相协调的目标。随着经济社会发展阶段和人口转变阶段的变化，在坚持计划生育基本国策的前提下，计划生育工作目标和实施方式也逐渐进行完善和调整。党的十七届五中全会通过的《中共中央关于制定国民经济和社会发展第十二个五年规划的建议》，提出"坚持计划生育基本国策，逐步完善政策，促进人口长期均衡发展"的要求。党的十八届三中全会通过的《中共中央关于全面深化改革若干重大问题的决定》，作出了具体的部署，即启动实施一方是独生子女的夫妇可生育两个孩子的政策，这是按照促进人口长期均衡发展的要求，在逐步调整完善生育政策方面迈出的一个重要步伐，全面实施一对夫妇可生育两个孩子政策可与其实现良好对接。

生育政策调整是一个以促进人口均衡发展为目标的系统工程，因此，要按照中央《建议》的要求，把生育政策调整与提高生殖健康、妇幼保健、托幼等公共服务水平结合起来。全面实施一对夫妇可生育两个孩子政策，要从两个方面着眼和着力，即一方面积极推进，努力使符合政策要求的群体能够愿意生和方便生第二个孩子；另一方面，也要做好工作，防止生育堆积现象，避免失控。因此，要做好相关的公共服务和预期引导，如加大对产科病床、医护人员、救助中心、产前筛查诊断以及托幼和义务教育等方面的投入，合理疏导生育时机，实现政策预期目标。

三　开展应对人口老龄化行动

养老是一个含义较为丰富的概念，即不仅包括物质和经济的赡养、日常生活的照料，还包括精神和心理的慰藉等内容。因此，推进我国养老事业也是一个涉及全社会方方面面的系统工程。《建议》着重从物质赡养、生活照料和精神慰藉三个方面着眼，把积极应对人口老龄化作为一项行动计划，作出了全面、协调、配套的部署。

弘扬敬老、养老、助老社会风尚。是否具有这样的风尚和氛围，反映了一个社会的文明程度与和谐水平。中华民族历来具有敬老、养老和助老的优秀传统，在人口老龄化加速和深度化的今天，更应该弘扬和鼓励形成这样的社会风气，营造这样的社会环境，从家庭、社区、社会各个层次和环节着力，构建老年人友好型社会，并从乡规民约、法律法规和制度体制等层面予以保障。

建设多层次养老服务体系。从我国家庭人口结构和未富先老等国情看，养老服务需求是多层次、多样化的，单纯依靠家庭养老或机构养老，目前都难以充分满足现实中迫切的养老需要。《建议》阐述了中国特色的养老模式，即以居家为基础、社区为依托、机构为补充的多层次养老服务体系。居家养老与家庭养老的不同之处，就在于前者把发挥家庭养老的优势，与依托社区提供的服务相结合，形成一个互为补充、符合现阶段国情的养老模式。同时，机构养老作为一种必要的补充形式，一方面是指通过市场化或半市场化的商业行为，提供较为优质的养老服务，为部分家庭提供养老方式的更多选项；另一方面是指政府单独或与社会合作，提供具有公共品或半公共品性质的基本养老服务，对困难家庭的养老需求予以托底保障。

以改革的精神探索形成中国特色养老模式。已经经历人口老龄化的国家和我国各地，都探索尝试了多种养老及其实施形式，取得许多有益的经验。在借鉴和总结国内外探索经验的基础上，《建议》明确提出进一步改革和探索要求，可以从以下两个方面加以概括。

首先，人口老龄化也意味着疾病流行类型的变化，随着从低龄老年人为主到高龄老年人为主的老龄化深化，疾病、失能和半失能老年人的医疗、康复护理需要日益迫切，医疗卫生越来越成为养老服务的主要组成部分。对此，《建议》提出推动医疗卫生与养老服务相结合，探索建立长期护理保险制度，旨在统筹医疗卫生与养老服务资源，完善老龄化社会保障，促进健康老龄化。

其次，养老服务事业和养老产业，同时具有公共品、半公共品和市场产品的特点，推动其发展需要全面发挥政府、社会和市场的作用。《建议》提出"全面放开养老服务市场，通过购买服务、股权合作等方式支持各类市场主体增加养老服务和产品供给"，既回应了我国养老服务需求激增的现状，又符合政府、社会、民间合作提供公共服务的现代理念。同时，养老服务和老年产业也是扩大消费内需的重要源泉，可以成为保持经济持续增长、形成新的经济增长点和促进宏观经济平衡的抓手。《建议》要求全面放开养老服务市场，通过政府向社会或经营者个人购买服务、实行股权合作等新模式、新业态、新方式，推动各类市场主体共同增强养老服务能力，增加养老产品的充分、有效和高质量供给。

四　注重家庭发展，关注困难人口群体

家庭是人口再生产、经济社会活动、人力资本培养和敬老、养老、助老的基本单位，是经济社会发展的重要推动力量和社会和谐的基础。因此，实现促进人口均衡发展的目标，必须建立在家庭发展的基础上。只有使家庭这个基本单位更加和谐稳定，能够在民生的改善方面有获得感，全面建成小康社会、人口均衡发展等战略目标才是实实在在的，才有扎实的微观基础。

家庭人口结构特征变化、人口流动性加强、人力资源由市场配置等新情况，既是社会发展的必然趋势，也为困难家庭和家庭弱势成员获得经济和社会发展均等机会造成特殊的困难，对政府公共政策提出紧迫要求。这方面的问题包括：部分计划

生育家庭面临劳动参与能力不足和家庭养老能力缺乏等困难；流动儿童和留守儿童在养育、照料和接受教育方面的欠缺；一些农村妇女和老人面临生活和生产困难；残疾人享受均等的受教育和就业机会不足，等等。因此，在全社会范围关注困难人口群体，必须与注重家庭发展紧密结合，要求政府和社会推动形成良好的社会氛围和政策环境，加大支持力度，切实保障妇女、未成年人、老年人和残疾人在接受教育、获得就业机会、社区资源分配和享受基本公共服务等方面的权益。

（原载《经济日报》2015 年 11 月 13 日）

追求双赢的竞赛

——论劳动就业领域的四对平衡关系

伴随经济和社会发展，居民收入水平持续提高，科学技术进步成果不断得到应用，产业结构优化升级，社会保护水平逐步增强，这些正是创新、协调、绿色、开放和共享发展理念的具体体现。在劳动就业领域，我们所追求的各项目标之间存在着互为条件、需要相互配合的关系，如果不能协调好这些关系，预想的目标之间就会相互制约，甚至可能产生欲速不达的效果。具体来说，我们面临着四对重要的平衡关系，或者也可以看作是四场重要的一对一赛局，其特殊之处在于，竞赛双方不是非此即彼或非输即赢的关系，而是需要保持双方均衡进度从而实现双赢。作为"十三五"开局之年，自 2016 年伊始，我们就应该主动进入状态，努力争取这几场关键竞赛的双赢结果，从而保持中国经济的中高速增长，实现全面建成小康社会的宏伟目标。

一　工资上涨与劳动生产率的提高

中共十七届五中全会首次提出两个"同步"的要求，即居民收入增长和经济发展同步、劳动报酬增长和劳动生产率提高同步。一方面，我们要继续坚持两个同步，另一方面，对两个同步内涵的理解和重点的强调也应该与时俱进。如果说在一段时间内，我们讲两个同步，重点在于强调居民收入增长或劳动报酬增长能够跟上经济发展或劳动生产率提高的步伐，目前则应该更加强调居民收入增长要建立在经济发展的基础上、劳动报酬的增长要建立在劳动生产率提高的基础上。

工资水平与劳动生产率之间的关系密不可分。归根结底，劳动者创造价值的能力，是劳动报酬增长的根本源泉和可持续性所在，没有劳动生产率的提高，工资增长就成为无本之木、无源之水。不仅如此，工资水平还与劳动生产率共同决定着企业、产业乃至国家的竞争力。许多分析者往往简单地把工资绝对水平等同于影响比较优势或竞争力的成本因素，而忽略了劳动生产率在其中的作用。把两者结合考虑，决定比较优势或竞争力的一个关键指标是"单位劳动成本"，它与工资水平成正比，与劳动生产率成反比，即工资增长会提高单位劳动成本，而劳动生产率提高则会降低单位劳动成本。显而易见，如果劳动报酬增长速度快于劳动生产率提高速度，单位劳动成本就会提高，与之相关的企业和产业的比较优势和竞争力则会遭到削弱。

以中国在2004年前后迎来刘易斯拐点为界，工资增长与劳动生产率提高之间的关系发生了趋势性的变化。以农民工的实际工资水平为例，2004年以前的十年中基本处于停滞状态，此后则迅速上升，2004—2014年期间年均增长率为11%。与此同时，面对劳动力短缺现象，资本替代劳动或机器（人）替代工人的进程加快，导致资本劳动比的迅速提高，资本报酬率下降，劳动生产率并没有同步提高。根据世界大型企业联合会最新数据，中国劳动生产率的年平均增长率从2007—2012年期间的9.5%，下降到2012年和2013年的7.3%以及2014年的7%。

在短期内，工资上涨快于劳动生产率提高带有一定的对历史补偿性质，但是，这种劳动生产率提高滞后于工资上涨的趋势持续下去，必然导致单位劳动成本的上升。据都阳估算，由于工资的上涨速度快于劳动生产率的提高，中国制造业的单位劳动成本自2004年开始即呈提高趋势，至2012年已经上升了40%。也就意味着，中国制造业的比较优势以及国际竞争力相应降低，而且越是劳动密集程度高的产业，比较优势和竞争力的下降也就越明显。虽然日本媒体关于中国单位劳动成本已经超过日本的说法，目前还属于危言耸听或言过其实，但是，如果劳动生产率不能得到显著提升，中国单位劳动成本超过发达国家应该就为时不远了。

因此，要防止中国制造业比较优势过快丧失和经济增长过疾减速，一定要遏制住单位劳动成本的上升趋势。工资水平和劳动生产率分别作为分子和分母，两端都有诸多可着力之处。首先，我并不建议人为抑制工资的上涨，毕竟，目前的工资水平主要是依据供求关系变化在劳动力市场上形成。但是，劳动力供给潜力尚未充分挖掘，例如，妨碍农民工稳定就业的户籍制度放大了劳动力短缺，无疑助推了工资的更快上涨。因此，类似户籍制度改革这样的举措，有助于从工资侧抑制单位劳动成本的上涨。其次，通过改革提高劳动生产率的重要性，无论怎样强调都不过分。提高劳动生产率通常有两个途径：一是提高资本劳动比，但如果过度、过快提高则会导致资本报酬递减现象；二是提高全要素生产率，这才是劳动生产率提高以及经济增长的不竭源泉。通过消除制度性障碍改善资源配置效率，以及通过科技进步促进产业结构升级优化，都可以提高全要素生产率。

二 旧岗位的破坏与新岗位的创造

2012 年至今的经济增长减速情形，是伴随潜在增长率下降出现的结构性变化，是中国经济发展进入新常态的表现，主要不是周期性现象。由于实际增长率并没有低于潜在增长率，因而也没有形成增长缺口。按照潜在增长率的定义和奥肯定律，与增长潜能相符的增长速度，可以达到生产要素的充分利用，因而不会产生周期性失业。事实上，中国的就业和失业等指标迄今保持稳定。然而，经济增长动力转换的过程，却是一个表现为创造性破坏的产业结构调整过程。这种创造性破坏效应也会在新岗位得到不断创造的同时，损失掉相当一部分传统就业岗位。经济史表明，岗位的消失与创造同时发生，是产业结构升级优化的必然结果，而对于进入经济发展新常态的中国来说，更快更剧烈的产业结构变化，也就意味着岗位的创造性破坏是不可避免的。

在今后一段时间内，就业岗位会发生三种变化情形，可以概括为三种重新配置类型，分别带来相应的挑战。第一，伴随着因生产率和竞争力差异产生的企业优胜劣汰和新老更替，工人也将经历一个重新配置即转岗的过程，即便这种转岗没有提出技能提升的要求，从离开旧岗位到找到新岗位之间往往有一个时滞，这时转岗工人将遭遇摩擦性失业。第二，现实中，从旧岗位到新岗位的重新配置通常是产业结构升级优化的结果，往往对劳动者技能提出更高的要求。由于更新技能需要培训和学习，时间长短因劳动者人力资本禀赋以及其他人口特征而异，在技能培养期间，劳动者可能处于结构性失业状态。第三，产业结构的升级在造成旧岗位消失的同时，伴随着对传统岗位技能的需求减少，及至相关技能最终被废弃。经济史上此类现象不胜枚举，而在新技术革命加速发生的今天，这种现象将愈益普遍。面对这个新情况，政府应立足于改革，在以下几个方面着力。

首先，没有创造性破坏就没有产业结构升级优化，但是，对劳动者转岗的社会政策托底必须加强。劳动这个特殊的生产要素是以人为载体的，产业、产能、企业甚至岗位，都要通过创造性破坏以实现升级优化，对劳动者却不能简单地丢给市场竞争，采取听之任之的态度。目前占城镇总就业超过1/3的农民工是保护的重点，他们在劳动力市场上处于脆弱地位，极少被纳入城镇低保，基本社会保险覆盖率很低，直至2014年年底，参加失业保险的比例只有9.8%。过去农民工以农业作为就业蓄水池，今后不再可行。为了防止农民工返乡带来的逆库兹涅茨化现象，即生产率提高速度放缓并伤害经济增长，在推进户籍人口城镇化率加快提高的同时，应加大对这个群体的社会保护力度。

其次，通过教育和培训加快人力资本积累速度，化解劳动力市场上的结构性矛盾。无论从受教育年限还是从技能水平来看，中国劳动者群体的人力资本尚不适应产业结构急剧变革的需要，因此，人力资本积累不仅是一个长期愿景，更应该作为当务之急。目前农民工的受教育程度，尚不足以支撑他们进入新成长部门的岗位，亟待纳入转岗扶持和相应的培训体系。

最后，适应就业岗位的创造性破坏过程，劳动就业统计既要反映新岗位的创造，也应该反映旧岗位的破坏，以作为判断劳动力市场状况的充分信息。根据人力资源和社会保障部（2015）公布的数据，2014年城镇新增就业人数为1322万人。但是，从人口数据分析，这一年全国城乡新增经济活动人口仅为380万人。很显然，这个新增就业不是净增数，即仅仅统计了岗位的进入，没有统计岗位的退出。另一方面，媒体和一些专家在强调就业压力时，往往渲染了一些产能过剩或资源枯竭型产业以及低效企业的岗位破坏，却没有对等地揭示新兴产业和新成长企业的岗位创造。类似的，新成长企业与退出企业的统计信息要同时提供，以便对照观察和作出精准分析。

三　机器人技术进步与人力资本积累

英国《金融时报》记录了一位美国工厂主的经历。这位企业家指点着自己的车间说，这些制造过程以往都是在中国进行的，由于使用了机器人，我们将其从中国偷了回来，变成了美国制造。这与美国经济以及就业复苏的整体画面是一致的。这幅图画的另一面则是中国非熟练劳动者面临的机器换人挑战。传统意义上的资本替代劳动，无论是表现为机器设备替代劳动者还是老一代机器人替代劳动者，由于资本报酬递减律的作用，过程通常是缓慢的和渐进的，得以与劳动者素质的提高相适应。但是，新一代机器人把物质资本与人力资本融合到一起，把操作技能与认知能力结合于一身，既必然替代操作一线的劳动密集型工人，也将逐渐替代智力密集型劳动者，因而打破了资本报酬递减律。特别是由于指挥机器人工作的芯片更新速度远远快于工人技能的转换，替代的来临和实现速度将大大快于以往。

2014 年中国取代日本成为世界第一大机器人市场，进口量和生产量的增长也方兴未艾。据媒体报道，广东省政府宣布斥资 9430 亿元在未来三年推动包括"机器换人"在内的技术改造。假设目前珠三角地区一线工人年工资为 5 万元，政府预计投入的资金量足够雇用 1886 万人，即使按照近年春节后最大用工缺口 60 万人算，也可以满足未来数年的劳动力需求了。可见，这个雄心勃勃的投入计划背后，一定是在遭遇刻骨铭心的瓶颈制约的情况下，有着以下更强烈的动机和更长远的预期。首先，多年招工难和劳动力成本提高的困扰。2004 年中国最早显现的民工荒就发生在珠三角地区，此后劳动力短缺和工资成本上升形势最严峻的也是该地区的广大外向型制造业企业。其次，机器人技术突飞猛进发展的激励。传统的机器人本质上仍然是机器，但是，新一代机器人有了学习能力，在智能上已经、正在并将继续取得更快的进步。因此，机器人换人的时间可能比任何人预期的都要来得早。

由于机器人技术突飞猛进这个背景，我们面临的竞争不再来自于年轻型人口国家。一方面，机器人技术的发展很可能会显著缩小诸如印度和非洲这些具有年轻型人口结构国家的机会窗口。更重要的是，这些国家在劳动者教育水平上与中国仍然保持巨大的差距，短期内难以赶超。例如，在 35 岁这个年龄段上，印度人口的平均受教育年限（5.4 年）比中国（8.8 年）低 38.7%。按照教育的发展规律，这个差距不是短期内可以得到填补的。

真正的竞争来自于处于技术创新前沿、具有明显人力资本优势的发达国家。因为按照预期，机器人的发展及其成本的降低，将迅速消除任何国家享有的单位劳动成本优势，缩小国家之间在这方面的差异。换句话说，是科技创新能力和劳动力素质，而不是劳动力数量和工资水平，决定未来的制造业配置版图。同样在 35 岁这个年龄段上，中国人口的平均受教育年限与美国（14.2 年）的差距，与高出印度的幅度是一样的。所以，中国面临的挑战，归根结底不是被那些劳动力成本低廉的发展中国家夺走就业岗位，而是面临着人力资本积累与机器人技术的赛跑。能否赢得这场竞赛，取决于人力资本改善的速度。

教育与培训应该从技能、认知能力和非认知能力等方面全面培养人力资本，因而需要了解各自的教育规律和经济学含义。大量研究结果和共识表明，在教育必须培养的这三种能力中，职业教育和培训提供的技能培养，具有私人回报率最高、社会回报率相对低，以及市场外部性相对小的特点；与之相比，普通学校教育培养的认知能力，社会回报率提高，外部性增大，私人回报率相对降低；而主要靠儿童早期发展和学前教育培养的非认知能力，则具有最高的社会回报率、最显著的外部性、相对小的私人回报率。因此，经济学家按照社会回报率或外部性排列，得出"学前教育——义务教育——高等教育——职业培训"这样的顺序。毋庸置疑，教育和培训体制改革应充分考虑这些规律，政府投入的优先顺序也应据此排列。

四　填补养老金缺口与延迟退休年龄

老龄化是世界范围现象，越来越多的国家同时面临着养老保障制度可持续性和劳动力短缺的双重挑战。中国老龄化速度几乎是世界上最快的，而且将在 2035 年之前处于加速老龄化时期。2010 年中国 60 岁及以上人口达到 1.83 亿，占全部人口的比重为 13.5%，根据联合国预测，2020 年中国老年人口及其比重将分别提高到 2.67 亿和 18.9%。如果这个趋势继续下去，2035 年两者分别为 4.42 亿和 30.8%。事实上，虽然人口变化趋势具有相对稳定的特点，但是，人口预测也是经常调整的，特别是当生育率发生变化时。迄今为止，导致联合国对中国人口预测进行调整的影响因素通常是生育率的下调，而随着生育政策调整，特别是普遍二孩政策的实施，今后生育率可能会有一定程度的提高，因此，未来老龄化程度或可预期略有放缓。

我们暂且不考虑生育率变化的因素，而是来看一看，如果按照 65 岁及以上的口径定义老年人口会有什么不同的结果。事实上，以 60 岁及以上还是 65 岁及以上定义老年人口，会有相当不同的劳动年龄人口与老年人口相对数量，以及老龄化率。2010 年 65 岁及以上人口为 1.28 亿，占全部人口比重为 9.4%，根据预测，到 2020 年，这两个指标分别为 1.93 亿和 13.6%，2035 年分别为 3.34 亿和 23.3%。也就是说，如果以 65 岁及以上作为老年人口的定义，与以 60 岁及以上人口定义的情形相比，到 2035 年，老龄化率可以降低 7.5 个百分点，老年人口数减少近 1/4。

正因为如此，鉴于中国养老保障制度的建立相对滞后以及迄今为止仍然具有的"现收现付"性质，预期随着老龄化的进一步加深，在财务上和制度运行能力上将会日益捉襟见肘，所以中央提出"渐进式延迟退休年龄"的改革目标。由于目前维持这个养老保障制度的基础，完全在于尚有利的人口年龄结构，一旦抚养比大幅度提高，这个制度就会难以为继。因此，无论是从保持养老保障制度的可持续性还是从增加劳动力供给角度，最终都不能回避这个目标。以经济发展与合作组织（OECD）成员国为例，2010 年男性平均退休年龄为 62.9 岁，女性为 61.8 岁。按照既有趋势估计，到 2050 年，OECD 成员国男女平均退休年龄将达到 65 岁，即在 2010 年的基础上，男性退休年龄提高接近2.5年，女性退休年龄提高大约4年。

但是，正如中央对这一目标的表述所显示，拟达到目标（延迟退休年龄）与实现手段（渐进式）具有同等的重要性。由于中国劳动年龄人口的受教育程度与年龄具有反比关系，即年龄越大受教育程度越低，在劳动力市场上的竞争力也越弱，他们的实际退休年龄事实上还显著低于法定退休年龄。如果不能通过教育、培训和就业政策调整，明显提高大龄劳动者群体的就业能力，提高实际退休年龄，延迟退休年龄的政策充其量只能解决养老金潜在缺口的问题，却不能达到增加劳动力供给的目的，反而把这个群体置于不利的劳动力市场地位。因此，当前的政策着眼点不在于制订一个延迟法定退休年龄的时间表，而是针对大龄劳动者的人力资本特征，实施一个改善就业环境、增强就业能力，从而提高实际退休年龄的路线图。

（原载《第一财经日报》2015年12月31日）

创造性破坏与社会政策托底

穆勒曾经警告过，社会救助（即我们现在所说的社会保障体系）会产生两种结果，一种是救助行为本身，一种是对救助产生的依赖。他认为，前者无疑是有益的结果，后者则在极大程度上是有害的，其危害性之大甚至可能抵消前一结果的积极意义。的确，大量历史和国际经验都表明，处理好这两个结果之间的分寸，既重要又微妙，构成一个关于社会政策适度性的"穆勒难题"。

当今世界也提供了许多国际经验教训。例如，中等收入陷阱现象中，就存在着民粹主义政策倾向，即在蛋糕不能做大情况下陷入高福利陷阱，只能造成口惠而实不至的结果。又如，一些南欧国家过度福利化导致缺乏劳动参与的激励机制，在陷入主权债务危机的情况下，改革举步维艰。

我们要讨论的是，在经济发展进入新常态的情况下，社会政策的必要性和适度性问题。这个问题既重要又紧迫，也具有针对性。

一　中国经济减速在于供给侧因素

中国经济为什么减速？对立的观点包括原因在需求侧还是在供给侧，或者以经济周期论解释还是以发展阶段论解释。目前，还是有不少人自觉不自觉地把减速的原因归结为需求侧和周期因素。我们可以做一个思维实验，看一看为什么有人总是从周期性或需求侧认识，为什么这样的判断是错了。

我们可以从实际增长率与潜在增长率之间的增长缺口看这个问题。长期以来我国潜在增长率高达 10% 左右，如果有人认为中国经济没有发生任何阶段性变化，潜在增长率仍然保持那个水平，目前实际增长率只有 7% 左右，则意味着尚未达到潜在增长能力，存在增长缺口。如果我们承认随着发展阶段变化，中国的潜在增长率下降到 6%—7% 了，则目前的增长率仍然符合潜在增长率，就不存在增长率缺口。我们对潜在增长率的估计表明，2010 年以后潜在增长率明显下降，因而导致减速。

造成减速的供给侧原因包括：（1）由于劳动力短缺成为普遍现象，工资增速超过了劳动生产率，结果是单位劳动成本上升，制造业比较优势加快丧失；（2）新成长劳动力减少甚至负增长，相应的人力资本改善速度下降；（3）劳动力无限供给特征消失，资本报酬递减现象发生，导致投资回报率下降；（4）

劳动力从农村到城市转移的速度放慢,资源重新配置效应弱化,导致全要素生产率的增长率下降。

二　新增长源泉来自于创造性破坏

分析上述四个方面导致减速的供给侧因素可见,前三个固然也有潜力可挖,但涉及供给侧结构性改革,如通过户籍制度改革提高劳动参与率可以增加劳动力供给,缓解单位劳动成本上升的压力,加强教育和培训提高人力资本水平。不过从更长期的角度来看,中国经济可持续增长的源泉,归根结底在于全要素生产率的提高。目前,劳动力转移速度放慢,意味着资源重新配置效率这个全要素生产率的源泉不再喷涌,但是,提高全要素生产率还有新的窗口——企业之间的资源重新配置,或者说进入与退出、生存与死亡,即创造性破坏,还可以大幅度挖掘生产率潜力。研究表明,在成熟经济体中,全要素生产率的提高有1/3到1/2来自于此。

这就意味着,为了提高资源配置效率,过时的产业应该被淘汰,落后和过剩产能应该被破坏,僵尸企业应该被处置,甚至失去比较优势的就业岗位也不要保护。但是,唯独劳动这个生产要素是以人为载体的,与其他生产要素性质不同,因而不能任由自生自灭,必须要有社会保护。这是以人为中心的发展思想的题中应有之义,也是社会政策托底的含义。越是实现社会保护，创造性破坏才越能显现改善资源配置效率的效果。

三　以中国特色实践打破穆勒两难

人们普遍观察到的我国社会保障覆盖率和水平仍然较低，劳动力市场缺乏必要的规制都是事实。与此同时，人们担心过度福利化倾向，担心劳动力市场灵活性丧失也不无缘由。这就是穆勒两难的当前表现。在欧洲，政策研究者为了追求劳动力市场的稳定性与灵活性这两个目标的一致性，甚至发明了一个英语新词，叫"灵活稳定性"（Flexisecurity），一方面阐明了他们所追求的目标，另一方面也表明这个期待的目标是如何难以企及。

这里，我并不打算给出一般性的结论（其实也没有什么放之四海而皆准的结论），而且，鉴于在其他写作和讲演中，我已经讨论了很多相关的政策问题，这里也不打算过多重复。只是对研究者提一个建议：我们在学术研究和政策讨论中，固然都需要提出目标模式，可以带有一定的理想化色彩。但是，作为经世致用的经济学的研究结果，要想真有用，则必须在研究的过程中同时提出限制性条件，要有对于保持政策平衡的边界设计。在社会政策讨论中，把穆勒两难作为一个限制条件，有利于提出有针对性和可行性的政策建议。

（2016 年 4 月 20 日在第十三届北大赛瑟论坛上的演讲）

从教育入手消除城乡二元结构

　　党的十八届三中全会提出"使市场在资源配置中起决定性作用和更好发挥政府作用",是消除城乡二元结构的重要指导方针。劳动力市场引导农村劳动力转移,实现非农就业,提高了城镇化水平和农民收入,缩小了城乡差距。这是市场的作用。但是,劳动力市场也有失灵的情况。例如,自2004年出现民工荒以来,劳动力短缺现象越来越普遍,普通劳动者工资上涨迅速并且增幅超过受教育程度更高的劳动者,形成工资趋同现象。用经济学术语解读就是教育的回报率下降,用老百姓的语言来说,就是多读书不如早就业。

　　因此,劳动力市场强劲也带来教育激励不足的问题,即农村家庭对子女义务教育阶段后升学的积极性下降,局部地区初中阶段辍学率有所提高。从短期劳动力市场信号看,第一,义务教育阶段后教育家庭负担的直接支出绝对水平和比重仍然较高,低收入家庭承受力不足。第二,农民工工资上涨的趋势造成接受教育的机会成本不断上升，家庭对子女读书的成本收益账算下来，不利于教育扩大。第三，2013 年义务教育阶段在校生中，流动儿童达 1200 余万人，留守儿童达 2100 余万人，既存在教育质量问题，也未能很好地解决入学的问题。

教育问题体现公平与效率的统一。首先，城乡教育资源配置不均等，农村地区特别是贫困地区以及农村居民和农民工尚未享受到均等的教育机会，不仅是今天城乡收入差距的重要原因之一，还会导致贫困的代际传递，妨碍全体人民同步进入全面小康社会。其次，教育激励不足必然导致人力资本积累速度减慢。新成长劳动力逐年减少的趋势，本身就意味着劳动力存量的人力资本改善速度下降。如果不能有效激励教育，大幅度提高新成长劳动力的受教育年限，经济增长会遭遇人力资本瓶颈的制约，会出现工资上涨超过劳动生产率提高的势头，妨害经济长期可持续增长，最终还会伤害劳动者及其家庭。

根据测算，目前农民工平均受教育年限刚好达到义务教育的 9 年要求，与第二和第三产业劳动密集型岗位是匹配的。产业升级后，第二产业的资本密集型岗位和第三产业的技术密集型岗位则平均需要大约 12 年教育的劳动者。那时，不仅经济增长将受到制约，许多劳动者也会遭遇结构性失业冲击。

也就是说，今天的人力资本与未来的产业结构需求有至少 3 年的教育年限差距。"百年树人"这句老话是教育发展特点的真实写照。1990—2010 年，有"普九"和高校扩招这样的

引擎，二十年间我国成年人的平均受教育年限才增加了 2.7
年。因此，必须未雨绸缪，政府要有更大的作为，政策要有更
大的力度，实现城乡教育资源的均等化。

在政治局第二十二次集体学习时，习近平总书记要求努力
在统筹城乡关系上取得重大突破，特别是要在破解城乡二元结
构、推进城乡要素平等交换和公共资源均衡配置上取得重大突
破。可以说，政府推动教育资源在城乡之间的均等化水平，在
农村特别是贫困地区为青少年受教育创造有利条件，是破除城
乡二元结构的突破口和关键之举。

（原载《光明日报》2015 年 7 月 22 日）

企业竞争力来源于践行五大发展理念

目前中国在经济转型结构调整的过程中，企业普遍都感觉到日子过得很艰难。这是中国在脱离低水平发展，转向技术创新的过程中必然要忍受的阵痛，即创造性破坏中的阵痛，也意味着中国已经在开启一个新的发展阶段了。发达国家很难实现经济增长高于3%的增速，就是因为它们处于技术创新的最前端，每一步小的创新都很艰难，但是含金量却很高。中国也在向含金量高的层级迈进。

党的十八届五中全会提出了创新发展、协调发展、绿色发展、开放发展和共享发展的五大发展理念。这些发展理念的转变必然带来竞争力评价标准的变化、竞争力方向的变化以及提高竞争力方式的变化。总体来说，"十三五"带来的机会在于对五大发展理念的践行过程中，在于新的竞争力要求产生的新的发展机会。

一　创新发展的核心是竞争力来源的变化

过去经济增长整体依靠速度的扩张和规模的扩大，但未来必须要靠效益和生产率的提高，其中最重要的是提高全要素生产率。全要素生产率首先来源于技术进步而产生的新科技及其应用。或许中国已经处于新的科技革命之中，需要抓住当前的机会。一般来讲，科技革命的机会既有先发优势又有后发优势。先发优势的机会对所有人平等，发达国家和技术发展相对落后的国家同样可以抓住。先发优势机会如果抓得准、抓得早，就可以弯道超车。智能科技、新材料、新能源、互联网、移动网等与科技革命相关的领域均具有抓住先发优势的机会。同时，中国在科技和创新能力上毕竟和发达国家有一定的差距，这个差距使我们在某些领域不用自主创造，可通过购买、引进，模仿等廉价的方式赢取后发优势。如果忘记了后发优势，就会枉费资源，反而占用了争取获得先发优势的资源。因此中国必须把先发优势和后发优势结合起来，达到比较高的竞争地位。

全要素生产率的另一个来源是资源的重新配置。过去资源的重新配置发生在产业之间，比如农业中存在大量剩余劳动力，生产率很低，将其转移出来就实现了资源配置效率的提高。但未来是企业资源的重新配置，消除生产要素和资源流动的障碍，缩小企业之间生产率差距，从而提高整体的全要素生产率。这个过程可能是企业之间相互追赶的动力，但更主要的是会实现优胜劣汰和创造性破坏。

因此，未来企业围绕提高竞争力进行改革的时候只有两个选择，一个是处于痛苦的努力之中，一个是竞争失利而死去，甚至死去并不痛苦，但是活着就一定会痛苦。中国目前所处的发展新常态，就是创造性破坏的时代，也是优胜劣汰的时代，更是经济走向新的发展模式的时代。

目前，从很多向好向上的指标中，我们已经看到大量新企业的成长、第三产业比重在提高，也看到很多新业态新模式的出现。很多经济学家乐于对这些改革中的新生力量作出评价。例如，目前新企业数量很多，增长也很快，但也要看因此退出的企业有多少，需要衡量创新和破坏的程度，看看二者哪个更占优势，才能对创造性破坏作出客观的评价。

二　协调发展意味着转变发展方式要统筹考虑

协调发展意味着中国需要消除过去不协调的现象，对于企业来说，则是在传统发展模式下的增长动力逐渐消失、产业加快升级优化的过程中，寻找新的投资机会和发展机会。中国产业重心正在从传统制造业转向新型制造业，并且更多转向第三产业的新的需求领域，比如教育、医疗卫生、休闲等行业。但是，中国人口红利正在消失，在资源重新配置的过程中，需要统筹考虑发展的均衡性。

那些竞争力下降的企业常常寄希望于刺激性政策的实施，但是，若实体经济没有真正的投资需求，即使投资在基础设施领域，那也改变不了企业被淘汰的命运。因为基础设施的需求是诱致的需求，是派生的需求。若实体经济没有高速增长，基础设施领域的增长是没有意义的。如果依旧在这个领域进行投资，将促使投机性需求的产生。资金将从实体经济外溢到投机性的领域而产生泡沫，这些泡沫终将破灭。因此，中国不能靠刺激性投资硬撑，要转向新的投资领域。

中共十八届五中全会提出户籍人口城镇化率加速提高。过去我们只说城镇化，而这是第一次在中央文件中，在城镇化率前加了定语，分别说到常住人口城镇化和户籍人口城镇化。常住人口城镇化，是指在城市居住六个月及以上的人口的比重，其中包含了1.7亿的农民工。这部分农民工进城发展，但是没有城镇户口，没有享受到基本的公共服务，因此他们的消费模式和城镇居民不一样。如果通过户籍制度改革将农民工逐渐转化成市民，户籍人口的城镇化率必须加速提高。这部分人改变消费模式之后，产生的新需求就是新常态下的投资机会。

三 绿色发展本身就是新的发展机会

绿色发展是从过去向自然和环境索取的发展模式,转向和回归反哺自然的发展模式。过去我们认为这要牺牲速度才能做到,毕竟过去中国快速发展的 30 年是依靠资源的大量使用、环境资源的过度开发换来的增长。但从宏观角度而言,绿色发展和经济增长速度二者不是此消彼长的,绿色发展本身也是新的发展机会。

目前中国是最大的二氧化碳排放国家。这对全球气候变暖影响非常突出,我们的排放量是欧洲和美国的总和,因此中国必然要在全球减排中起到最重要作用,这也是中国自己内生发展的要求。绿色发展也有大量的商业机会,企业要抓住机会,替代能源、绿色城市、环境保护等领域大有可为。

四 开放发展需要中国参与全球公共品的提供

开放发展要求我们着眼于两个市场、两种资源、注重国内外市场的联动。中国提出"一带一路"倡议,同时也参与到全球公共治理,提供国际公共品的行列中来。目前看来,中国是过去几十年中经济全球化和贸易扩大的最大贡献者,也是最大的获益者之一。为了在全球经济疲软、贸易萎缩的背景下,掀起新的全球化高潮、塑造新的经济全球化，需要中国主动作为。

中国通过主动提出"一带一路"倡议，帮助周边、沿线、发展中国家进行基础设施建设，为其提供一定程度的公共品。同时，中国也在全球治理中创造新的话语权，这也是一种国际公共品。即中国需要从软硬两方面提供公共产品。以往政府在这方面已经为企业提供了很多"免费的午餐"，今后这方面的机会会显著增加，企业可以抓住机会向外拓展，参与到国际化的竞争中，也可以参与到全球公共品的提供中来，继续享受这个免费午餐。

五　共享发展决定政府转向社会回报率高的领域

共享发展的理念造就民生领域的投资机会，企业也应该从以往在消费者身上赚钱的理念转变为对人的投资。这也是中国改善收入分配状况、转变消费模式的机会。同时，消费模式转变对企业生产亦提出新的要求，只有满足要求才能实现新需求与新供给或有效需求与有效供给之间的匹配。

供给侧结构性改革的提出，也给政府的公共服务供给模式做出新的导向，即从私人回报率高的领域退出来，在社会回报率高的领域更加有所作为。教育经济学研究和社会实验表明，增加对儿童早期发展的投资，会改变他们一生的行为，影响其职业发展和社会贡献，在这种社会回报率高的人力成本投资中，政府也能从税收和公共领域的支出上得到真金白银的回报。也就是说，投资的回报分为社会回报与私人回报，政府越是转向投资社会回报高的领域，就越是能够把私人回报高的领域留给私人投资。

过去政府把很多钱投在私人回报高的领域，反而产生了挤出效应，让企业没有机会投资。现在政府在重新导向，因此也会产生新的投资机会。除了教育之外，很多民生领域、社会领域的行业都带有这样的性质，这对于企业来说，都是新的投资机会。

（2015 年 12 月 9 日在《中国经营报》第十三届中国企业竞争力年会上的演讲）

第四篇　经济问题杂论

回顾杜润生的农业发展阶段思想

有两个理论传统对中国农业政策和实践产生过影响，并且现在仍有影响。一个是农业规模经济特殊论，来自于舒尔茨的生产要素"假不可分性"；另一个是农业产业特殊论，来自于农业是个弱质产业的论断。总觉得这两个理论一方面很权威，另一方面又错得离谱。爱因斯坦说，如果事实与理论不符，你就要去调整事实。看上去，这句话不符合实践论，不符合真理标准。其实，他指的是，如果事实与理论不符，需要回过头去看，这个"事实"是否基于正确的观察，是否真的事实。个人关于杜老的一点回忆，在这方面启发了我，是说判断上述两个理论对还是错，是与农业发展阶段相关的。

1993 年 12 月 3—6 日即杜老 80 大寿的时候，召开了一个"90 年代中国农村改革与发展国际学术研讨会"。筹备的时候，开了一个会，大家说让我给杜老写个演讲稿。当时我和同事朱钢、李周正好刚刚出版了日本经济学家速水佑次郎的一本译著

（我们将书名译作《日本农业保护政策探》），我也送给了杜老一本。会后我住到民族饭店，第二天杜老就来到民族饭店，对速水的书进行了评论。谈了很多，内容我不记得了，但其中一些肯定体现在他的讲话中（虽然后来那个讲话改过无数次，与我起草的那一稿相比绝对是面目全非）。

速水讲了什么呢？他把日本农业分为三个发展阶段：一是解决食品问题阶段；二是解决贫困问题阶段；三是结构调整阶段。从第二个阶段开始，日本农业进入了一个实行保护的阶段，形成了各种各样的扭曲。速水希望日本农业能够进行政策改革，回归到正确的轨道，即进入结构调整阶段。

杜老很注重把农业进行阶段性划分，他认为"发生在历史上的事物，必然把它的影响投向未来"；他在刚刚越过温饱线阶段以后，就看到了必须解决让农民稳步提高收入的问题；他在当时就预见并指出了："改革进一步深入，要为新结构诞生创造条件"，"（对农业进行）保护的限度是不能损害市场的调节功能，不能扭曲价格信号。比如保护价，目标是稳定农业生产和农民收入，起平准作用，而不能依靠它提高农民收入"；他最早提出了"几化同步"，肯定了农业份额要下降，强调最终要规模经营："稳定家庭经营不是固化小农户经济，而是随着市场化、工业化发展，促使它向现代化农业结构转化。在这个过程中，大部分农民将自愿离开土地，使耕地相对集中，小部分留在农村扩大经营规模。逐步改变传统的资源利用方式，在家庭经营这个基础上，让农户带着自存资产，组织多样化的服务联合体，实现生产专业化和社会化。我们不应把家庭经营和小农经济视为同等物。"

他预见的农业将面临的挑战后来一一显现。同时，他设想的阶段变化现在也发生了，意味着在食品问题和收入问题阶段之后，应该进入构建现代化农业生产方式的阶段，而不要像日本一样，拐到保护主义的岔路上去。看一看我国农业中存在的以下事实。

第一，2012年农户纯收入中有65.6%与农业无关，而在农民当年增收中，非农收入的贡献更高达78.5%。也就是说，农民不是靠农业生产和农产品价格实现增加收入的。如果我们不能建立一个有效率、有规模、能自立的农业生产方式，就不能保证农民从农业中获得足够、稳定、持续增长的收入，就解决不了"三农"问题的根本——农业生产方式的现代化问题。

第二，比较世界各国的农业普查数据可以看出，我国的农户规模几乎是最小的，第一次农业普查时户均土地经营规模为0.67公顷，很多研究表明，尽管进行了土地流转，目前的户均土地规模甚至更小。例如，与印度、日本以小规模农场著称的国家相比，我们户均土地面积只相当于它们的一半；与典型欧美国家比，我们大体上是美国的0.5%、英国的1%和法国的1.5%，非洲、拉美国家的农场规模通常也都明显大于我国农户。世界银行把2公顷以下规模定义为"小土地所有者",我们的农户户均规模只是这种类型农户的1/4到1/3。

第三,由于节约劳动力的技术变迁即农业机械化的快速发展,资本投入大幅度增加,劳动生产率显著提高;与此同时,由于经营规模的限制,资本报酬出现明显的递减现象。我和同事所做的生产函数估计结果显示,2007—2013年粮食的资本边际生产力和劳动边际生产力与1978—1984年相比,粳稻分别下降34.6%和提高9.2倍,玉米分别下降34.4%和提高31.6倍,小麦分别下降23.8%和提高55.8倍。这充分说明,对农业规模经济的传统认识是经不住实践的考验的。规模狭小已经成为我国农业发展的现实制约。

亲身经历了我国农业的这个大跨度的变化,再回顾杜老早年的论述,现在我知道了,在特定的农业发展阶段上,对农业作出特殊性的假设,或许是合理的,符合历史阶段。如在解决食品问题阶段上,农业生产要素假不可分性现象可能是存在的;在解决收入问题阶段,一定限度内的反哺也是需要的。然而,一旦过了这两个阶段,一些传统理论假设和实践倾向,就不再一定是正确的了。例如,狭小的户均规模以及更小的地块规模,提高了农业经营的交易费用(如签订农机服务合同等),降低了愿意并能够付出时间、精力和财力进行有效的技术甄别和选择激励(面对无数莠好参差不齐的种子品种),以及技术选择的空间(如农药的替代技术)。所以,农业生产要素也是不可分的，这个产业具有规模经济性质。许多国际经验表明，一旦达到一定农业经营规模了，弱质性产业的假说也就站不住脚了。

（2016 年 1 月 16 日在中国社会科学院农村发展研究所"学习杜润生改革思想全面深化农村改革"座谈会上的发言）

留住中国特色企业文化的乡愁

在中国经济发展进入新常态的形势下，不仅宏观层面的经济发展方式转变迫在眉睫，微观层面也面临着转变企业发展方式的紧迫任务。在旧的发展方式下，企业经营和发展常常对直接的政府干预产生一定程度的依赖。无论是国有企业还是民营企业，在这一点上有共同点。

对国有企业来说，依靠政府赋予或多或少的垄断地位，获得政府认可的软预算约束，得到金融等方面的优先支持，甚至直接获得各种补贴，成为企业发展的常规条件。对民营企业来说，也不可避免地要努力寻求与国有企业类似的地位，通常是通过建立与地方政府的命运共同体关系，最大限度地取得政府的支持和保护。这样做的结果，无疑软化企业预算约束，淡化了民营企业的特点和特有优势，降低了它们的市场生存能力和竞争力。在新常态下，随着经济发展方式转变的深入进行，企业发展方式也必然逐渐摆脱这种对政策的依赖。

那么，新常态下企业应该依靠什么实现自身的生存和发展呢？简单的回答是：企业必须从政策依赖转向创新依赖。对国有企业来说，目前制度创新的任务最为急迫；对民营企业来说，技术创新则具有更大的紧迫性。包括家族企业在内的民营企业，虽然不乏资本密集型和技术密集型的大型企业，但主要是以劳动密集型的中小企业及微型企业为特点，这同时带来了挑战与机遇。

首先，随着中国人口红利迅速消失，劳动力短缺成为常态，普通劳动者的工资大幅度上涨，显著提高了企业生产成本。作为宏观上中国制造业比较优势和竞争优势的下降结果，企业经营日益困难，竞争压力空前大。一部分企业在压力下被淘汰的同时，生存下来的企业必须更加依靠技术创新。企业面临的直接问题就是，在劳动力成本上升情况下，如何进行资本替代劳动的调整。一般来说，劳动力短缺导致工资上涨，意味着企业投入的生产要素中，劳动日益成为稀缺资源，资本则变得相对丰裕。相应的，资本替代劳动的调整必然发生。

然而，产业结构调整并不能简单地理解为用机器替代工人。在以前的劳动密集型企业中，按照变化了的生产要素相对稀缺性和相对价格信号，机器增加的速度快于工人增加的速度，必然提高企业的资本密集程度，在一定程度上提高劳动生产率。但是，如果这个过程持续下去，在劳动者素质变化跟不上的情况下，人数较少的工人则驾驭不了过多的机器，劳动生产率也就不能保持同样的提高步伐了，这就是所谓资本报酬递减现象。如何打破资本报酬递减律，按照提高生产率的方向推进发展方式的转变和产业结构的调整，成为摆在企业面前的新挑战。

其次，经济史表明，技术创新的主体往往不是历史悠久的大型知名企业，而是中小企业和新创企业。因此，如果在优胜劣汰的环境下，新企业获得必要的政策条件，得以像雨后春笋一样不断涌现，就能真正形成万众创新的局面，实现增长动力的转换。这是发展阶段变化为中小企业特别是民营企业和家族企业提供的新机遇。

最后，近年来围绕信息技术和互联网技术形成的一系列技术创新、商务模式创新和企业经营模式创新，有利于在企业层面上打破将新古典增长理论奉为圭臬的资本报酬递减律。例如，如果说传统的机器人本质上仍然是机器的话，新一代机器人已经跨过了这个门槛。也就是说，传统机器人只是按照设计好的模式，更有效率地重复人的操作，需要具有一定技能的工人与之配合，工艺过程改变了，操作方式改变了，机器人也会"失业"。而新一代机器人具有更高的可增进、可改变的技能，换句话说，携带芯片的机器人更新技能的效率非常之高，既替代了普通操作工人，也替代了使用机器的高技能工人。这种模式下的技术创新，将具有里夫金所观察到并概括的"零边际成本"特征。

家族企业具有所有权、管理权和经营绩效之间联系密切，以及激励相容性强的特点和优势，对新技术更加敏感，进入竞争和采用新技术的门槛都较低，有更好的条件成为创新的先行者和主力军。我们加强对其发展方式、经营模式的一般性和特殊性的研究，将有助于鼓励其转变发展方式、优化产业结构和技术结构，率先实现创新驱动。

（原载《中国经营报》2014 年 12 月 15 日）

追求产品质量是提升增长质量的微观基础

这个月是全国"质量月"，深圳市领导介绍了深圳从"深圳速度"向"深圳质量"跨越的经验，我感到很受启发。从今天的主题出发，我们可以把产品质量和增长质量两个问题放在一起来讨论。主要有以下几个观点。

第一，应该肯定的是，在相当长的时间里，中国仍然要以制造业立国，但不再能够以数量取胜，所以质量问题要提到很高的位置，这是能否以平常心，适应和引领经济发展新常态的关键。德国的经验表明，制造业是处在不断创新调整之中的，不但绝对不会成为夕阳产业，而且可以也必须常变常新。而在美国，去工业化的过程伤害了广大劳动者群体，造成劳动力市场两极化和收入差距的扩大，最终在付出了代价之后又不得不"再制造业化"。

第二，追求质量是创新驱动的要义。固然，在劳动力短缺的新情况下，用机器换人或者以机器人换人，可以节约劳动力成本，提高劳动生产率，但是，这种替代本身仅仅意味着资本劳动比的提高，却并不必然导致向创新驱动经济增长的转型。只有以提高产品质量为核心的创新，才能把发展方式转变与技术变化方向有机结合，在新常态下实现增长动力的转换。

第三，追求产品质量是内涵式增长的常态。在排浪式消费扩张阶段以及与产品短缺及小富相联系的消费热点集中的阶段，产品不需要因而也没有创新。而在新常态下，与个性化消费和多样化消费相适应，必然要求与产品质量提高相关的创新，从而推动经济增长质量的提高。所以，在新常态下，以平常心追求产品质量和增长质量是对企业的必然要求，也是企业实现发展的必由之路。

第四，追求质量是包容性增长的题中应有之义。从以人为中心的发展思想出发，经济增长的目的是提供更优质、更安全、更绿色、更人性化的消费产品和服务，所以必须依靠提高产品和服务的质量，产品和服务质量的内涵也应该相应扩展。所以，从逻辑上说，产品和服务的质量，是与经济增长质量紧密联系在一起的。

第五，无论是追求产品质量还是追求增长质量，都需要市场发挥决定性的作用，同时更好发挥政府的作用。更高质量的产品生产是由消费者主权下市场需求引导的，唯此才能形成更高质量的增长。与此同时，政府在这个方面发挥必要的职能尤为重要，涉及三个重要机制的建立，即确保形成企业追求质量的激励机制、加快完善保证质量的监管机制，以及相应地为增长质量建立起一个微观可控的内部监督机制。

（原载《光明日报》2015 年 9 月 19 日）

关于中国经济和湖北经济的若干话题①

一 关于当前中国经济发展所面临的挑战

采访人： 您认为目前中国经济面临的最大挑战是什么？

蔡昉： 目前中国经济面临的最大挑战就是，我们国家一个特定的发展阶段已经完成了，现在需要转入到一个新的发展阶段。这两个阶段的经济增长动力和源泉是不同的。已经完成的这个发展阶段，最典型的就是过去30多年，中国主要是通过人口红利实现的高速经济增长。其原因是：第一，人口抚养比较低且一直在下降过程中，能够形成较高的储蓄率和投资率，这样就能够有资本投入驱动中国经济高速增长。第二，人口红利存在，劳动力充足。这两个条件使得我们在投入资本的时

---

① 这是受湖北省经济体制改革研究中心委托，付宏、梁宏、江涛于 2014 年 11 月 12 日进行的专访。

候，就有匹配的劳动力，相应的投入就不会产生资本报酬递减的现象，促使资本积累可以实现很快，投资驱动也能有效，这是人口红利的一个表现。红利的另一个表现就是劳动力数量和质量都较好，而且都是持续提升的，这对经济增长做出的贡献也是人口红利的表现。第三，我国过去积累了巨大的城乡劳动力的不对称，随着我们创造更多的就业岗位，农村劳动力从生产率低的部门转向生产率高的部门，获得了资源重新配置效率的提高，这也是一种生产率的提高。这是支撑我们过去30多年增长的主要动力和源泉。

但是，到2004年以后，我们不断地遇到劳动力短缺的现象。2010年之后，我们的15岁到59岁的劳动年龄人口绝对地在减少，这就意味着人口结构逆转、人口红利消失，所以经济增长速度就很自然地降下来了。我国经济从2012年开始，从两位数的增速降到只有70%多一点，而且这个下降的趋势还要继续下去，这就是我们面临的新的发展阶段，也就是人口红利的阶段结束了。新的发展阶段的核心是我们必须得从过去投入驱动的经济增长方式转向今后生产率提高驱动的经济增长方式。未来生产率不提高，就不可能维持长期的经济增长，这是它的核心。围绕这个核心，我们要应用科技，提高劳动者素质，还要通过改革，把所有不利于资源配置的、不利于消费提高的制度因素都给消除，从人口红利转向改革红利。

二　关于户籍制度改革和土地制度改革

采访人： 从人口红利转向改革红利这个角度，您认为目前哪个领域的改革能够立竿见影地给我国带来增长速度？

蔡昉： 从我的研究角度看，目前能够给我们带来直接增长速度的一项改革是户籍制度改革。目前经济增长速度下降的主要原因是劳动力供给不足。首先，由于劳动力供给不足，导致人力资本供给不足，它本身就降低你的速度。其次，由于劳动力供给不足，投资回报率就会下降，投资积累的速度也没那么快，投资也没有动力。最后，由于劳动力供给不足，剩余劳动力减少，劳动力转移速度慢了，也会使生产率的提高速度降下来。

现行户籍制度下农村劳动力虽然往城里转，但转出来以后是没有充分保障的，一旦有经济波动，他可能又回去了。除此之外，即使没有这种周期性的返乡，到了一定年龄之后，由于家里"上有老、下有小"，他又会回去。所以一般40岁以后很多人选择回乡，这就会减少劳动力稳定的供给，通过户籍制度改革就可以改变这种状况，让劳动力供给更稳定。另一方面，户籍制度改革可以替代工资的不断上涨。目前，很多行业和企业都是依靠工资上涨来吸引农村劳动力转移，农民工工资上涨是好事，但是如果长期持续两位数的快速上涨，很多企业就会在一夜之间被淘汰，导致经济增长速度下降、就业机会和岗位减少，最后反而会使农民工丢掉工作岗位。所以吸引和加快农村劳动力转移，工资的作用是一部分，但不是全部。通过户籍制度改革和公共政策的调整，进而代替涨工资的作用，同样可以把农村劳动力吸引出来，这样既保持了劳动力转移速度，提高生产率，也扩大了就业面，增加了收入，并且能使企业负担不至于上涨得太快。所以说户籍制度改革是可以直接提高经济增长速度的改革。

采访人： 那您认为户籍制度改革的制约在哪？

蔡昉： 户籍制度改革的制约一头在输入地，就是城市；另一头在输出地，怎么解决在劳动力转移甚至彻底转移的情况下，有好的土地流转制度能够让农民安心转出去，把农民留下的土地变得更有效率而不是把它荒废掉。因此这个时候，我们就需要配套的改革，就是土地制度的改革，而土地制度改革实际上是和农业发展密切相关的。

采访人： 您认为土地制度改革与农业发展是什么关系？

蔡昉： 总的来说，我认为中国农业走过三个阶段：第一阶段是解决食物问题，就是为了吃饱的阶段，这个阶段大体上是我们改革前的状况。在那个时候，我们要自己吃饱，要供养全国，同时，我们有非农就业的机会，会引起劳动力转移出去，因此那个时候的特点是农业中劳动投入过于密集，但是效率并不高。实行家庭联产承包制以后，这个状况就发生了改变，劳动力从粮食生产转向其他种植业，再从种植业转向大农业，再从大农业转向地方的乡镇企业，再以后，就可以离开土地、本乡转向城镇，从中、西部转向东部就业。

这样相应的，农业也就进入到了第二个阶段，就是解决收入问题的阶段。这个阶段，随着非农转移速度加快，农民收入不断地提高，同时也可能会面临土地生产率降低的潜在问题。如果说第一个阶段农业生产中的效率问题主要是劳动的边际生产率太低、回报率太低；那在第二个阶段中，随着剩下的人越来越少，劳动边际生产率提高，但是这个时候土地的生产率就会潜在地下降。当前，我们通过给补贴、各种保护措施，以及大规模的技术投入、技术进步，防止了土地生产率的下降。所以目前来看，中国居民收入的增长是靠城镇化，是通过打工增加家庭的收入。但是到 2004 年，第一次出现了"民工荒"，从劳动经济学的角度来看，这意味着刘易斯拐点出现了。

从农业经济学和发展经济学的角度看，刘易斯拐点还有一个别名，叫食品短缺点，也就是说在这个点之前劳动力是大量富裕的，无论被吸引走多少都不影响劳动中的投入，过去五个人干两个人的活，转移出去一个人没影响，再转移第二个，也没影响，转移第三个，还没影响。但是到了这个时候，转折点到了，再转移到第四个的时候，如果不能够提高农业的效率和它的机械化程度，就会影响农业的产量，所以发展经济学又把这个刘易斯拐点称为食品短缺点，这个时候的含义就是，继续转移劳动力必须有相应的资本来替代，比如机械、更好的技术、更有效率的生产组织方式。

现在我国农业到了第三个发展阶段，可以把它叫做"粮食安全阶段"。但是它的含义不是说粮食要自给自足，保证能买得到粮食，而是说要有个非常牢固的、有效率的农业生产方式。在这个粮食安全的发展阶段上，比较有效率的、有保障的农业生产方式靠什么呢？这个时候面临一个问题，在这个发展阶段上，劳动力还在转移，机械开始替代了，即资本替代劳动，但是资本投入过于粗放，导致资本报酬下降。

综上所述，这三个农业发展阶段分别面临着不同的问题：第一个阶段是劳动的边际报酬递减，第二个阶段是潜在的土地生产率下降，第三个阶段就是资本的边际报酬递减，农业效率低。现在如何解决这个问题，如果完全由市场来决定，那就不会投入那么多机械了。这样，或者是农业效率下降，农业产量随之下降，或者就不能够继续保持农业劳动力的转移速度。那么原来的解决办法是什么呢？给各种补贴，特别是农机补贴，现在归根结底，这样的补贴长期是也很难维持的。效率是不可能靠补贴解决的，所以从长期来看，制约资本报酬递减是什么因素呢？是规模。拿我们的资本投入来看，与美国比较，远远不如美国的投入。美国投入的是什么？是大型的拖拉机，上面全部是电脑、GPS，这个操作、投入量和投入价值比我们高多了，但是为什么我们没有达到那个投入量，就报酬递减了呢？

因为我们土地规模太小。

因此，土地规模问题制约了劳动力进一步转移，同时也是户籍制度改革面临的头号问题。土地规模不能够达到集中和扩大，就是受土地制度制约的原因。所以我们的土地制度改革是跟着户籍制度改革在逻辑上接下来需要推进的一步。

采访人：您谈到了土地制度和土地规模经营的问题，那么请您谈谈土地制度改革的总体思路。

蔡昉：实际上十八届三中全会以后，慢慢地形成了一个思路，就是过去搞家庭承包，实际上是把所有权和承包经营权两权分离，现在新的思路是进一步再把承包经营权里头的承包权和经营权分离，即三权分离。这样可以在土地所有权不变、保持集体所有制的前提下，再在承包权和经营权上做文章。承包权和经营权分离，使得农民能够享受土地作为产权带来的收益，现在把经营权作为农民的权利，从中可以得到用益收入。农民掌握承包权的情况下出让经营权，既可以使土地更有效率地使用，可以在各种形式下流转集中，使得土地经营规模得到扩大，同时保障土地在大的法律框架内的用途。三中全会以后形成的三权分置的格局，可能会成为农村综合产权交易的一个重要方面。

同时，十八届三中全会也讲到了农村集体经营建设用地、宅基地都可以流转，这样更多的农民可以得到更多的财产收入。这样一些讲法其实都是创造了一些制度上的突破，到底它的红利在哪，完全取决于产权交易中的实践，在合法、合文、合规、合文件的前提下进行改革。当然，首先像抵押这样的做法已经和过去的法律规律不完全相符合了。习近平总书记也讲到重大改革都要于法有据，现在要研究于法有据怎么操作。如果说现行某些法律规定已经明显不适应现在的需要了，我们可以修改法律，全国人大也做过很多这样的事。可能更现实的是，我们第一步先在试点的过程中允许某些特定的地区和特定的项目暂时不执行某些原有的法律规定，实际上这个我们也做到了，比如对上海自贸区的建设就有授权。通过试点总结经验，如果发现有些东西是行得通的，是有利于经济发展的，是可以扩大、可以普遍采用的，我们回过头来再去修改法律。因此，我觉得于法有据就是避免了只要是为了改革，就可以置法律于不顾这种错误。过去有人说改革就是要违法，我想于法有据就是避免了这个错误。还有一个作用就是同时开了一个头，通过推进改革完全可以修正那些妨碍未来新的体制形成的法律规定。

三 关于"单独二孩"政策

采访人： 您对"单独二孩"政策有什么评价？

蔡昉： 我觉得人口政策现在的目标非常明确，目前走的这一步叫做"单独二孩"，它的目标是要普遍放开二孩。不过这中间需要多长时间的跨越，我们是搞研究的所以预测不了，我们也不会提供什么准确的信息。但是现在放开"单独二孩"政策以后，我们发现其实它的影响远远不像大家想象那么大，因为符合这个条件的是一个人群，在这个条件之内还想、还有意愿生的是一个小得多的人群，而有意愿、也表达出来想生的这批人里头真正有条件、有能力最后决定真要生的，又是一个小得多的人群。所以最终的结果绝对不像有些人口学家预测的那样，他们不懂经济发展规律，仅仅把数据当作一个机械的东西来判断，现在已经证明了他们的观点是错误的。

四　关于湖北省未来改革发展的定位

采访人：习近平总书记2013年7月份在湖北省考察的时候曾经指出要把湖北建设成为中部崛起的重要战略支点，争取在转变经济发展方式上走在全国前列。那么您觉得湖北省目前在实施"中部崛起"战略过程中应当注意哪些问题，如何实现习近平总书记对湖北省"建成支点，走在前列"的新要求？

蔡昉：从总体上看，湖北省作为中部地区，她的位置是比较特殊的。从交通的角度来看，她处在一个枢纽的位置，无论是铁路、公路还是长江航运。从传统产业结构的角度来看，湖北在中部地区应该是一个工业化程度相对较高的地方，工业有基础，重工业也有基础，而且也是一个农业比较发达的省份。

所以湖北省既是典型的中部地区，又在中部地区具有独特的优势。中部地区是一个区域的群体的概念，湖北省有一些特殊的优势，她就可以作为中部崛起的一个"支点"。"支点"从广义的理解来看，第一是示范效应，总要有一个先崛起的地区，第二是具有一些特殊的优势，可以率先体现出来，甚至能够对其他的中部地区产生辐射效应。所以，湖北在中部崛起中有特殊的作用。

其实湖北省在相当大程度上相比中国其他地区，特别是比东部沿海地区还有一些额外的后发优势，她的人口红利延长的潜力比沿海地区要大。如果一个地区农业劳动力的比例比别的地区要高，那就意味着具有较大的挖掘潜力。也许中国未来人口红利会迅速消失，但是对湖北省来说，人口红利可能还会延续10年甚至更长。虽然在接下来的户籍制度改革中，我们希望构造的一个未来图景是中国未来劳动力人口在全国范围内可以充分流动，但是目前来看，在一定时期内，户籍制度改革还将会是区域性的，沿海地区的户籍制度改革、新型城镇化，即使真的推动起来了，主要还是优先本省的转移劳动力。所以过去从中部地区大量转移到沿海的劳动力可能会慢慢地回到家乡省份里，特别是在自己省里还有优势的这部分产业也会转移回来。

所以当劳动力回流、产业回流的时候，可能会在一定程度上、在更高的水平上重复当年东部地区走过的那些道路，这实际上是给了湖北省一个继续利用人口红利的机会。中国到目前这个发展阶段上想再生孩子、延长人口红利，已经晚了，只能在 20 年以后产生一点微小的作用，但是对于中部地区，虽然也可能有些晚了，但是晚的程度就不像全国那么多，所以湖北省通过平衡人口的发展，能够在未来使用、利用人口红利的机会应该比全国更多一些。

所以湖北省的人口政策应该至少不要滞后于全国的统一部署，如果有条件的话先搞，因为谁先把规律看清楚了，谁就能得一个先机。对于中西部还处在赶超阶段的这些地域可以多研究规律，什么都可以先走一步，因为总体而言，中国 30 多年的发展机会都是让沿海地区先走了一步，所以中西部只能像一个雁阵的中端或者后半截一样跟着走。但是目前到了他们爬坡爬到最后越来越艰难的时候，也许对于中西部来说有些路走起来还容易走，但是在容易走的时候应该逐渐参透经济发展规律，眼光要超前。习近平总书记说湖北省要"建成支点，走在前列"，不是说随着人家的大雁阵，然后仅仅在中部地区的其他省份"前列"，而是说这时候实际上给湖北省一个机会，如果眼光超前了，在某些重大的战略问题上抓住了机遇，完全可以实现跨越式的发展，借这个机会赶上东部沿海地区。

所以，我认为整个国家也好，中部地区也好，按照规律最核心的过程是从人口红利转向改革红利，改革里面要选那些最制约当前经济发展的领域率先入手，在整个这个过程中要思想超前、敢于创新，在这个时候抓住机会是实现一个跨越式赶超的一个机遇。老实说，我们从区域发展的角度研究，好像确实很难说湖北能在这个要求敢为天下先的改革中成为领先者，但是也有些领域是有她独到的闯点。我个人倒认为今后 10—20 年是中西部地区的机会，机会一定是大于沿海地区的，但不是被动的，你得有超前的思维、超前的改革才可能得到这些机遇。

"高水平均衡陷阱"是不成立的
——"李约瑟之谜"再解

解释国家兴衰是许多学科旷日持久的学术好奇心所在，经济学家更是孜孜不倦地发展出各种理论框架，期冀破解经济增长之谜。激励人们把古代中国这个经历了由盛至衰的历史作为主要研究对象的，是以著名的中国科技史学家李约瑟命名的所谓"李约瑟之谜"。这个谜题寻求回答为什么在前现代社会，中国科技遥遥领先于其他文明，而近现代中国不再具有这样的领先地位。

一 "高水平均衡陷阱"既不足以完美地解答"李约瑟之谜"，在历史事实面前也难以自圆其说

在较长的时间里具有支配性影响地位的解释，来自于所谓

"高水平均衡陷阱"理论。陷阱一词在经济学传统中，被广泛用来表示一种超稳定均衡的经济状态，即一般的短期外力不足以改变的均衡。例如，马尔萨斯关于人口增长与经济发展关系的悲观观点，就被概念化为"马尔萨斯陷阱"或"马尔萨斯均衡"。这种范式与多玛—哈罗德式的增长模型相结合，即由纳尔森所描述，并将其概念化为一种发展理论的欠发达国家所特有的"低水平均衡陷阱"现象。此外，不仅绝对贫困状态是一种均衡陷阱，经济史学家还针对李约瑟之谜，提出了尝试解释中国历史发展的"高水平均衡陷阱"理论假说。"高水平均衡陷阱"假说认为，由于中国历史上的农业实践把传统技术和生产要素组合到尽善尽美的程度，以致维持了一个与欧洲早期历史相比更高的生存水平，从而人口增长很快，相应导致劳动力过多和过于廉价，使得劳动节约型的技术不能得到应用。

在这种理论看来，只有大规模采用资本密集型或劳动节约型的技术，才能形成突破马尔萨斯陷阱所必需的技术变迁。其实，无论是从经济理论逻辑上推理，还是从历史事实观察，这个假说都是不能成立的。

首先，即使在中世纪历史上，欧洲固然经历过开垦土地边疆的时期，但是，更多的时期则是以人地关系高度紧张为特征。唯其如此，马尔萨斯均衡陷阱才成为最具有持续解释力的理论。

其次，经济研究表明，农业技术进步是由生产要素的相对稀缺性所诱致发生的，因此，在劳动节约型技术变迁和土地节约型的技术变迁之间，是没有优劣之分的。有经验研究证明，事实上，人口众多的国家可以因人口与土地之间的紧张关系，获得更强的压力和动力，实现更快的技术进步和进一步的人口增长。

归根结底，高水平均衡也好，低水平均衡也好，都不过是马尔萨斯陷阱的特定表现，即任何可能提高粮食生产的机会，归根结底都只是一种暂时性的扰动因素，由此导致的人口增长，最终还会把生产力拉回到只能维持生存的均衡水平上来。

在两百多年的时间里，马尔萨斯的理论不断受到各种批评，但是，其影响力长盛不衰，原因就是，这个理论的确可以为工业革命以前长达数千年的人类经济活动提供一个符合逻辑的解释。既然一种经济形态可以在如此悠久的时间里，横跨如此广阔的地域而存在，自然不会是千篇一律和一成不变的。所以，马尔萨斯陷阱既可以有高水平均衡，也可以有低水平均衡。

例如，根据麦迪森整理的数据，就 1500 年人均 GDP 而言，欧洲国家中最富裕的意大利比最贫困的芬兰高 1.43 倍，后来成为工业革命故乡的英国，则比芬兰高 57.6%。而欧洲 12 个国家平均人均 GDP 高于中国的幅度，1500 年为 33%，1600 年为 51.3%，1700 年为 72.2%，1820 年为 1.1 倍。可见，"高水平均衡陷阱"既不足以完美地解答"李约瑟之谜"，在历史事实面前也难以自圆其说。

二　林毅夫的解释触及到了问题的核心，即中国的落后在于没有进入到现代科技创新。然而，留待解释的是，何以中国会形成特有的科举制度

　　经济学家也尝试以更严谨的理论逻辑破解"李约瑟之谜"。例如，林毅夫认为中国在前现代社会的科技领先，在于众多人口产生的更多创新；而没有成功地转变到以大规模实验为基础的现代科技创新模式，则是随后中国的科技乃至经济落后于西方的原因。而他把科技创新模式转化的不成功，归结为不鼓励科技创新，仅仅复述和诠释四书五经的科举制度。这个解释无疑触及到了问题的核心，即中国的落后在于没有进入到现代科技创新。然而，留待解释的是，何以中国会形成特有的科举制度。

　　经济理论的用途在于解释力，核心是其逻辑上的一致性。因此，一种能够更好破解"李约瑟之谜"的理论，要求不仅能够解释历史，也能够解释与历史相连的现实，在理论逻辑上，则不能留有缺失的环节，换句话说，不能把一个命题转换为另一个命题，然后戛然而止。例如，在未能完美地回答为什么中国形成科举制的情况下，问题就不能算得到解答。此外，既然关于中国为什么没有保持其科技领先地位的"李约瑟之谜"，

是基于中西方的比较而提出的，所以，理论应该同时揭示与此相关的历史上中西方之间的实质性而不是似是而非的差异。

三　要观察中西方在前工业革命社会的不同，以提供关于"李约瑟之谜"的合理解释

在一个典型的前工业革命社会，马尔萨斯式的贫困恶性循环，或者说人均收入周而复始地回到生存水平，是经济发展的常态。但是，一旦实现工业革命的哪怕是具有偶然性的机会来临时，物质资本、人力资本和技术进步是否积累到一个抓住机遇的最低要求水平，决定了能否在一国形成工业革命的突破。因此，我们尝试以极其宏观和大跨度的视角，来观察中西方在前工业革命社会的不同，以提供关于"李约瑟之谜"的合理解释。

在一个徘徊在生存水平的经济中，千千万万个农业经济家庭，甚至手工业家庭的规模都是大同小异的，所有这些"马铃薯"的一切成果，终究不过是维持或高或低的生存水平，因而也只是构成或高或低均衡陷阱的生产方式。因此，个体经济单位不可能形成打破低水平均衡陷阱所要求的临界最小努力。因此，比家庭更高层次的经济体，如领主经济、村落经济及至国家的职能是否有利于资本积累和技术进步，是产生不同经济发展结果的关键。而恰恰在这个层次上，西方与中国有着巨大的

分野。

在西方封建制度形成和发展的过程中，君主与地方领主的关系是典型的封建关系。在这种制度框架下，精英阶层既可以通过为国王打仗获得分封，也可以通过成为地方经济组织者或者高级僧侣来扩大自己的财富，甚至抢劫或蚕食其他庄园的财富，从而进入统治阶级。这在客观上形成了积累物质资本从而发展地方经济的强烈激励。

至此，一个与人力资本积累相关的至为重要的因素，也已经昭然若揭。那就是，既然君主与领主之间的关系更接近于一种互惠的契约关系，君主统治的合法性根植于此，所以没有必要形成一种机制，不厌其烦地要求领主表达自己的忠诚。这就是为什么在早期西方社会，没有形成一个像科举制度那样阻碍人力资本积累的制度的原因。

与西方相比，中国的封建社会是非典型的。经济发展只是一家一户的分散经济活动的叠加而已。虽然这种典型的小农经济（地主经济通常也表现为个体的佃农经济）具有较大的弹性和活力，许多制度形式，如土地自由买卖等，也有利于促进经济活动，但是，缺少一个直接利益相关且具有规模经济的中间层次，来组织和激励技术创新，妨碍了物质资本的积累，从而阻碍了可以达到革命性突破的技术进步。

更重要的是，由于皇朝与地方官员及士绅之间并不是典型的契约关系，而是威权式的层级关系，皇朝统治的合法性并不建立在与地方官员和贵族的互惠基础上。因此，建立一种封建意识形态和礼仪规则，辅之以君权神授的威权及中央军事实力，是合法性的根本和唯一保障。在这种情况下，克己复礼的儒家思想就成为主流意识形态，继西汉董仲舒"罢黜百家，独尊儒术"之后，在隋唐时期形成以阐释统治阶级意识形态和效忠为唯一内容的科举制度，并延续一千多年之久，也就顺理成章了。

这种科举制度被看做一个开放的官员选拔制度，也恰恰起到了把所有的精英引导到通过科举独木桥，从而进入统治阶层的作用。在这种精英选拔体制下，表达对主流意识形态的认同，论证皇朝统治的合法性，以及自己对体制的忠诚，成为精英人才的晋升之途。而科学技术、工艺技能则都成为奇淫巧技，耻与人言。因此，科举制度把有利于科技创新的人力资本积累道路牢牢地堵死了。

固然，生产活动中无时无刻不在产生这样或那样的技术创新，作为一个人口泱泱大国，热心于科学探索的官员或士绅，甚至普通工匠也大有人在，对人类文明积累作出了诸多贡献。但是，知识分子的主流激励不在于此，直接知识的创造就是随机性的，间接知识的积累就是间断性的，不足以积累到科技革命的临界水平，自然也就不能在适当的时机激发出工业革命。

把中国和欧洲在前工业革命时期的物质资本和人力资本积累模式作出这样的宏观比较，就不难揭示为什么中国未能保持其早期经济繁荣和科技发展的领先地位，没有成为工业革命的故乡的谜底了。也就是说，在世界各地都处在马尔萨斯贫困陷阱中的时候，中国较早并且或许常常处在高水平陷阱中。而当欧洲通过从低水平陷阱到高水平陷阱的提升，进而逐渐为工业革命积累了必要的物质资本和人力资本的时候，中国反而没有进入这个发展阶段，错过了实现工业革命的机会。

（原载《北京日报》2015 年 6 月 29 日）